U0641652

编委会

高等职业教育"十四五"规划旅游大类精品教材
福建省职业教育旅游大类示范专业精品教材

总主编

郑耀星　全国旅游职业教育教学指导委员会委员，福建师范大学旅游学院原院长

顾问

刘松林　福建省旅游行业职业教育指导委员会秘书长，福州职业技术学院原副院长

编委（排名不分先后）

林　东　福州职业技术学院文化创意学院院长，教授，省级精品在线开放课程主持人

曾　咪　漳州职业技术学院文化旅游学院院长，教授，省级精品在线开放课程主持人

崔筱力　厦门南洋职业学院外国语与旅游学院执行院长，教授，省级精品在线开放课程主持人

李晓雯　黎明职业大学外语与旅游学院副院长，副教授

黄宇方　闽西职业技术学院文旅创意学院旅游管理专业主任，省级精品在线开放课程主持人

李　心　福建信息职业技术学院文化创意与旅游学院副院长，副教授

周富广　漳州职业技术学院文化旅游学院副院长，副教授，省级精品在线开放课程主持人

叶城锋　泉州职业技术大学文化旅游与体育学院副院长，省级精品在线开放课程主持人

黄朝铭　厦门东海职业技术学院航空旅游学院院长，省级精品在线开放课程主持人

刘少艾　闽江师范高等专科学校人文社科系副主任，省级精品在线开放课程主持人

陈月珍　泉州幼儿师范高等专科学校外语旅游学院导游专业副主任，省级精品在线开放课程主持人

张清影　漳州职业技术学院文化旅游学院副院长，副教授

黄冬群　漳州职业技术学院文化旅游学院副教授

薛秀云　漳州职业技术学院文化旅游学院副教授

李　青　福建信息职业技术学院文化创意与旅游学院副教授，中国职业教育新媒体专业联盟常务理事

严亦雄　福州职业技术学院旅游管理专业副教授，福州市先进教育工作者

佘艺玲　黎明职业大学外语与旅游学院副教授，旅游管理专业带头人

毛爱云　漳州科技学院教育与航空旅游学院副教授

黄丽卿　漳州职业技术学院食品工程学院副教授，省级精品在线开放课程主持人

包晓莉　闽西职业技术学院文旅创意学院副教授

许爱云　厦门南洋职业学院外国语与旅游学院教授

黄斐霞　黎明职业大学外语与旅游学院副教授，省级精品在线开放课程主持人

朱赛洁　厦门南洋职业学院外国语与旅游学院副教授

邢宁宁　漳州职业技术学院文化旅游学院副教授

吴艺梅　漳州职业技术学院文化旅游学院办公室主任

廉晓利　漳州职业技术学院文化旅游学院空中乘务专业主任

高等职业教育"十四五"规划旅游大类精品教材

福建省职业教育旅游大类示范专业精品教材（总主编 郑耀星）

旅游服务礼仪

LÜYOU FUWU LIYI

主　编　张清影　吴艺梅　廉晓利
副主编　许欣欣
参　编　邱以澄　刘永洁

华中科技大学出版社
http://press.hust.edu.cn
中国·武汉

内 容 提 要

本书是高等职业教育"十四五"规划旅游大类精品教材。

本书分为通识篇、实践篇、案例篇三篇。通识篇内容包括旅游服务礼仪概述、旅游从业人员形象礼仪、仪态礼仪、社交礼仪、语言礼仪以及主要客源国礼俗与禁忌。实践篇内容包括前厅服务礼仪、客房服务礼仪、餐厅服务礼仪、会议服务礼仪、景区服务礼仪、导游服务礼仪。案例篇列出了大量旅游实践领域服务案例及分析。

本书主要适用于高等职业院校旅游管理及相关专业教学,也可作为旅游行业从业人员的培训教材和自学参考书。

图书在版编目(CIP)数据

旅游服务礼仪/张清影,吴艺梅,廉晓利主编. —武汉:华中科技大学出版社,2023.2(2025.7重印)
ISBN 978-7-5680-8983-8

Ⅰ. ①旅… Ⅱ. ①张… ②吴… ③廉… Ⅲ. ①旅游服务-礼仪-教材 Ⅳ. ①F590.63

中国国家版本馆 CIP 数据核字(2023)第 019381 号

旅游服务礼仪
Lüyou Fuwu Liyi

张清影　吴艺梅　廉晓利　主编

策划编辑:汪　杭
责任编辑:张　琳
封面设计:原色设计
责任校对:谢　源
责任监印:周治超
出版发行:华中科技大学出版社(中国·武汉)　　电话:(027)81321913
　　　　　武汉市东湖新技术开发区华工科技园　　邮编:430223
录　　排:华中科技大学惠友文印中心
印　　刷:武汉科源印刷设计有限公司
开　　本:787mm×1092mm　1/16
印　　张:15.75
字　　数:367千字
版　　次:2025年7月第1版第4次印刷
定　　价:49.80元

本书若有印装质量问题,请向出版社营销中心调换
全国免费服务热线:400-6679-118　竭诚为您服务
版权所有　侵权必究

出版说明

Introduction

伴随着我国的社会和经济在"十四五"期间步入新的发展阶段,中国的旅游业迎来了转型升级与高质量发展的新局面,这将在推动并形成以国内大循环为主体、国内国际双循环相互促进的新发展格局中发挥独特的作用。

《中国教育现代化2035》及《加快推进教育现代化实施方案(2018—2022年)》明确了应推进高等教育内涵发展、形成高水平人才培养体系。"职教二十条"和"双高计划"的相继发布,也对中国旅游高等职业教育的发展提出了新要求。

中国旅游业面临的这些崭新局面,客观上对我国旅游高等职业教育和专业人才培养提出了更高的要求。基于此,出版一套把握新形势、反映新趋势、面向未来的高质量旅游高等职业教育教材成为迫切需要。

基于此,教育部直属的全国"双一流"大学出版社华中科技大学出版社汇聚了国内一大批高水平旅游职业院校的资深教授、教学名师学科带头人、双师型教师、旅游行业专家以及1+X职业技能等级证书评价机构联合编撰了高等职业教育"十四五"规划旅游大类精品教材。本套教材从选题策划到成稿出版,从编写团队到出版团队,从内容组建到内容创新,均做出了积极的突破,具有以下特点。

一、名师团队担任编委

本套教材编写者主要来自高水平旅游职业院校的资深教授、教学名师、学科带头人、双师型教师、旅游行业专家以及1+X职业技能等级证书评价机构。他们有着丰富的执教或从业经验,紧跟教育部、文旅部的权威指导意见,充分整合旅游领域的最新知识点,确保本套系教材的权威性、准确性、先进性。

二、课程思政贯穿全书

本套教材引进"课程思政"元素,落实立德树人的根本任务,在每个学习单元除了设置"知识目标""能力目标"外,还注重"素质目标"和"思政目标",通过案例分析、课后训练等形式,将社会主义先进文化与中华优秀传统文化,以及忠诚担当的政治品格、严谨科学的专业精神等内容贯穿于教材内容,旨在培养学生掌握相关岗位技能操作中必备的思政元素,践行社会主义核心价值观。

三、依托省级精品在线开放课程建设

本套教材大多数有全国各省份的省级精品在线开放课程以及国家精品在线开放课

程的支撑,能够支持适合新学情的O2O混合式教学模式。依托各省级精品在线开放课程的在线教学平台,结合导学、在线讨论、在线答疑、在线测试等环节,可实现线上线下教学相融合,可实现以学习者为主体的"教、学、做一体化"。教材与在线开放课程结合,能够让教师的教学更便捷,让学生的学习更主动和可控。

四、校企融合编写贴近岗位实际

本套教材建设伊始即实施了产教融合、校企共同设计与开发的路径,课程和教材建设均注重与企业实际工作过程相对接,与旅游行业代表性企业合作,邀请行业知名经理人以及1+X职业技能等级证书评价机构联合编写,从教材顶层设计到分步实施,每一个学习单元都与企业实际典型工作任务对接,既关注旅游基础理论,也重点突出了企业应用的实际。此外,教材还融通了1+X职业技能等级证书的知识、案例、真题等。

五、配套丰富教学资源形成立体化教材

华中科技大学出版社为本套系教材建设了线上资源服务平台,在横向资源配套上,提供教学计划书、教学课件、习题库、案例库、参考答案、教学视频等系列配套教学资源;在纵向资源开发上,构建了覆盖课程开发、习题管理、学生评论、班级管理等集开发、使用、管理、评价于一体的教学生态链,打造了线上线下、课堂课外的新形态立体化互动教材。

中国旅游业发展前景广阔,中国旅游高等职业教育任重道远,为中国旅游业的发展培养高质量的人才是社会各界的共识与责任,相信这套凝聚来自全国骨干教师和行业一线专家们的智慧与心血的教材,能够为我国旅游人才队伍建设、旅游职业教育体系优化起到一定的推动作用。

本套教材在编写过程中难免存在疏漏、不足之处,恳请各位专家、学者以及广大师生在使用过程中批评指正,以利于教材水平进一步提高。也希望并诚挚邀请全国旅游院校及行业的专家学者加入我们这套教材的编写队伍,共同促进我国旅游高等职业教育事业向前发展。

华中科技大学出版社
2022年5月

前言
Preface

党的二十大报告指出,中国式现代化是人口规模巨大的现代化,是全体人民共同富裕的现代化,是物质文明和精神文明相协调的现代化,是人与自然和谐共生的现代化,是走和平发展道路的现代化。

旅游作为人的学习方式、生活方式和生产活动,也是中国式现代化的重要体现。

中华文化延续着我们国家和民族的精神血脉,既需要薪火相传、代代守护,也需要与时俱进、推陈出新。在我国传统文化与精神文明建设中,礼仪尤为关键。孔子有云:人无礼则不立,事无礼则不成,国家无礼则不宁。面对旅游业的快速发展和激烈的市场竞争,加强旅游服务礼仪规范、加速旅游服务专业化已成为当前亟待解决的问题。在旅游服务中,好的服务礼仪不仅可以有效地展现一个人的教养、风度与魅力,还能更好地体现一个人对他人和社会的认知水平和尊重程度。

本书编写旨在引领学生树立礼仪意识,善用礼仪基础知识和一般社交场合待人接物的基本要求,通过实践与训练、展示与表演等,熟悉酒店典型岗位的工作流程和职业礼仪,引导学生善用社交礼仪基本规范和技巧,养成良好的礼仪习惯,形成旅游业基层管理岗位需要的礼仪规范。

本书充分遵循职业教育学生"理论够用、注重实务"的学习规律,分为通识篇、实践篇、案例篇三篇:通识篇内容包括旅游服务礼仪概述、旅游从业人员形象礼仪、仪态礼仪、社交礼仪、语言礼仪以及主要客源国礼俗与禁忌等,旨在为学生搭建理论框架。实践篇涵盖了旅游业主要岗位的服务礼仪规范,以真实生产项目、典型工作任务等为载体,体现当今旅游业的最新岗位需求。案例篇整理了大量旅游实践领域服务案例,让学生能够直观地领悟服务礼仪的重要性和礼仪使用技能。理实一体,侧重得当,符合职业教育学生学习规律。

在教学目标的设置上,突出课程思政目标,兼顾基础知识、实践技能及核心素养,引导学生能够崇德向善,形成良好的职业道德和稳定的心理素质;熟知中华礼仪基础知识,形成一定的人文素养;具备社交场合待人接物的基本能力和技术技巧;认识旅游礼仪活动的规律,熟悉旅游各岗位礼仪活动规程;能够恰当选择和运用礼仪知识,灵活处理工作中的突发问题。能够融合涉外礼仪知识,做好个性化服务;培养学生主动学习和持续学习行业前沿知识与技能的习惯,树立终身学习的理想。

　　本书采用类似活页式教材的编写方法,每个项目有明确的项目目标、知识框架、教学重点、教学难点、案例导入、项目训练,大部分任务后都有模拟实训(包括实训情境、实训目标、实训准备、实训组织、实训步骤、实训评价),这既是一个课堂教学过程,又是一个任务实施评价过程。这一设计为教师提供更加清晰的课程教学思路,这是本书一大特色。本书结合旅游业最新人才岗位需求,有助于激发学生学习兴趣和创新潜能,并更好地熟悉旅游岗位实务,训练学生的实际技能和综合能力。

　　本书由漳州职业技术学院张清影担任第一主编、吴艺梅担任第二主编、廉晓利担任第三主编,厦门南洋职业学院许欣欣担任副主编,漳州职业技术学院邱以澄、厦门安防科技职业学院刘永洁参编。具体编写分工如下:张清影编写项目七、项目八;吴艺梅编写项目九、项目十;廉晓利编写项目十一、项目十二;邱以澄编写项目一、项目二;许欣欣编写项目三、项目四;刘永洁编写项目五、项目六;全书由张清影负责统稿、修改并定稿。

　　本书在编写过程中,参考了国内外大量的文献著作和网站资料,虽已标注出处,但也可能不全面,在此向各位读者表示歉意;由于编者水平有限,编写时间仓促,书中错漏之处在所难免,敬请广大读者和同行不吝赐教,以便再版时修正与完善。

目录
Contents

Note

实　践　篇

Note

案　例　篇

通识篇

项目一
寻根问礼——旅游服务礼仪概述

项目目标

知识目标

能够初步认识礼仪的内涵；

能够理解礼仪学习的重要性以及礼仪发展阶段。

能力目标

掌握礼仪的相关概念与功能；

理解礼仪的特征与原则。

思政目标

通过感受传统礼仪的魅力，领略中华礼仪文化的博大精深，增强学生对伟大中华民族的认同感，对深厚中华文化的认同感，注重礼仪修养，养成通过礼仪道德规范自身行为的习惯，将家国情怀融于心，将传统礼仪践于行，从而顺利就业、发展自我、服务社会，成为高素质的劳动者。

知识框架

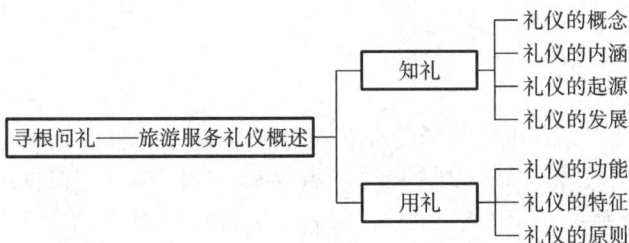

寻根问礼——旅游服务礼仪概述

知礼
- 礼仪的概念
- 礼仪的内涵
- 礼仪的起源
- 礼仪的发展

用礼
- 礼仪的功能
- 礼仪的特征
- 礼仪的原则

教学重点

礼仪的概念与内涵；

礼仪的功能与原则。

教学难点

礼仪发展的阶段及特征；

礼仪的本质内涵。

案例导入

　　某酒店的机场代表小汤从交易会接客人回酒店。途中，一位外国客人主动跟小汤闲聊，从闲聊中小汤得知客人想回酒店拿点东西，然后再乘出租车到××酒店找一位朋友。客人下车后，小汤马上为客人叫好出租车等待客人。当客人见到等待的出租车时，既感激又惊讶，因为他根本没有料到小汤会帮他叫好车等待他，因此，他很高兴地向小汤连声道谢。两天后，客人要离开酒店了，他特意去跟小汤道别："小姐，我今天要离开你们酒店了，非常感谢你，希望下次来的时候能再次见到你。"瞬时，小汤也惊讶了，自己只不过主动为客人做了一些力所能及的小事，客人却记在心里，一阵喜悦和满足感使小汤露出了甜甜的笑容。

　　案例评析：可见，我们不要忽视客人的每一句话、每一个问题和每一个小小的要求。礼仪体现在每一个细节，礼仪涵盖社会生活的各个方面，做人先学礼，礼仪教育是人生的第一课。加强道德实践应注意礼仪，使人们在人际交往中遵循"敬人、自律、适度、真诚"的原则，个人文明礼仪一旦养成，必然会在社会生活中发挥重要的作用。

任务一　知　礼

一、礼仪的概念

　　中国作为礼仪之邦，礼仪时刻出现在我们的日常生活和人际交往中，孔子曰："礼者，敬人也""不学礼，无义立"，古人用礼以示尊敬。"礼"与"仪"在古代属不同范畴，并不等同。《左传·昭公二十五年》记载："子大叔见赵简子，简子问揖让、周旋之礼焉。对曰：'是仪也，非礼也'"。可见古人对"礼"和"仪"二者之间有严格区分。《说文解字》中对于"仪"的注解为"仪，度也。从人，义声"。"仪"由早期的仪式逐渐演变为法度、准则、典范。如"既见君子，乐且有仪。"也有指人的仪表，如"各敬尔仪"。《辞海》中对于"仪"的释义有礼节、仪式、法度、准则、容貌、举止等，"仪"被归属于外在规范存在。"礼"作为处事原则、道德理念、治国方略等，是中华民族深层的精神特征，属内在思想意识。"礼"的具体表现是在社会生活中为大家所尊奉的仪式，可见"仪"能够为"礼"所用。

　　在现代社会生活中，"礼"和"仪"被放在一起来看待，"礼仪"是人们在社会生活和人际交往中约定俗成的处事准则和行为规范。当代学者认为，礼仪是指人们在社会交往

Note

中形成的、以建立和谐关系为目标的、符合"礼"的精神的行为规范、准则和仪式的总和。"礼仪"有广义和狭义两种解释,广义的"礼仪"包括典章制度、朝政法规、治国根本、生活方式、伦理道德、做人本分等,狭义的"礼仪"是指为了维护正常的社会秩序而形成的一系列行为规范。

二、礼仪的内涵

礼是一个抽象的概念,它的本意是"敬神"。礼经过中国几千年历史的浸润和熏染,其含义在不断地演变,时至今日,礼已经深入到人类的日常生活和社会活动之中,引申为人与人之间、组织与组织之间或国与国之间的友好和敬意。因此,礼是指人们在长期的生活实践中约定俗成的行为规范与准则。一般而言,与礼相关的词常见的有三个,即礼貌、礼节、礼仪。礼的核心是礼貌,礼的形式是礼节,礼的规范是礼仪。

礼貌是指人们在交往过程中表示敬重、谦虚、恭敬、友好的行为规范,它体现着一个人的基本品质。礼貌的外在表现主要是仪表仪容适度、姿态端庄得体、态度亲切和蔼、说话文明谦虚、待人接物彬彬有礼,如尊老爱幼、热情待客等。

礼节是指人们在日常生活和交际过程中表示问候、致谢、慰问、哀悼等习惯形式或具体规定,是礼貌的具体表现方式,如熟人相遇互相打招呼、宾主见面互相握手、逢年过节互相拜访、亲朋好友遇喜事送礼物、宴会中互相敬酒、对遭受病痛、灾难的人们进行慰问等。

礼仪是指人们在社会交往中受历史传统、风俗习惯、宗教信仰、时代潮流等因素的影响而形成的,既为人们所认同,又为人们所遵守,以建立和谐关系为目的的各种符合礼的精神、要求的行为准则或规范的总和。在礼学体系中,与礼貌和礼节相比,礼仪的内涵更为深刻,主要有以下几点。

(1)礼仪是一种行为准则或规范。它是一种程序,表现为一定的章法,如进入某一地域前,要对该地域的习俗和行为规范有所了解,只有遵守这种习俗和规范,才能融入当地的环境。

(2)礼仪是一定社会关系中人们约定俗成、共同认可的行为规范。在人们的交往活动中,礼仪首先表现为一些不成文的规矩、习惯,然后才逐渐上升为大家认可的,可以用语言、文字、动作进行准确描述和规定的行为准则,并成为人们有章可循、可以自觉学习和遵守的行为规范。

(3)礼仪是情感互动的过程。在礼仪的实施过程中,既有施礼者的控制行为,也有受礼者的反馈行为。即礼是施礼者与受礼者互相尊重、情感互动的过程。

(4)礼仪是为了实现社会交往各方的互相尊重,从而达到人与人之间关系的和谐。在现代社会,礼仪可以有效地展现施礼者与受礼者的教养、风度与魅力,它体现着一个人对他人和社会的认知水平、尊重程度,是一个人的学识、修养和价值的外在表现。只有处于互相尊重的环境中,人与人之间的和谐关系才能建立并逐步发展。

(5)礼仪是一种规范,它不是人们主观形成的结果。礼仪规范是人们在社会交往实践中形成的一定礼仪关系的概括和反映,通过风俗、习惯和传统方式保留下来。进一步说,礼仪是一定社会或阶级对人们的言行举止所提出的要求,并由社会学家集中概括出来,见之于人们的生活实践,从而形成人们普遍遵循的行为准则。每个人要想在社交场合表现得彬彬有礼,很有修养,都必须无条件地遵守礼仪规范。任何人如果不按照被社会认可的礼仪规范工作、生活,而是随心所欲地按自己的方式去做,那么其行为必然令很多交往对象难以接受。所以,规范性是礼仪的一个极为重要的特性。

三、礼仪的起源

荀子说:"礼有三本:天地者,生之本也;祖先者,类之本也;君师者,治之本也……故礼,上事天,下事地,尊先祖而隆君师。"《史记·礼书》中提到"礼由人起,人生有欲,欲不得则不能无忿,忿而无度量则争,争则乱。先王恶其乱,故制礼义以养人之欲,给人之求,使欲不穷于物,物不屈于欲,二者相待而长,是礼之所起也"。所以说,礼仪产生于尊敬和崇拜,并用来表达尊敬和崇拜,抑制原始的欲望和冲动,防止祸乱相争。礼仪包括对父母的尊敬,对长辈、老师的尊敬,对部落首领的尊敬,对神的尊敬,这种尊敬渐渐地固化为某些语言和行为,被大家所认同和传承。当然,还有一个更重要的目的是礼仪可用来抑制人类的原始欲望和冲动,并防止为了争夺各种稀缺资源而发生争斗和战乱,从而实现部落的和谐。

许多学者认为传统礼仪起源于黄帝之前。"故黄帝作为君臣上下之仪,父子兄弟之礼,夫妇妃匹之合;内行刀锯,外用甲兵。"可见,在黄帝时期君臣、父兄之间已经具有一定的礼仪规范。还有一批学者认为礼仪是由饮食和民俗发展而来的。"民以食为天",在原始社会,生产力水平低下,食物较为匮乏,所以为了维持氏族内部的稳定有序,人们按照礼仪的一些习俗进行食物分配,"夫礼之初,始诸饮食"。在原始部落中存在着弱肉强食的不公平现象,随着文明程度的逐渐提高,规范饮食秩序的准则逐渐出现。卑者、幼者向尊者、长者进献饮食,使尊者、长者先食、多食,以表示尊崇。这种尊卑、长幼有别的行为规范,就是最原始的"礼"。也有学者认为礼仪起源于祭祀,《说文解字》中说:"礼,履也,所以事神致福也,从示从豊。示,神也;豊,行礼之器也,从豆,象形。"将礼归为祭祀活动,郭沫若也认同此观点,"大概礼之起,起于祀神"。已经有越来越多的研究者接受"祭祀说"。史学家杨宽认为礼起源于氏族社会的习惯、习俗和种种以实物及象征性动作构成的仪式。习惯、习俗具有适用范围广的特点,涉及生产、生活的各个方面。奴隶社会时期,等级制度和国家开始出现,统治阶级不断丰富和完善相关的习俗、习惯,并将其作为维护封建等级制度的工具。

上述关于礼的起源的观点都具有一定的合理性。在原始社会,物资极度匮乏,因此食物分配必须遵循一定的规则,于是出现了原始的长幼尊卑之礼。先辈们通过祭祀来表达对神灵的敬畏和对祖先的尊重,祭祀过程的每一环节都是毕恭毕敬的,久而久之这些程序和环节就演变成了礼;民俗源于人们的生产生活,在生活中被人们自然运用,当全社会成员约定俗成、自觉遵守时就演变为礼俗,礼俗经过系统化、规范化就形成了礼。

综上所述,礼仪源于原始社会协调人际关系的需要,是人们在社会活动中为了维持稳定的社会秩序,促进人际交往的和谐而共同遵守的行为规范。

四、礼仪的发展

我国礼仪经历了从有到无、从孤立到系统最后日臻完善的过程,成为一个最完备的治国方略,并长期为封建统治阶级服务。这在世界文化史上也是极为少见的。其发展过程可分为以下五个阶段。

(一)原始宗教阶段

这一阶段主要是原始社会,从对大自然和部落领袖的崇拜开始,由部落首领发起,借助一些神圣的仪式和器物,对决定人类命运的一些东西表达恭敬和崇拜。人们认识到生产活动与诸多自然现象之间的联系,同时倍感自然界的沉重压力,在恐惧与希望交织中逐渐将自然现象神化,出现了动物崇拜、植物崇拜、天体崇拜、祖先崇拜等。如通过对山川日月、龙凤图腾、神灵先祖的祭奠,经过长期发展形成固定的宗教信仰,并有规范的仪式。这就是最初的礼仪行为。

(二)统治工具阶段

这一阶段是从周朝到先秦,经过周公对民间各种礼仪形式的收集整理,形成了全国性的大型礼仪规范总集《周礼》,这标志着礼仪文化从宗教成为法律,成为统治阶级的统治工具。通过礼仪文化的教化、熏陶和规范,使百姓由精神意志到言行举止都绝对服从统治阶级的管制,形成一个上下有序、各得其所的社会局面。这种礼仪文化一直延续到春秋战国时期,各路诸侯开始否定、篡改、废弃周礼,孔子由此感慨地称其为"礼崩乐坏"的时代。以孔子为代表的儒家学者,一方面四处传播礼仪文化,一方面不断修订完善,建构起完整的儒家礼乐思想体系,为传统礼仪文化走上统治舞台奠定了坚实的基础。

(三)社会共识阶段

到汉代,通过儒家弟子的不懈努力,儒家文化成为主流文化,礼仪文化得到前所未有的发展。礼仪文化逐渐成为社会成员一切行为的规范,并在之后两千多年的封建社会始终占据着主导地位。其间,虽然经过多次冲击和改革,但始终没有动摇传统礼仪文化的根基,经过历代统治阶级和学者大儒的继承与发展,反而使该种礼仪文化从理论、体系、形式、措施等方面更加完善成熟,并获得全民的认同与遵守。我国封建社会最终实现与礼仪文化的完美结合,俗称"封建礼教",这着实为两千多年的封建统治立下了汗马功劳。

(四)批判颠覆阶段

从孙中山领导的辛亥革命开始,中国传统礼仪文化进行了一场彻底的革命,最鲜明的标志就是剪辫子、换服装。到了"文化大革命"时期,对传统礼仪进行了全盘否定。改革开放之后,仍有些学者鼓吹西方的自由思想,企图彻底推翻传统礼仪文化,转而推行"全盘西化"思想。在这一百年的时间里,中国传统礼仪文化经受了从思想体系、内容、形式等方面的颠覆、批判和洗礼。

(五)探索重生阶段

中华人民共和国成立后,现代礼仪获得了一定程度的发展。人们对平等自由的渴望被激发出来,对过于强调等级尊卑、束缚人性的封建礼教表示极大厌恶。改革开放后,专家学者开始逐渐重视并理性对待传统文化。对礼仪文化进行历史分析,继承精华,剔除糟粕,不断探索传统礼仪文化在现代社会的功能与价值,与现代文明和科技结合,散发出新的光芒。

模拟实训

一、实训情境

选择一个感兴趣的传统节庆,以 PPT 的形式对该节庆礼仪中的礼俗与仪式的缘起及象征意义进行专题汇报。

二、实训目标

(1)正确理解礼仪的相关内涵和意义。

(2)了解中华传统礼仪文化,增强文化自信。

三、实训准备

(1)物品准备:计算机。

(2)人员准备:上课学生。

四、实训组织

完成活动后,师生及时点评。

五、实训步骤

实训步骤表如表 1-1 所示。

表 1-1　实训步骤表

序号	步骤	操作及说明	评价标准
1	资料收集	以本节任务内容为基础,通过线上资料收集和线下图书查阅等方式,了解中国传统文化,增强文化自信	(1)正确理解礼仪的相关内涵和意义。 (2)PPT 制作完整,内容翔实,素材丰富。 (3)节庆礼仪分析深入,把握到位
2	专题汇报	以小组为单位,选择一个感兴趣的传统节庆,收集相关文字、图片、视频等素材,以 PPT 的形式对该节庆礼仪的礼俗与仪式的缘起及象征意义进行专题汇报	
3	内容评价	其他小组成员予以点评,授课教师进行总结点评	

六、实训评价

实训评价表如表 1-2 所示。

表 1-2　实训评价表

被评估人			评估地点		
评估项目	节庆礼仪专题汇报				
评估标准	评估内容	分值/分	小组评估	教师评估	综合得分
	PPT 简洁美观、排版整齐	15			

	评估内容	分值/分	小组评估	教师评估	综合得分
评估标准	内容翔实、逻辑清晰	15			
	素材丰富、形式多样	15			
	节庆礼仪把握到位,分析深入	20			
	体现礼仪的本质内涵	20			
	演讲效果佳	15			
	合计	100			

任务二　用　　礼

一、礼仪的功能

现代社会越来越像一架精密的"仪器",由众多相互交织在一起的复杂运行机制推动着历史的车轮运转。礼仪文化在人类社会中是一个什么样的角色,应该发挥哪些功能?

(一)维持社会的和谐与发展

从原始部落出现开始,等级观念在人们的脑海里开始慢慢形成。进入奴隶制社会以后,国家政权开始为统治者所有,人与人之间的等级划分趋于明晰化,而这种等级逐渐演变成礼制,人人要守礼。礼用严格的条例规定人生活的方方面面,对人的起居、饮食、衣着、用度等进行了细致的规定,人人必须在与自己地位相匹配的范围内生活,于是尊卑、贵贱也由此产生。统治阶级用礼节制度将民众生活纳入政治生活的范围之内,人人从之。而普通百姓为了求得生存,只能对统治阶级的规定绝对服从,于是就出现了古代礼教中三从(女子未嫁从父、已嫁从夫、夫死从子)四德(妇德、妇言、妇容、妇功),以及君臣父子之间的局面。所谓的"齐家、治国、平天下",个人的生活越来越模式化,自由意志常常被压制。但也正是由于这样的统治方式,使得权力集中,形成了相对安定的社会秩序和持久的王朝统治,中国古代社会在经济、文化、科技等方面取得了举世瞩目的成就。

(二)规范民众的行为和道德

礼文化本身蕴含了丰富的修身养性的精神。儒家一贯以礼为守则来实现自我心性的完善。《礼记》开篇第一句话便是"毋不敬"。儒家以月亮的盈亏为喻,提出"满招损,谦受益"的理念,提倡谦虚自守,低调行事,要处处尊重他人,凡事多看他人长处。儒家文化是礼乐文化,在《乐记》里提到"大乐与天地同和"。乐的最大作用是使人和。所以,在宗庙之中,君臣上下同听之则莫不和敬;在族长乡里之中,长幼同听之则莫不和顺;在闺门之内,父子兄弟听之则莫不和亲。只有礼乐兼修,才能成为内外完美的君子。礼仪是用来规范个人行为的,通过对外在的调节,推动个人内心的转变,它能够促使一个人形成更高尚的思想与行为。通过外在的端平持重,进而实现内心的平和宁静、心境的提高。总之,礼仪的学习有助于提高个人修养,进而促进人际关系的和谐,提高个人的自控能力,不论顺境逆境都能够心平气和地对待。

(三)保持国家民族的安定兴盛

自古以来,我国在与其他国家交往过程中,就有着"和谐外交"的观念,这也是礼文化在对外交往中的体现。最著名的例子就是郑和下西洋,在郑和下西洋的过程中,我国秉持"平等外交、和平外交"的理念,在与东南亚,乃至阿拉伯、西非地区的交往中推广中国的优秀文化,将中国的资源带给外邦,促进国与国之间政治上的和谐、经济上的互利,为中国的发展创造了良好的外部环境。小到个人,大到国家,在与对方交往的过程中,以礼待人,在一定程度上就意味着对自我的约束和管理,要想时时处处能够以礼待人,就必须有着强烈的道德意识和自律精神。在古代,能够以圣人著称的,如尧舜、周公、孔子等,他们都是对自我有着严格的要求,将自我的实现与民众的实现相结合。这种德义精神,就寓含在孟子的"鱼与熊掌不可兼得,舍鱼而取熊掌也"之中。这种崇尚礼仪道德的精神,自孔孟起,延续至今,成为中国人人格追求的主要内涵之一。而将这种精神由人与人的相处扩展到国与国的相处,便是我们的和平外交。我们一直信奉的"以德服人"的思想也延伸至外交政策中,这种外交政策自古就有,从春秋战国时期的"师出有名",到隋唐时期的中华文化圈,再到明清时期的"西传东渐"和"东传西渐",逐渐形成我国成熟稳定的外交指导思想和和平发展的外交政策宗旨。

"以德服人"的观念,不仅可以用于个人的交际,也同样可以运用于民族与民族、国家与国家之间的来往。就个人而言,一个人在社会交往过程中,如果能够通过自己良好的品德给别人留下好的印象,并且在工作往来中一贯如此,那么他的诚信度就很高,上司自然重用这样的员工,而其他单位也乐意同这样的人合作。就国与国之间的交往而言,一个国家在外交过程中建立了良好的形象,那么该国就能为自身的发展创造良好的外部条件,提升本民族在世界民族中的地位,在遇到一些国际争端和冲突时,相对地也能拥有较高的话语权,这些对一个国家来说,无疑是求之不得的利益。

综上所述,我们可以很清楚地看到,个人在交往的过程中,都希望能够获得与他人平等、和谐、友善的关系,这是每个人在精神层面的一种追求。就个人而言,有自我的人格尊严;就国家与民族而言,有国家及民族的尊严、荣誉,这些都是交往过程中的基本需求,只有满足了这些基本需求,双方才能开展正常、健康的来往。而礼仪的学习,可以教导我们如何去做一个懂礼、守礼的公民,如何在国际交往中维护自己国家的尊严,同时也不侵害其他国家的利益。

(四)促进国家软实力的提升

软实力是指一个国家依靠其在政治、文化和外交政策上的吸引力来影响他国偏好的能力,主要体现为这个国家的文化、教育、法制环境、国家凝聚力、创造力、亲和力以及国民心态、国民形象、民族精神、国家凝聚力等。对我国来讲,礼仪文化无疑是一项重要的软实力,在经济输出的同时,我们应该大力加强礼仪文化软实力的输出。

近年来,孔子学院迅猛发展,遍布全球。孔子文化成为中国文化的代表,获得世界的广泛认同。多年实践证明,孔子学院不只教会外国人学习汉语,更是有力地传播了中国传统文化,向全世界展示中国流传几千年的思想文明体系,让更多的人了解中国文化,喜欢中国文化。孔子学院很好地展示了一个谦逊平和、懂得理解和尊重、尊崇文明礼貌的中国形象,而不是西方媒体报道中妖魔化的中国。所以,中国应更积极地向世界传播这样一种令人向往的、具有全球共同偏好的儒家思想。

富强、民主、文明、和谐、自由、平等、公正、法治、爱国、敬业、诚信、友善,这是中国人追求的社会主义核心价值观,这同时也应该是全人类的共同价值追求。它将个人、国家和社会紧紧联系起来,追求个人利益与国家、社会利益的融合发展,将个人价值与国家、社会价值的共同实现作为最高目标。个人拥有爱国、敬业、诚信、友善等优秀品质是实现国家的富强、民主、文明、和谐的重要保证,也是实现社会自由、平等、公正、法治的重要途径。如果能够广泛而有效地向世界传递中国人民热爱和平、崇尚礼仪文明的价值追求,将世界各个国家和各族人民团结一起,和平共处、互相尊重、平等互利、共同发展,构建一个和谐文明程度高度发展的人类社会,将是中国最大的软实力。

二、礼仪的特征

礼仪的特征主要通过法律、道德、政治之间的区别和联系体现出来。

(一)礼仪与法律的关系

礼仪与法律既有着天然的联系,又有着本质的区别。在中国传统文化中,礼与法一直互相渗透与结合,古代法制史实际上就是礼法合治的历史。《唐律疏议》中指出“德礼为政教之本,刑罚为政教之用”,对礼与法的关系做了很好的诠释。在我国历史文化中,人们一直认为“法源于礼”,法律是从礼仪中脱离出来的一部分更具有普遍性、稳定性、严格性的规范,主要对那些对他人和社会产生较为严重危害的行为进行约束。荀子提出“礼者,治之始也”“法者,治之端也”“礼者,法之大分,类之纲纪也”。所以说“礼”是法的总纲,而法是“礼”的派生,是从礼分化出去的。所以礼仪具有广泛性、直接性、自觉性。

从这可以看出,两者的共同点都是调整和规范社会秩序以及人与人之间各种关系。两者的区别有三:一是力量的大小不同,法律是强制执行的,是比较严格的行为规范;而礼仪是个体自觉执行的,对社会危害性相对较小的行为进行规范。二是影响的方式不同,法律是通过严格、系统的条文进行明确规定,并要求全社会共同遵守;礼仪却没有十分严格的明文规定,主要通过传承教育的方式引导人们遵守。三是处罚的方式不同,一旦违法将会付出沉重的代价,或限制人身自由,或损失财产;而礼仪缺失造成的损失是比较隐形的、间接的,主要体现在精神上和个人名誉上,但日积月累,礼仪崩坏,对社会造成的损失更难弥补与挽回。

(二)礼仪与道德的关系

礼仪与道德常常被作为一个整体出现在传统文化中,实际上礼仪只是道德的一部分,反映社会道德关系中的一些基本规范。道德规范有很多,是人们共同生活及其行为的准则和规范的总和,包括了爱国守法、明礼诚信、团结友善、勤俭自强、敬业奉献等基本要求。道德更主要地体现为内在的品格,它以善恶为标准,通过社会舆论、内心信念和传统习惯来评价人的行为,调整人与人、人与社会之间的关系。"德"诚于中,"礼"形于外。道德是礼仪的基础,礼仪是道德的外在表现。道德决定礼仪,真正的礼仪是建立在良好道德的基础上,否则就是虚情假意。礼仪作为一种基础性的行为规范,可以提高人的道德修养,礼仪使抽象、无形的道德变成真实的存在。所以礼仪具有形式性、外显性、规范性。

(三)礼仪与政治的关系

礼仪在很长一段时间内被作为一种政治手段,用来统治社会,从而形成"礼治思想"。礼仪作为政体,最早形成于西周,礼仪与分封制、宗法制结合,形成最根本的国家制度,当时礼的内容包含了政治制度、思想典章、社会伦理、道德规范、行为模式等各个方面,成为极其完备的思想体系。礼是"国之干""政之舆"。所以礼仪代表着一种政治秩序,维护着当时社会的政治稳定,确保了从上到下的政令畅通。如今,政治秩序的维护有了更多的手段,对礼仪的依赖已经微乎其微,礼仪仅仅作为一种宣传工具、文化手段对人们进行价值、舆论引导和文化熏陶。所以礼仪具有管理性、约束性、通用性。

三、礼仪的原则

(一)古为今用,将民族利益作为核心

中华民族经过了数千年的发展,早已形成了具有自身特色的优秀的传统礼文化。中华民族是一个文明有礼、团结友善、热情好客的民族,这样的优良传统延续到现在,影响着我们每一个人。当今我们弘扬的优良美德,如爱国明礼、诚实守信、团结协作、尊老爱幼等都是在传统美德的基础上演变而来的,二者是不能割裂开来的。

一个民族的灵魂是文化,传统礼文化是我们民族的灵魂,始终有顽强的生命力。因此,现代礼仪应在传统礼文化的基础上,以民族利益为核心进行创新,符合时代发展需要。

(二)知行合一,礼仪文化理论和践行相结合

文明素养的形成不能仅仅停留于理论认识层面,而是要有实际行动,只有将理论联

系实际才行得通。礼仪最重要的目的在于实践,很多古典著作也提到了这点。中国传统礼文化不仅在于丰富的理论知识,同样也可践行,让人们在实际行动中感受博大精深的传统礼文化。深刻认识和弘扬中国传统文化,要将理论与实际紧紧联系起来,不能割裂二者关系。总之,在行动中切实增加对礼仪的感受,加深对礼文化的认识和热爱,长期坚持并践行,在实际行动中才能真正发挥礼仪的作用。

(三)内外兼修,注重礼仪的实质和形式

礼仪表现为外在形式和精神内涵,一个是可以用眼睛看到的,而另一个则是要用心感受的。当然,学习真正的礼仪既要学习如何有礼貌,又要了解礼仪的精神内涵,只有这样才能称为掌握了礼仪。礼仪的外在形式是比较容易学习的,例如彬彬有礼、谦恭有礼就是外在形式,我们可以很直观地看到,但是礼仪的精神内涵则是要用心学习,是需要领悟的。因而我们在学习礼仪时要更加重视精神内涵的学习,而不是只要求外在形式。其实,外在形式和精神内涵二者缺一不可,前者是后者的表现,后者是前者的引导,二者的关系实际上是很密切的。因此,在学习礼仪时,既要掌握礼仪的外在形式,又要掌握其精神内涵,如果缺乏其中之一,都不能算是一个懂礼仪的人,这才是礼仪学习的最终目的和要求。

(四)与时俱进,实现礼仪文化的创新

礼仪要在传统基础上继承。立足中国传统礼仪文化,并不是说生搬硬套、直接继承,而是要在传统基础上、在结合时代发展的要求上进行创新,绝不应是墨守成规,与当今时代脱轨,反而要能适应时代的需要,学会创新,因此,践行礼仪要结合过去、立足当前、面向未来。当然,我们并不是说不能坚持传统礼仪,反而是要以此弘扬中华民族优良传统、传统美德和优秀的传统文化,将其融入日益发展的新社会,适应时代发展需要,在当今依旧发挥其作用,依旧能够闪闪发光。

模拟实训

一、实训情境

请同学们分组,以"礼仪是我们步入社会的通行证"为主题,编一个小品,反映一个不懂礼仪的人在社会生活中遇到的困难,以及礼仪在社会生活中的重要性。

二、实训目标

让学生深刻感知礼仪在社会生活中的重要性。

三、实训准备

(1)物品准备:数码摄像机。

(2)人员准备:上课学生。

四、实训组织

学生分组准备并表演,完成活动后,师生及时点评。

五、实训步骤

实训步骤表如表1-3所示。

表 1-3   实训步骤表

序号	步骤	操作及说明	评价标准
1	剧本编排	以"礼仪是我们步入社会的通行证"为主题,编一段情景剧,表现一个不懂礼仪的人在社会生活中遇到的困难,以此来说明礼仪对于学生步入社会之后的意义	(1)礼仪场景设计充分体现礼仪的功能。(2)符合礼仪的基本原则,正确把握礼仪的特征。(3)剧本合理,情节引人入胜,演绎生动
2	记录、评选	使用数码摄像机进行拍摄记录,评选出"最佳表演奖"与"最佳剧本奖"	
3	内容评价	学生做自我评价,其他小组成员予以点评,授课教师进行总结点评	

六、实训评价

实训评价表如表 1-4 所示。

表 1-4   实训评价表

被评估人		评估地点			
评估项目	节庆礼仪专题汇报				
评估标准	评估内容	分值/分	小组评估	教师评估	综合得分
	主题鲜明、创意突出	15			
	剧本完整、剧情精彩	15			
	场景设计体现礼仪功能与意义	20			
	礼仪元素丰富	20			
	礼仪场景的演绎符合原则	20			
	表演生动	10			
	合计	100			

项目
训练

项目训练
参考答案
▼

简答题

1.如何理解礼仪的概念?

2.礼仪的内涵是什么?

3.简述礼仪的起源。

4.礼仪的发展过程可分为哪几个历史阶段?

项目二
衣冠礼乐——旅游从业人员形象礼仪

项目目标

知识目标

了解有关职业着装的基本原则；

掌握职业发型的基本要求；

充分认识男士与女士着装礼仪的重要性；

能够理解佩戴饰品的基本原则并掌握佩戴礼仪。

能力目标

男士与女士职业妆容的一般程序；

化妆与着装的禁忌，避免在穿着打扮、举止行为上弄巧成拙。

思政目标

通过课堂模拟演练塑造良好的自我形象，将道德修养和礼仪规范内化于心，外化于行，付诸实践，做到知行合一，学以致用，做讲文明、守礼仪的学生，用实际行动传承悠久的中华礼仪，做彬彬有礼的人。用规范的礼仪标准来指导自己的一言一行，做到学礼用礼、以礼待人，成为礼仪之邦的传承者、中华民族的新一代。

知识框架

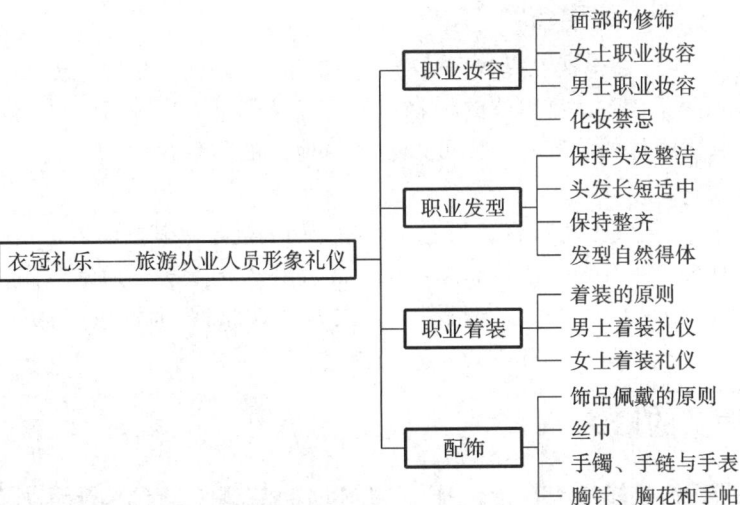

Note

教学重点

男士职业妆容和女士职业妆容的操作步骤；
男士职业装与女士职业装的穿着标准。

教学难点

职业发型的基本要求；
男士西装、女士套裙的穿着与饰物佩戴规范。

案例导入

心理学家曾经做过一个实验，他让一位挎着菜篮子、脸色疲惫的中年妇女，一位穿着时尚、妆容精致的漂亮女郎，一位面部干净、戴金丝眼镜的青年学者，一位留着怪异发型、脸上脏兮兮的邋遢男青年在公路边请求搭车。结果发现，四个人当中，搭车的成功率从高到低的顺序排列是：漂亮女郎、青年学者、中年妇女、邋遢男青年。其中，邋遢男青年尝试了几十次，只成功了一次。

案例评析：不同的仪表代表了不同的形象，随之而来的是不同的际遇，这并不是以貌取人，而是体现了仪表的重要性。你的仪表是否干净清爽，在很大程度上是你身边的人判断你是否可信的重要条件之一，也是他人决定如何对待你的首要条件。形象决定价值，一个良好的形象可以给你带来更多的机会。

任务一　职业妆容

人的仪容，主要是包括五官在内的整个脸部呈现，是人的仪表之首，是人际交往中为他人所注意的重点。适度得体的妆容不但可以展现个人风采，而且能够展示行业的良好形象。大方得体的妆容一方面可以表现对他人的尊重，另一方面也展示了自己健康的精神面貌。

在工作中，商务人士的妆容必须遵守一些专门的规定。其基本要求是化妆上岗、提倡淡妆。此项要求主要包含两层意思：一方面，商务人士上班时通常应当化妆；另一方面，以化淡妆为宜。因为化淡妆与商务人士的身份最相称，而浓妆艳抹则会显得不务正业。

一、面部的修饰

修饰面部最简单的方式是勤于洁面。修饰的重点在眼部、口部、鼻部、耳部和脖颈，通过修饰,使之整洁、干净、端庄。面部是人最重要的部位,要使面部皮肤洁净、润泽、富有弹性,就要掌握皮肤保养和美容化妆的知识和技巧。面部的修饰要求及方法如表 2-1 所示。

表 2-1　面部的修饰要求及方法

部位	要求及方法
眼部	清洁眼部。及时清除眼部分泌物。若眼睛患有传染病,应自觉回避社交活动
	修眉。可对眉形进行必要的修饰。尽量不要文眉,更不要剃眉毛
	戴墨镜。某些特殊情况下可以佩戴墨镜。但在一般的社交场合不适合戴墨镜,否则会显得不伦不类,或有拒人千里之外之感
口部	清洁口腔。牙齿洁白,口腔无异味。每天早、中、晚刷牙。尤其是饭后,一定要刷牙
	清除胡须。男士留着乱七八糟的胡须,一般会被认为是很失礼的,而且显得邋遢
鼻部	保持鼻部干净。鼻腔要干净;不要毫无顾忌地吸鼻子、擤鼻涕;不在人前挖鼻孔
	修剪鼻毛。修剪长到鼻孔外的鼻毛
耳部	保持耳部清洁。洗澡、洗头、洗脸时应安全地清洗耳朵,及时清除耳孔中的分泌物
	修剪耳毛。当耳毛长出耳孔之外时,应进行修剪
脖颈	保持脖颈清洁。不要忽视脖子的清洁,脖后、耳后绝不能"藏污纳垢"
	保护脖颈皮肤。脖子上的皮肤细嫩,应给予相应的呵护,防止过早老化,与面容产生较大的反差

二、女士职业妆容

(一)妆容要求

女士职业妆容要求为淡妆,应淡雅,不可浓妆艳抹,淡妆的主要特征是清新素雅,展示良好的精气神。适宜的淡妆可以弥补自身的某些缺陷,除了看起来感觉如沐春风和心旷神怡之外,也是一种尊重对方的表现。

(二)化妆步骤

第一步:清洁面部,基础护肤。选择清洁类产品去除面部油污,之后用清水洗净,完成基础护肤后,还需注意做好防晒。

第二步:涂粉底。目的是调整皮肤颜色,可根据面部不同区域,借助粉扑或者粉底刷,分别用深浅不同的粉底来增强脸部的立体感,应特别注意脖颈的色差。

第三步:画眉。可使用眉笔、眉粉、染眉膏来描眉形,用眉笔画出眉形,然后用眉粉进行填色,使眉毛看起来自然饱满,可以在最后使用染眉膏以免脱妆。眉毛的颜色要尽量和发色相近。画眉如图 2-1 所示。

第四步:画眼线。画眼线的正确方法是把眼线画得紧贴于眼睫毛。在画上眼线与下眼线时,要求各不相同:画上眼线时,应当从内眼角朝外眼角的方向画;画下眼线时,

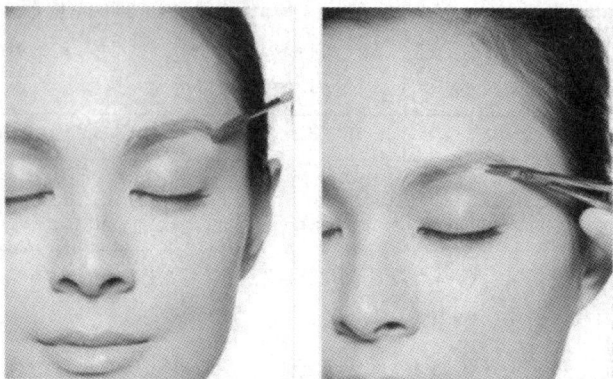

图 2-1　画眉

则应当从外眼角朝内眼角的方向画,并且应当在距离内眼角约 1/3 处收笔。这样才会造型生动、衔接自然。

　　第五步:涂眼影。职业女性眼影的颜色应根据正装或者身上其他配饰的颜色来决定,但不要过于夸张。眼影是用来强调眼睛的立体感的,所以两个内眼角的部位应涂重一些。

　　第六步:刷眼睫毛。穿职业装时,一般不宜佩戴过于夸张的假睫毛。在刷眼睫毛时不宜刷得过长、过浓。以"Z"字形由内往外刷。

　　第七步:抹腮红。抹腮红时应以颧骨为中心,根据每个人的脸型选择不同的方法,长脸要横着抹,圆脸要竖着抹,力求妆容和谐、过渡自然。

　　第八步:涂口红。口红要根据正装的颜色以及妆容的整体颜色来选择。口红不得涂于唇线外。

三、男士职业妆容

　　男士职业妆容较为简单:用粉底液或者粉底霜对面部进行简单修饰,眼部不必过度晕染,不必画眼影;眉部以修眉为重点,可用灰色眉粉进行适当晕染;唇部用透明无色唇膏涂抹。

四、化妆禁忌

　　第一,不宜当众化妆。在公共场所修饰面容是失礼行为。如需补妆,应到化妆间、洗手间等地方进行。

　　第二,不要借用别人的化妆品,因为这样既不卫生,也不礼貌。

　　第三,男士化妆要呈现阳刚之气,切不可油头粉面。

模拟实训

一、实训情境

选择合适的化妆品及化妆工具,根据面部特征设计职业妆容完成化妆流程,并在小组内进行纠正改进。

二、实训目标

(1)熟练运用女士与男士职业妆容的常规技巧,有意识地塑造与维护自身形象。

(2)通过自我审视,完善自我形象。

三、实训准备

(1)物品准备:桌椅、化妆品、数码摄像机。

(2)人员准备:上课学生。

四、实训组织

完成活动后,师生及时点评。

五、实训步骤

实训步骤表如表 2-2 所示。

表 2-2　实训步骤表

序号	步骤	操作及说明	评价标准
1	自我分析	依据本任务要求,分析自身面部特点	(1)妆容自然大方。(2)妆容与着装协调。(3)着装符合场合要求。(4)熟练掌握化妆技巧
2	设计妆容	选择合适的化妆品及化妆工具,根据面部特征设计职业妆容,并完成化妆流程	
3	纠正改进	以小组为单位互相检查,纠正改进	
4	评比记录	使用数码摄像机进行拍摄记录,评选出"最佳妆容奖"	
5	组内评价	学生自我评价,其他小组成员予以点评,授课教师进行总结点评	

六、实训评价

实训评价表如表 2-3 所示。

表 2-3　实训评价表

被评估人			评估地点		
评估项目	职业妆容				
评估标准	评估内容	分值/分	小组评估	教师评估	综合得分
	仪容整洁	20			
	色彩搭配和谐	15			
	符合场合要求	15			
	依据脸型合理修饰	10			
	化妆品与化妆工具使用恰当	15			
	技法熟练	15			
	化妆过程符合礼仪要求	10			
	合计	100			

任务二　职业发型

一个人的发型有时能体现这个人的外在形象、审美水平,甚至知识层次以及行为规范。人们可以通过一个人的发型判断其职业、身份、受教育程度、生活状况及卫生习惯,也可感受出这个人对待工作、生活的态度。因此,每个人要根据自己的形体、气质、身份选择适当的发型,充分展现自己的风采。在社会交往中,人们注视、打量他人时,往往从头开始。头发位于人体的"制高点",也是被注视的重点。因此,仪容修饰应当从头发做起。

一、保持头发整洁

1. 勤于洗发

洗发是保护与清洁头发的基本手段。经常清洗头发,不仅可以洁净头皮,而且有助于头发的健康生长,在清洁完头发之后,还可选择适合发质的护发精油进一步护理。

2. 勤于修剪

头发每月可长 1 cm 左右,如果不定期修剪,会失去美好的造型,有损形象。

3. 勤于梳理

梳发,是保持美发不可缺少的日常护理之一,同时还能保持头发的健康,增加柔软度和光泽度。

如果有重要的交际应酬,应提前进行洗发、理发、梳发。

二、头发长短适中

男性以短发为主,统一的标准就是干净整洁,并且要注意经常修饰、修理,头发不应过长。一般要求前不覆额,侧不掩耳,后不及领,最好不留大鬓角,不宜剃光头。

女性以中长发为主,因身高、年龄、职业而异。女性头发的长度应与身高成正比,也要与年龄相适应。职业女性多以短发、盘发、束发为主;青年女学生可留短发、披肩发,还可以束发。在庄重严肃的工作场合,长发者应梳成发髻,盘在头上。

三、保持整齐

必须把头发梳理"到位",不允许蓬松凌乱。为了使头发保持既定的发型,可使用美发用品对之加以固定,使之保持整齐。唯有整齐,才有干净可言。

四、发型自然得体

(一)发型与脸型

在设计发型时,只有对发型设计及化妆的原则有深刻的认识,针对不同脸型选择不同的处理方式,进行平衡和调和,才能弥补脸型的不足,创造美丽和协调的效果。不同脸型的人的发型处理方法如下。

1.圆形脸

此脸型的人将头发固定在头顶,用前刘海盖住双耳及一部分脸颊,即可修饰脸的圆度。

2.方形脸

方形脸类似圆形脸,其发型应遮住额头,并将头发梳向两边及下方,并可用卷发棒适当处理,使脸部线条更加柔和。

3.梨形脸

此脸型的人保持头发膨松且高耸,分出一些带波浪的头发遮住额头,头发以半卷或微波状盖住下颌线,形成宽额头的效果。

4.长脸

此脸型的人额前发际线较高,额、腮呈一直线或宽度差不多。发型应顶部低,适当遮额,两侧头发适当蓬松,尽量加重脸的横向感。

5.钻石形脸

应增加此脸型的人的上额和下巴的丰满度,维持头发贴近颧骨线,可打造出鹅蛋形脸的效果。

(二)发型与身材

1.短小身材者的发型

个子矮小的人给人一种小巧玲珑的感觉,在发型选择上要与之相适应。发型应以秀气、精致为主,避免粗犷、蓬松,否则会使头部与整个形体的比例失调,给人头大身小的感觉,在整体比例上,应注意长度印象的建立,所以个子矮的人宜留短发。长发者可利用盘发增加高度,而且要在如何使发型看起来秀气、精致上下功夫。

2.高瘦身材者的发型

这种体型的人容易给人细长、单薄、头小的感觉。要弥补这些不足,发型要求生动饱满,既不要将头发梳得紧贴头皮,又不要把头发弄得过分蓬松,给人头重脚轻的感觉。一般来说,高瘦身材的人比较适宜留长发、直发。不适合太短、太薄的发型或盘高发髻。头发长度至下巴与锁骨之间较为理想,且要使头发显得厚实,有分量。

3.矮胖身材者的发型

这种体型的人往往显得健康,可以利用这一点制造一种有生气的健康美。整体发式向上,剪成运动型短发,会给人俏丽、健康的美感。但若留长波浪发型,两侧蓬松,则会显得更胖。此外,应考虑弥补缺陷,可选用有层次的短发造型、前额翻翘式发型等,尽可能让头发向高处伸展,显露脖颈,以增加身体高度感。

4.高大身材者的发型

此体型的人给人一种力量美,但对女性而言,缺少苗条、纤细的美感。为适当减弱这种高大感,应努力追求大方、健康、洒脱的美。一般以留简单的直短发或是大波浪卷发为宜,切忌发型花样繁复、造作。

Note

模拟实训

一、实训情境

选择合适的工具,根据面部与身材特点,完成职业发型设计,并在小组内进行纠正改进。

二、实训目标

熟练运用女士与男士职业发型的常规技巧,充分展现自己美的风采。

三、实训准备

(1)物品准备:梳子、发网、一字夹、U形夹、发胶、数码摄像机。

(2)人员准备:上课学生。

四、实训组织

完成活动后,师生及时点评。

五、实训步骤

实训步骤表如表2-4所示。

表2-4 实训步骤表

序号	步骤	操作及说明	评价标准
1	自我分析	依据本任务要求,分析自身脸型和身材特征	(1)发部修饰整洁美观。 (2)发型与服装搭配协调。 (3)发型符合个人气质特征
2	设计职业发型	根据面部与身材特点,完成职业发型设计	
3	纠正改进	以小组为单位互相检查,纠正改进	
4	记录评选	使用数码摄像机进行拍摄记录,评选出"最佳发型"	
5	小组评价	学生做自我评价,其他小组成员予以点评,授课教师进行总结点评	

六、实训评价

实训评价表如表2-5所示。

表2-5 实训评价表

被评估人			评估地点		
评估项目	职业发型				
评估标准	评估内容	分值/分	小组评估	教师评估	综合得分
	头发整洁	20			
	造型适当	15			
	符合场合要求	15			
	风格庄重	10			
	与服装搭配协调	15			
	技法熟练	15			

Note

续表

	评估内容	分值/分	小组评估	教师评估	综合得分
评估标准	发部修饰过程符合礼仪要求	10			
	合计	100			

任务三 职业着装

除了仪容，良好的仪表对人的整体形象也至关重要。一个人穿着邋遢、衣衫不整洁，就会让我们对这个人产生一种不信任的感觉。我们的形象除了是我们自身审美的体现外，更是对他人、对所在场合的尊重。

一、着装的原则

人们在社交时对衣着穿戴非常敏感，尤其是与陌生人初次见面，人们往往会从衣着打扮上初步判断这个人的才能及人格。只有穿着打扮与环境相得益彰，才能展示出优雅、迷人的风度。要达到着装得体，就必须遵循服饰 TPO 原则，具体如下。

T(time)表示时间，即着装要适时。不仅要考虑到时令变换、早晚温差，而且要注意时代要求。特别是随着社会的发展，人们的着装要求和观念也会发生一定的变化，一个时期有一个时期的流行趋势。因此，着装要考虑时代特点，尽量避免穿着与流行趋势格格不入的服饰。

P(place)表示场合，即着装要因地制宜。比如工作场合一般应穿职业装，如果穿休闲服饰就不太得体；如果穿着礼服去参加体育活动，不仅不得体，也极不方便。

O(object)表示着装目的，即着装要适合自己。不要盲目追赶潮流，而要根据自己的工作性质、社交活动的要求、形象特点、气质、年龄等来选择服装，从而塑造出与自己身份、个性相协调的外表形象。

二、男士着装礼仪

(一)西装的选择

西装是一种国际性服装，是最常见的男士正装，西装的实用性非常强，四季皆宜，一套合体的西装可以使男士看起来潇洒倜傥、风度翩翩。

1.面料颜色的选择

一般来说，身材高大者，宜选择深色面料，这样可避免视觉上的臃肿感；身材矮小者，则可选择浅色面料，这样可给人一种伸展感。应特别注意的是要根据场合选择合适的西装颜色，正式场合一般以深色套装为宜，表示庄重、礼貌、严肃，整体控制在三种颜色以内，同时注意鞋、包、皮带应为同一种颜色，并以黑色为佳。

2. 版型的选择

版型是指西装的轮廓。西装有四种基本版型：一是欧版西装，基本轮廓是倒梯形，肩宽收腰，适合身材比较高大魁梧的男士；二是英版西装，西装领子比较狭长，基本轮廓也是倒梯形；三是美版西装，基本轮廓是"O"形，特点是宽松肥大；四是日版西装，基本轮廓为"H"形，适合亚洲男士的身材，没有宽肩，也没有细腰，多是单排扣式，衣后不开衩。

3. 做工的选择

粗糙做工的西装在穿着过程中容易走形，大大降低了西装的美感。因此，购买西装时一定要检查做工。要看缝线是否平直，有无断线、重线和跳线；要看西装里与西装面是否服帖，有无鼓包、褶皱；要看西装表面是否有油渍、污点；要看面料拼接处是否协调自然；要看服装的熨烫效果是否挺直，光泽是否一致，有无烫损之处。

（二）西装着装礼仪

自19世纪末西服成为男性的日常礼服之后，它一直把男性塑造成一个符合传统审美的"形"，即肩部宽厚，胸肌鼓实，腰节扁平有力，臀部窄小圆隆，呈现古典而令人骄傲的"V"形外观。现代西装在细节上打破传统西装的"形"，西装在突出男性曲线的前提下，更强调西装的舒适性。穿着西装应注意以下礼仪。

（1）袖口的商标应取下。

（2）衬衫袖口应露出1 cm左右，衬衫衣领应高出西装衣领0.5 cm，以保护西装衣领，增添美感。

（3）上衣小兜是"手巾袋"，只放折叠扁平的手帕，并浅露小边，除此不宜放其他东西，以保持绅士风度。

（4）西装长裤的裤线需熨烫挺直。

（5）穿着西装应配以合体的衬衫，衬衫的颜色应与西服颜色搭配和谐。在非正式场合穿着休闲西装配以颜色相宜的高档休闲衬衫或T恤衫，也能显出另一种风格。

（6）西装纽扣有装饰功能，扣法大有讲究：双排西装纽扣在任何正式场合都应扣上，否则给人以轻浮、不稳重之感。单排扣西装如仅有一粒扣子，应扣上；有两粒扣子，扣顶端一颗；三粒扣的，扣顶端前两颗或中间一颗。当然，单排西装也可以不扣，衣襟敞开，也能给人以轻松、潇洒之感。西装的扣法如图2-2所示。

图2-2 西装的扣法

（7）一般来说，着西装时皮带以深色为主，黑色为最佳，皮带扎好后，不应在皮带上挂钥匙等物品。

(8)着西装特别是深色西装时应配黑色系带皮鞋,并保持鞋面清洁锃亮。与皮鞋配套的袜子应为深色的纯棉袜子,忌穿白色袜子。并且要保证袜筒的长度为坐下后不露小腿肌肤为宜。西装的鞋袜搭配如图 2-3 所示。

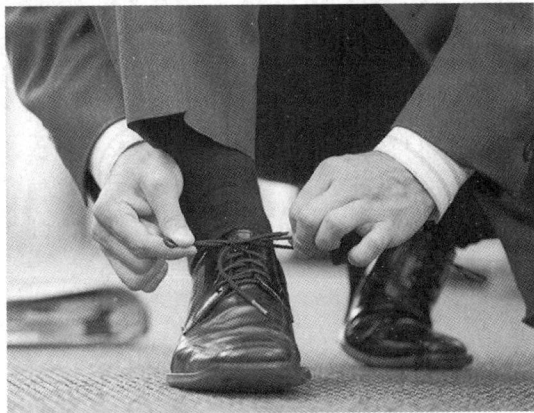

图 2-3　西装的鞋袜搭配

(9)西装搭配有讲究,应使西服、衬衫、领带、皮鞋、袜子和穿着方式相互协调。全身颜色应不超过三种,称为"三色原则"。

1. 领带礼仪

"领带是西装的灵魂",正式场合穿着西装必须打领带。领带的色调应与西装、衬衫颜色和谐一致。领带的长度很重要,领带太长或太短,都是不雅的,适宜的领带长度通常为领带的尖端恰好触及皮带扣,还可依据身高及打领带的方法进行调节。在领带较宽的末端背面夹上一个领带夹,可避免领带翻面的尴尬现象。领带搭配技巧的重中之重在于色彩及图案的搭配,适宜搭配西服的三种色系是蓝色系、灰色系和红色系。此外,以底色做主色,选择与西服同色系或对比色系搭配,衬衫应选择与图案相同的颜色。如蓝底白点的领带配白衬衫,西服则选与领带底色一致的蓝色。非正式场合可以不打领带,但应把衬衫领口解开,以示休闲、洒脱,避免给人忘记打领带的印象。

2. 领带的打法

(1)双环结。

①一条质地好的领带搭配双环结颇能营造时尚感。

②双环结适合年轻的上班族选用。

③双环结的特色就是第一圈会稍露出于第二圈之外,系双环结时无须刻意盖住。

双环结的打法如图 2-4 所示。

(2)交叉结。

①单色、素雅、质料较薄的领带适合打交叉结。

②喜欢展现流行感的男士大多使用交叉结。

交叉结的打法如图 2-5 所示。

(3)平结。

①平结为男士选用最多的领结打法。

②各种材质的领带几乎都适合打平结。

③打平结时,领结下方所形成的凹洞需让两边均匀且对称。

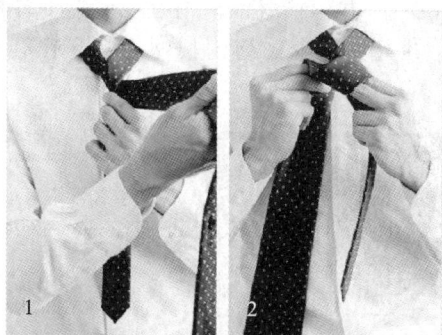

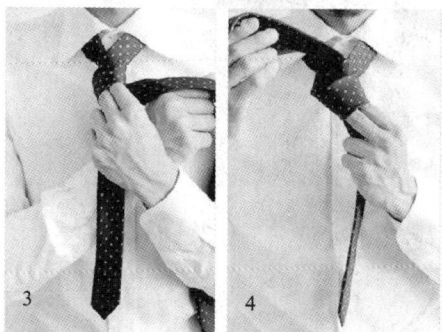

图 2-4　双环结的打法　　　　　　　图 2-5　交叉结的打法

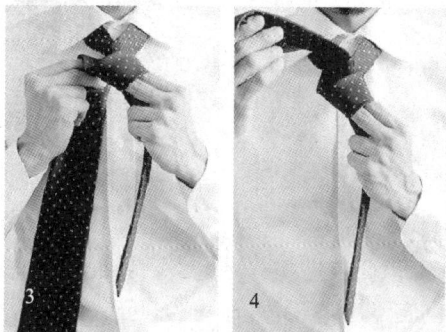

平结的打法如图 2-6 所示。

3.男士不同场合的着装

(1)正式场合的着装。

出席正式场合,如宴会、招待会、婚丧礼、晚间的社交活动时,男士必须穿深色西服,衬衫要求为白色,搭配有规则花纹或图案的领带,颜色对比不宜太强烈,否则会失礼。

(2)半正式场合的着装。

在半正式场合,如工作、午宴、一般性访问、高级会议和白天举行的较隆重活动,男士可以穿中等色、浅色或较明亮的深色西服,衬衫应素净、文雅且与西服颜色协调,搭配有规则花纹或图案的领带或是素雅的单色领带。

(3)非正式场合的着装。

在非正式场合,如旅游、访友等,男士穿着可较为随意,可选择色调明朗或花型华美的西服;衬衫可任意选择,也可不穿衬衫而穿 T 恤衫,领带可自由搭配,但切忌使用鲜红色或朱红色领带。

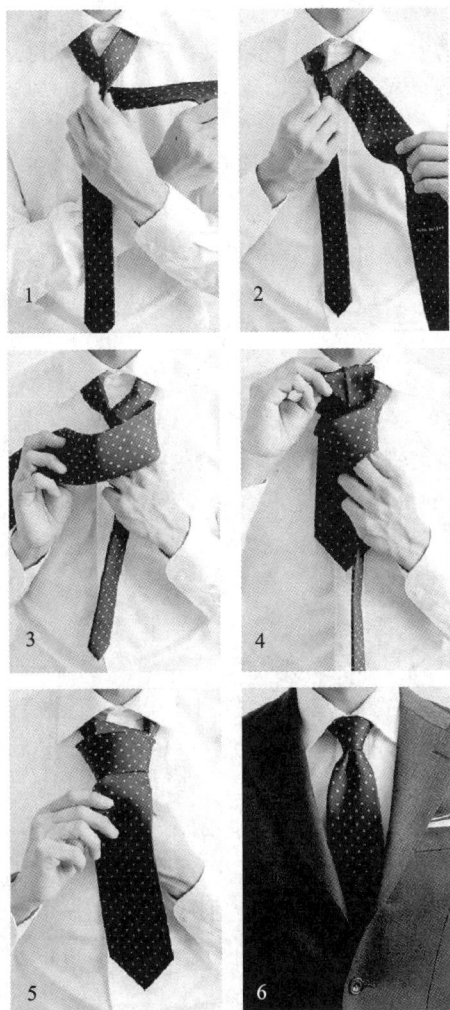

图 2-6　平结的打法

三、女士着装礼仪

女士的职业装有三种基本类型：西服套裙、连衣裙和套装。在正规场合，西服套裙是女性的标准职业着装。

（一）女士职业装的选择

1.质地

职业装宜选择质地上乘的纯天然面料，即不起皱、不起毛、不起球的匀称平整、柔软丰厚、悬垂挺括、手感较好的面料。穿前要烫平，脱下后要挂好，做到上衣平整、裤线笔挺。另外，上衣、裙子和马甲等必须为同种面料。

2.色彩

服装的色彩分三类：暖色调（如红色、橙色、黄色等）给人以温和、华贵的感觉；冷色调（如紫色、蓝色、绿色等）给人凉爽、恬静、安宁、友好的感觉；中间色（如白色、黑色、灰色等)给人以平和、稳重、可靠的感觉。

职业装应当以冷色调为主,借以体现着装者的典雅、端庄与稳重,还须与当前的流行色"保持一定距离",以示传统与持重。职业套装的全部色彩不应超过两种,不然就会显得杂乱无章。

3.尺寸

套裙的上衣不宜过长,最短可以齐腰。下裙不宜过短,裙子下摆恰好抵达着装者小腿肚最丰满处,是最为标准、最为理想的裙长。职业装必须合身,上衣或裙子均不可过于肥大或包身。上衣的袖长以刚好盖住着装者的手腕为宜,而裤长以至脚面为宜。

4.穿着

女士在正式场合穿着应大方,款式要简练、高雅,线条自然流畅。绝对要避免穿着过分花哨、夸张、性感或暴露的款式。对于保守的款式,则应掌握如何配饰、点缀。穿套裙时,裙子要端端正正且上下对齐。衬衫下摆应掖入衬裙裙腰与套裙裙腰之间,切不可将其掖入衬裙裙腰之内。上衣的衣扣必须全部系上,不要将其部分或全部解开,更不要当众随便将上衣脱下。上衣的领子要完全翻好,衣袋盖要拉出来盖住衣袋。不要将上衣披在身上,或者搭在身上。要么穿到大腿的长筒袜,要么索性不穿丝袜,不能穿半长的丝袜。

5.装饰

套裙上不宜添加过多的装饰。一般而言,有贴布、绣花、花边、金线、彩条、扣链、亮片、珍珠、皮革等点缀或装饰的套裙穿在白领身上都不合适。在穿套裙时,既不可以不化妆,也不可以化浓妆。不允许佩戴与个人身份无关的珠宝首饰,也不允许佩戴有可能过度张扬个性的耳环、手镯、脚链等配饰。

6.搭配

衬衫应轻薄柔软,颜色与外套和谐。内衣的轮廓不要显露出来。衬裙应为白色或肉色,不宜有任何图案。裙腰不可高于套裙裙腰而暴露于外。与套裙配套的鞋子宜为皮鞋,并以棕色或黑色牛皮鞋为佳。袜子不可随意乱穿,可以是尼龙丝袜或羊毛袜。千万不要将打底裤、九分裤当成袜子来穿。

(二)女士职业装的穿着要领

1.大小适度,穿着到位

上衣或裙子均不可过于肥大或紧身。一般来说,套裙上衣的袖长以恰好盖住着装者的手腕为好,上衣最短可以齐腰,裙子长度不应过短,最长不可超过小腿中部。

2.搭配适当,装饰协调

衬衫的颜色应和套装的颜色搭配,首选是白色,米色、粉红色等单色也可参考,但不要过于艳丽。衬衫要选择长袖,且款式要裁剪简洁,不要带过于复杂的花边和蕾丝,避免穿短袖衬衫。另外,衬衫下摆必须掖入裙腰内,不得任意悬垂于外。除衬衫的最上端一粒纽扣按照惯例可不系外,其他纽扣均不得随意解开。

3.内衣忌露,鞋袜得体

内衣不外露、不外透。与套裙配套的宜为高跟、半高跟的船式皮鞋或盖式皮鞋。穿套裙一定要穿肉色丝袜或连裤袜,不能有勾丝、破损,不要穿带颜色或花纹的丝袜或连裤袜。穿丝袜时切忌袜口露在裙摆之下,不要在紧身裤外穿套裙,这样极不雅观。在庄重场合,鞋子应前不露趾后不露跟,即不能穿凉鞋、拖鞋,不宜穿高帮靴子。

模拟实训

一、实训情境

选择合适的职业装,根据个人身材条件设计职业着装,并在小组内进行纠正改进。

二、实训目标

熟练运用女士与男士职业着装的搭配技巧,有意识地塑造与维护自身形象;通过自我审视,完善自我形象。

三、实训准备

(1)物品准备:职业套装、数码摄像机。

(2)人员准备:上课学生。

四、实训组织

完成活动后,师生及时点评。

五、实训步骤

实训步骤表如表 2-6 所示。

表 2-6　实训步骤表

序号	步骤	操作及说明	评价标准
1	自我分析	确认个人身材并进行个案搭配练习	(1)遵循 TPO 原则。 (2)符合身份,整洁大方。 (3)搭配适当,色彩协调
2	设计职业着装	了解自己的身材状况,选择适合自己的职业装	
3	方案对比	以小组为单位互相检查,纠正改进,使用摄像机拍摄影片进行对比	
4	评价总结	选出最优的服装搭配方案,请各个小组进行自评和互评,授课教师进行总结点评	

六、实训评价

实训评价表如表 2-7 所示。

表 2-7　实训评价表

被评估人			评估地点		
评估项目	职业着装				
评估标准	评估内容	分值/分	小组评估	教师评估	综合得分
	整洁挺拔	20			
	符合身份	20			
	搭配适当	15			
	长短适度	15			
	色彩协调	15			
	考虑场合	15			
	合计	100			

任务四　配　饰

一、饰品佩戴的原则

(一)以少为佳

饰品佩戴讲究以适宜为佳,首饰不要超过三种,浑身上下戴满饰品,会让人感觉庸俗,没有丝毫美感。

(二)显优藏拙

佩戴饰品可以突出优点,掩盖缺点。如脖子短而粗的人,最好戴细长的项链,从视觉上把脖子拉长;个子矮的人,宜系短围巾,可以显得修长一些;短而粗的手指适宜戴窄戒指,能使手指看起来细长。

(三)突出个性

佩戴饰品要突出自身个性,不要别人戴什么自己也跟着戴什么。别人戴着好看的东西,不一定适合自己。

(四)恰到好处

职场女性不要把自己打扮得花枝招展,也不要佩戴太夸张的饰品,以免显得轻浮、累赘。

(五)巧妙搭配

如去参加舞会或宴会,可采用光彩度较亮且柔和的饰品,并与服饰巧妙搭配,显现稳重、端庄的气质。

二、丝巾

飘动的丝巾既能衬托服装造型的高雅,还可以修饰形体,并且可以充当手镯、腰带、发带等,一物多用。

三、手镯、手链与手表

(1)手镯一般戴在右手上。镶宝石的手镯应紧贴在手腕的上部,成对手镯同时戴在双手手腕上,短粗胖的手型不宜戴宽手镯。

(2)一只手上应只佩戴一样饰物,手镯、手链、手表三者任选一样。

(3)职场女性不宜戴手链和手镯。

四、胸针、胸花和手帕

胸针、胸花和手帕也可作为饰品使用,可别在或放在胸前、领口、襟头、西装前胸口袋。长脸和方脸的人宜佩戴圆形的胸针,圆脸的人宜佩戴长方形的胸针。对于男士而言,在正式职业场合,至多可佩戴一枚婚戒,而胸针、胸花、手镯、耳环等饰品是十分忌讳的。

模拟实训

一、实训情境

根据服装颜色和款式,选择合适的配饰,在小组内进行展示,并纠正改进。

二、实训目标

(1)熟练掌握饰品佩戴的原则,运用饰品搭配的常规技巧,有意识地塑造与维护自身形象。

(2)利用配饰修饰身材上的不足,扬长避短。

三、实训准备

(1)物品准备:职业正装、配饰、数码摄像机。

(2)人员准备:上课学生。

四、实训组织

完成活动后,师生及时点评。

五、实训步骤

实训步骤表如表2-8所示。

表2-8 实训步骤表

序号	步骤	操作及说明	评价标准
1	职业服装穿搭	依据个人身材条件,选择适合自己的职业装	(1)以少为佳,数量恰当。 (2)显优藏拙,突出个性。 (3)符合身份,搭配和谐
2	选择配饰	根据服装颜色和款式,选择合适的配饰	
3	纠正改进	以小组为单位互相检查,纠正改进	
4	记录评选	使用数码摄像机进行拍摄记录,评选出"最佳搭配奖"	
5	小组评价	学生做自我评价,其他小组成员予以点评,授课教师进行总结点评	

六、实训评价

实训评价表如表2-9所示。

表2-9 实训评价表

被评估人			评估地点		
评估项目	配饰选择搭配				
评估标准	评估内容	分值/分	小组评估	教师评估	综合得分
	符合身份	20			

续表

	评估内容	分值/分	小组评估	教师评估	综合得分
评估标准	色彩搭配协调	20			
	风格庄重	10			
	符合场合要求	15			
	佩戴正确	15			
	数量恰当	20			
	合计	100			

项目训练

项目训练
参考答案
▼

一、选择题

1.男士穿西装时,下面哪种说法是正确的?(　　)

A.西装挂牌标签要拆除才可以着穿,但是袖口处的商标不能拆除

B.西装的外袋可以存放一些细小的物品,比如纸巾、名片等

C.不管在任何时候,衬衫的袖子一定要比西装的袖子长一些

D.西装穿的时间长了可以有些小折痕,但是一定要平整

2.现代服饰礼仪 TOP 原则中,O 表示场合(occasion),P 表示地点(place),T 表示(　　)。

A.时间(time)　　　B.领带(tie)　　　C.柔和(tender)　　　D.团队(team)

二、判断题

1.在正式场合,女士可穿中式上衣配长裙长裤。(　　)

2.个人的基本礼仪主要包括仪表、仪容、仪态、言谈。(　　)

三、填空题

1.正式场合女士着裙装应以西装裙为主,裙子的长度应在膝盖上下____厘米左右为宜。真皮或仿皮的西装裙不宜在正式场合穿着。

项目三
彬彬有礼——旅游从业人员仪态礼仪

项目目标

知识目标

知晓旅游业工作人员仪态礼仪的基本知识与要领；

明确旅游业工作人员的仪态礼仪的重要性，增强礼仪运用的自觉性。

能力目标

能根据旅游业仪态的基本要求，调整自己的仪态；

学会自然得体地微笑。

思政目标

掌握基本自律能力、情绪管理能力；

增强自信心；

树立积极向上的人生观；

树立与人为善的价值观；

提高情绪管理的能力。

知识框架

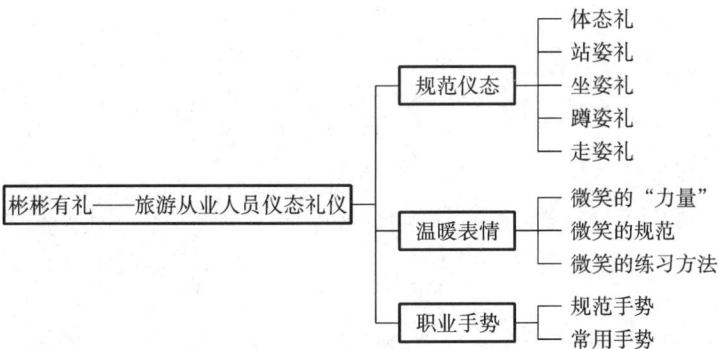

良好的体态礼；

站姿、坐姿、蹲姿、行姿、手势的规范要求。

微笑的实际应用。

　　小杨在江西某个酒店入住一晚,第二天早上 7:00 办理退房手续。小杨在距离前台三米处并未看到接待员,走近一看一名女接待员在柜台后面化妆,一名男接待员盘着腿靠在工作椅上左右旋转,同时还不时扭动脖子,貌似在做颈部运动。小杨过去说了句:"您好,我来办理退房手续。"那位男接待员停止了转动,头也没抬,只是把手一伸:"房卡!"小杨拿出了自己的房卡……整个过程中,小杨注意到,这位男接待员几乎没有抬头看过她一眼。

　　案例思考:你是否从案例中的前台接待员身上感受出职业仪态的重要性? 那么,旅游服务业中的职业仪态又包括哪些内容? 其基本的训练流程是怎么样的? 通过本章的学习,可以解决以上问题。

任务一　规范仪态

一、体态礼

(一)不良体态

　　长期看手机导致颈部前倾;背部弯曲导致驼背、扣肩;不正确的站姿、坐姿导致骨盆前倾、骨盆后倾等现象,这样不仅形态看上去不美观,同时影响脊柱的正常生长。不良体态如图 3-1 所示。

　　在商务场合中,不美观的体态传递给他人的感觉是无精打采的。所有礼仪动作的前提是体态端正。

(二)规范体态

　　芭蕾舞演员的体态被誉为最美的体态,他们端正的体态给人以挺拔向上的感觉。

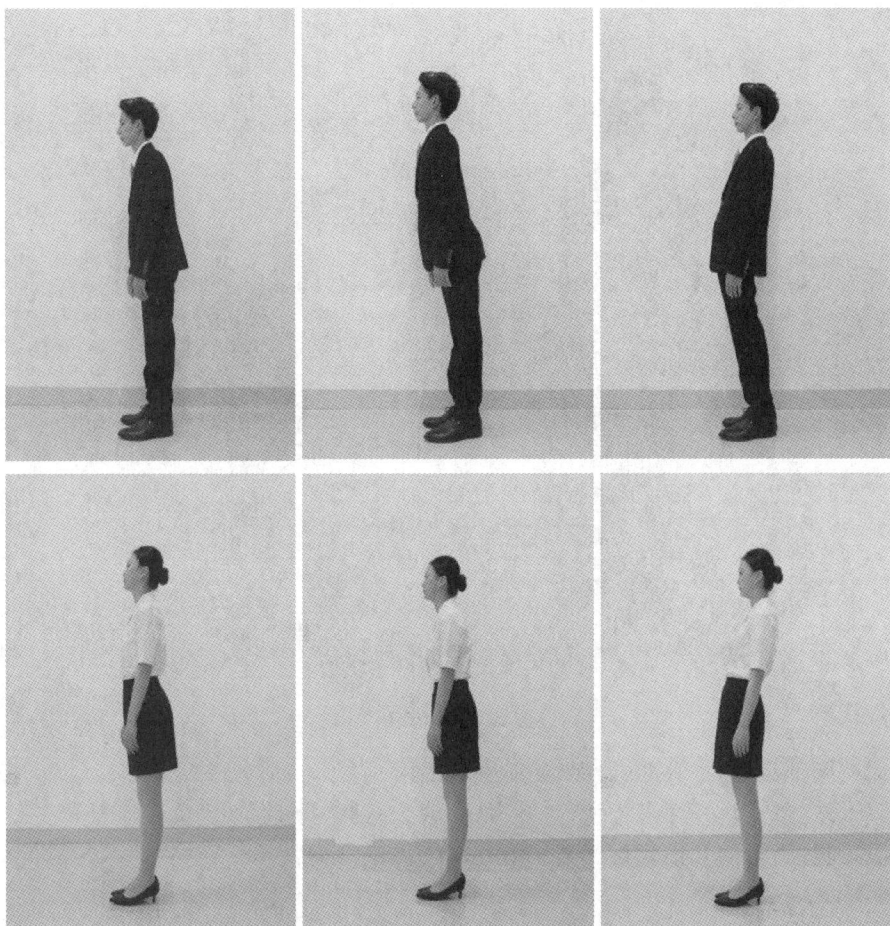

图 3-1　不良体态

双脚并拢,脚尖微微分开 30°,双手垂于身体两侧;在此种状态下,良好的体态应达到以下"三观"的标准。

1.正面观

头部端正,双目平视、面带微笑;颈部直立,下颚微收;胸部挺直,小腹收紧;肩部往后打开、下沉;双腿有力地站着。

2.侧面观

耳朵、脖颈、肩头、腰部、脚踝在一条直线上。

3.后面观

头整、肩平、臀部收紧。

在这种状态下,人体固有脊柱形态的曲线也就表现出来了。

标准体态如图 3-2 所示。

(三)体态练习方法

找到一面垂直于地面的墙或平面,双腿并拢,双手自然垂于体侧;脚后跟两个点、小腿肚两个点、臀部两个点、肩头两个点、后脑勺一个点贴紧平面。

图 3-2　标准体态

保持胸部挺起,小腹部、臀部、腿部收紧,每天站立 5~10 分钟。

双人站立练习法:两人背靠背,将脚后跟、小腿肚、臀部、肩部及后脑勺靠在一起进行练习,通过力量的互推让自己更加用力,单次练习时间为 3~5 分钟。

二、站姿礼

(一)男士站姿

1.脚位

双脚全脚掌着地,脚后跟并拢。

脚后跟并拢,或分开呈"V"字形(约 60°夹角)。

男士站姿脚位如图 3-3 所示。

2.手位

(1)垂手式:双手臂自然下垂,放于裤缝处。

(2)前搭式:左手在上,左手握右手手腕,双手自然搭放于小腹前(约在皮带扣位置)。

(3)背手式:左手在上,右手握住左手手腕,双手放置于后腰处。

男士站姿手位如图 3-4 所示。

3.标准站姿

标准站姿适用于与他人交流或为他人服务时,大部分礼仪行为都是在标准站姿的基础上进行的,如握手、递名片、为他人做引领、拥抱等。一般行业的标准站姿要点:脚后跟并拢,脚尖呈"V"字形脚位;垂手式手位(图 3-2)。

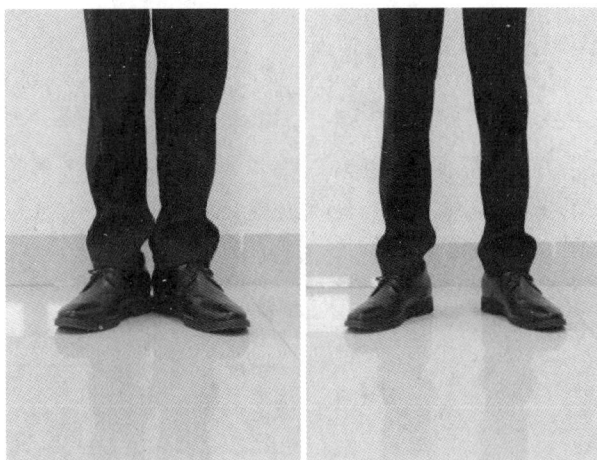

图 3-3 男士站姿脚位

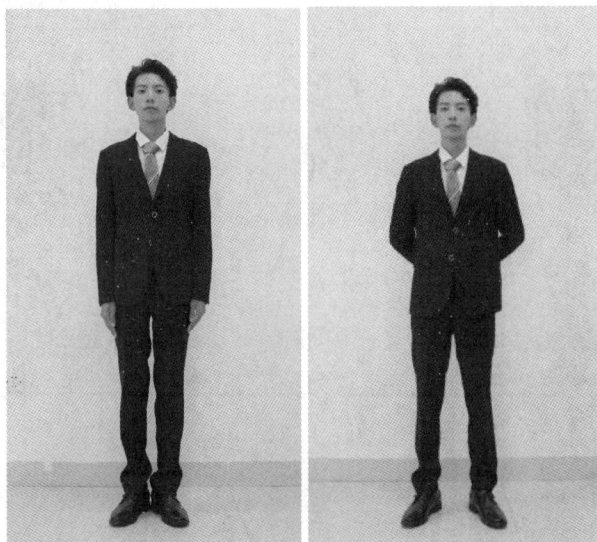

图 3-4 男士站姿手位

4.服务站姿

服务站姿多在服务场合中需要长时间站立时使用。因需要长时间站立,双脚打开距离略窄于肩膀,这样长时间站立更加稳定且省力;手位可采用前搭式。

5.不良站姿

两脚交叉,手插在腰间或口袋中,斜靠在墙边,给人随意、不值得信赖的感觉,应避免这种行为。

(二)女士站姿

女士与男士站姿不同,女士在商务场合中,双腿应并拢,双腿膝盖不分开。所以女士站姿没有划分为标准站姿与等待站姿。下面根据脚位和手位进行介绍,各企业可以根据实际情况对女士的脚位和手位进行组合,形成专属于本企业的女士站姿规范。

1. 脚位

(1)并拢"V"字脚位:双腿并拢,与地面平行;两脚脚后跟并拢,脚尖成45°夹角。

(2)并拢"丁"字脚位:在"V"字脚位的基础上,一脚脚后跟放至另一脚足弓处。

2. 手位

(1)前搭式:右手在上,握住左手腕,双手位于肚脐处(服务等待站姿或迎宾时使用);双手自然搭放于小腹前(站立或与他人进行交流时使用)。

前搭式手位如图3-5所示。

(2)垂手式:双手自然下垂,放于裤缝处。

垂手式手位如图3-6所示。

图3-5　前搭式手位

图3-6　垂手式手位

3. 标准站姿

一般行业的女士标准站姿要点:"V"字脚位,垂手式手位。

4. 服务站姿

一般行业的女士服务站姿要点:"丁"字脚位,前搭式手位。各企业可结合当地文化、企业特点制定属于本行业的标准站姿标准。

三、坐姿礼

(一)男士坐姿

1. 正坐

面带微笑,双目平视,一般从椅子的左侧走至椅子的正面,保持腰背部挺直坐下。

目测椅子的面积,保证整个臀部坐在椅子上,同时椅子与腿部的接触面积不应超过大腿的二分之一。

入座后双脚分开,与肩同宽,躯干与大腿、大腿与小腿、小腿与地面垂直;双手可以平放于两条大腿上。

男士正坐坐姿如图 3-7 所示。

2. 正坐前点式

在正坐的基础上,其中一条腿后退,脚尖着地。

男士正坐前点式坐姿如图 3-8 所示。

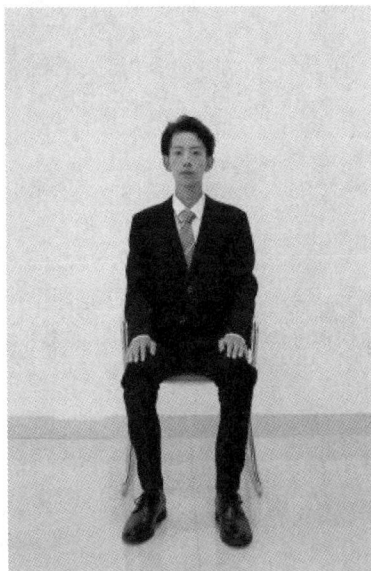

图 3-7　男士正坐坐姿

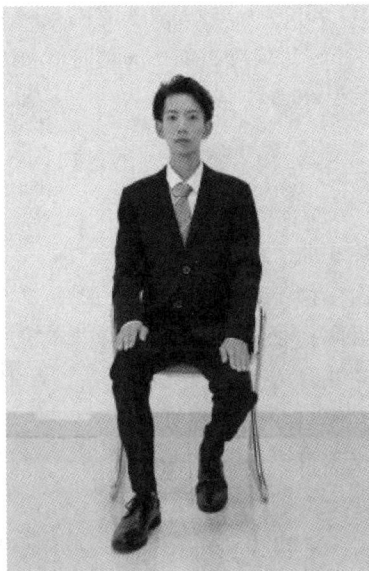

图 3-8　男士正坐前点式坐姿

3. 正坐架腿式

在正坐的基础上,将一条腿架在另外一条腿上,双手可放于椅子把手上,或者放于上面一条腿的膝盖处。注意架起腿的脚尖不要上翘,应自然垂下。

男士正坐架腿式坐姿如图 3-9 所示。

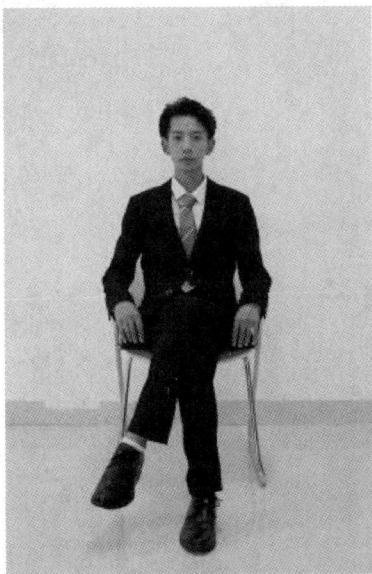

图 3-9　男士正坐架腿式坐姿

知识活页

离座礼仪

离座时注意先后次序,地位稍低的人应该稍后离开,双方身份相似时,可以同时起身离座。

入座时,如穿西装外套,需要解开西装纽扣,起身时则重新系上纽扣(如果西装纽扣超过 4 颗则无须解开)。

(二)女士坐姿

1.正坐

面带微笑,双目平视,一般从椅子的左侧走至椅子的正面,保持腰背部挺直坐下。

目测椅子的面积,保证整个臀部坐在椅子上,同时椅子与腿部的接触面积不应超过大腿的二分之一。

入座后双脚并拢,躯干与大腿、大腿与小腿、小腿与地面垂直。

双手可以平放于两条大腿上,也可右手在上、左手在下,双手叠放于双腿之间靠近膝盖处。

女士正坐坐姿如图 3-10 所示。

2.正坐前点式

在正坐的基础上,任意一条腿不动,另外一条腿可往前伸半只脚的距离。

女士正坐前点式坐姿如图 3-11 所示。

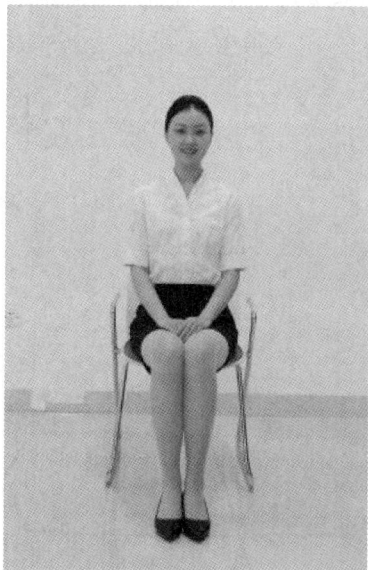

图 3-10　女士正坐坐姿

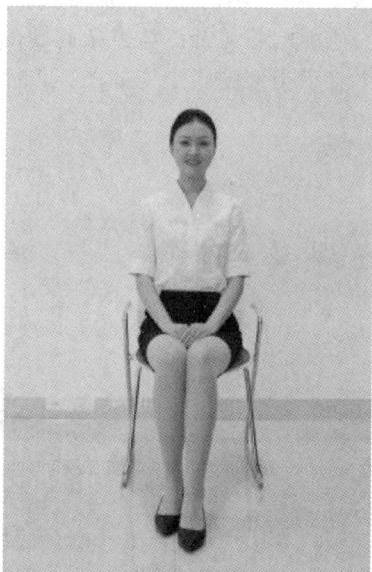

图 3-11　女士正坐前点式坐姿

3.正坐后点式

在正坐的基础上,任意一条腿不动,另外一条腿可往后退半只脚的距离,脚尖着地,脚后跟离地。

女士正坐后点式坐姿如图 3-12 所示。

4.正坐交叉式

在正坐的基础上,任意一条腿不动,另一条腿往后撤与前面一条腿的小腿交叉,脚背靠在前一只脚的脚后跟处。

女士正坐交叉式坐姿如图 3-13 所示。

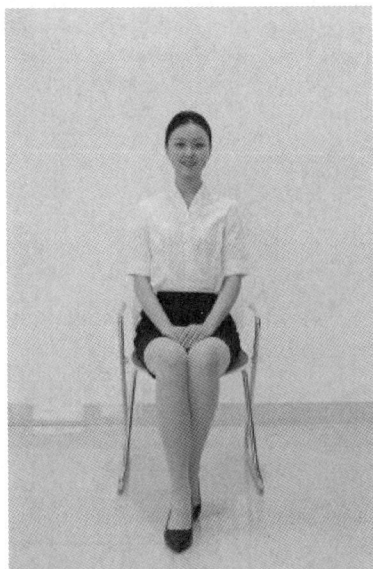

图 3-12　女士正坐后点式坐姿

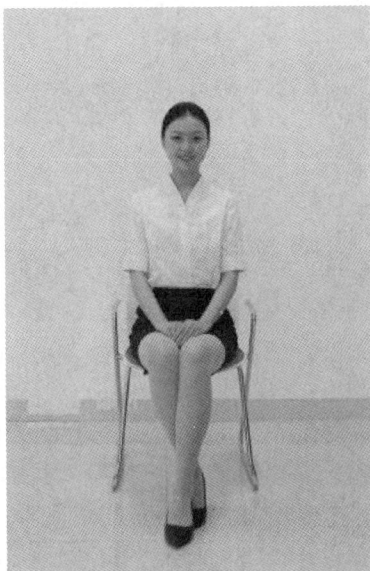

图 3-13　女士正坐交叉式坐姿

5.正坐架腿式

在正坐的基础上,任意一条腿不动,另外一条腿架在前一条腿上,架起腿的脚尖往地面的方向绷直,避免脚尖朝向他人。

女士正坐架腿式坐姿如图 3-14 所示。

6.侧位坐

在正坐的基础上,保持两条腿的膝盖靠紧,其中一条腿往左或往右平行移动两只脚的宽度,另外一条腿随后与前一条腿并拢。

女士侧位坐坐姿如图 3-15 所示。

7.侧位交叉式

在侧位坐的基础上,外侧腿不动,内侧腿往后撤与前面一条腿的小腿交叉,脚背靠在前一只脚的脚后跟处。

女士侧位交叉式坐姿如图 3-16 所示。

8.侧位架腿式

在侧位坐的基础上,外侧腿不动,内侧腿架在外侧腿上;两条腿的小腿并拢,架起腿的脚尖往地面的方向绷直。

女士侧位架腿式坐姿如图 3-17 所示。

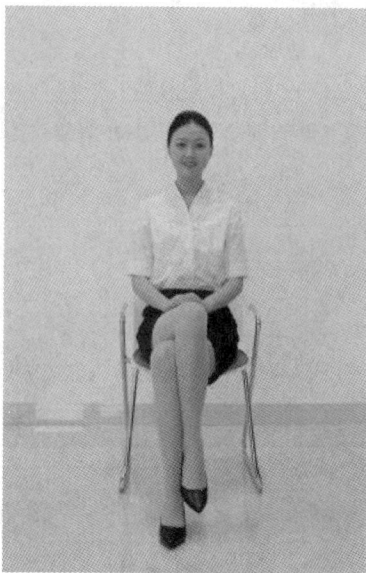

图 3-14　女士正坐架腿式坐姿

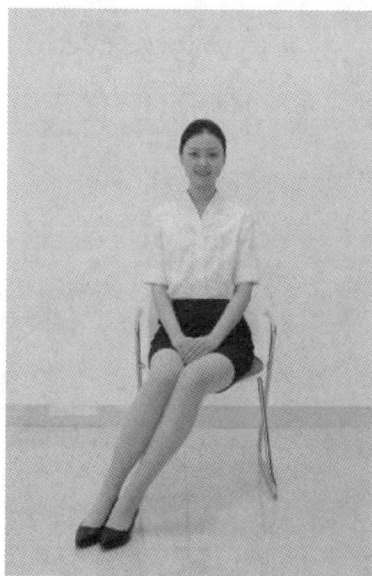

图 3-15　女士侧位坐坐姿

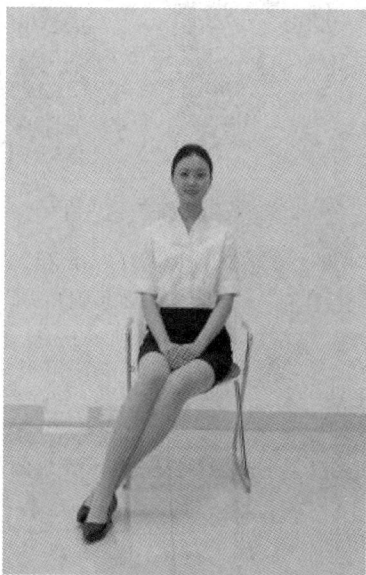

图 3-16　女士侧位交叉式坐姿

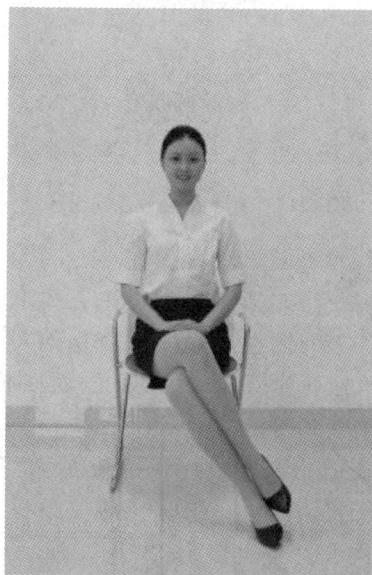

图 3-17　女士侧位架腿式坐姿

四、蹲姿礼

(一)高低式蹲姿

1.腿位

面带微笑,双目平视。

男士双脚分开与肩同宽,女士双脚并拢与地面平行,任意一条腿往后撤半步。

保持腰背部挺直,动作舒缓自然蹲下(女士着裙装时可用双手手背抚裙后蹲下)。

2.手位

女士可内侧手放于任一大腿上,外侧手捡物品。

男士可右手在上,左手在下,双手叠放于高腿位上;还可一只手放于同侧高腿位上,另一只手用于指示。此种手位多用于为他人服务时使用。男士双手可分别放于两条大腿上(图 3-18)。

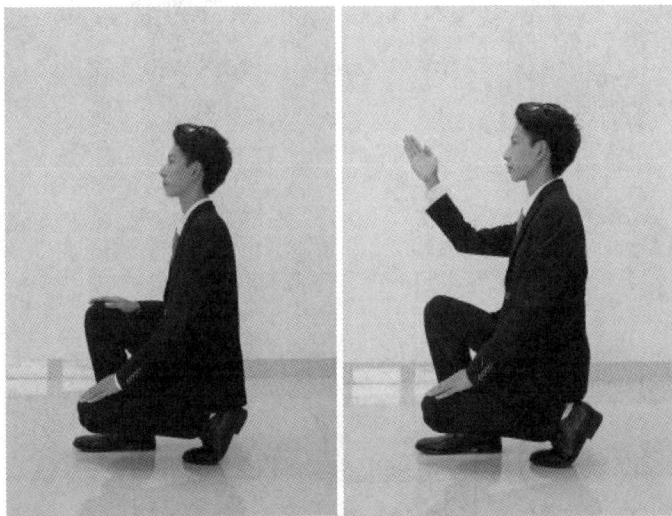

图 3-18　男士蹲姿手位

(二)交叉式蹲姿

下蹲时,一只脚在前,另一只脚与前一只脚交叉居后。前面一条腿的小腿垂直于地面,全脚着地。双腿保持交叉自然蹲下,此种蹲姿仅适合女士。下蹲时保持上半身挺直。

交叉式蹲姿如图 3-19 所示。

(三)半蹲式蹲姿

双腿并拢,臀部向下但不蹲下,双膝微微弯曲。

上身稍微前倾,保持身体半立半蹲的状态。

此蹲姿是当对方比自己身高略低时,为了尊重对方,降低自己高度采用的一种方式。

半蹲式蹲姿如图 3-20 所示。

(四)半跪式蹲姿

在高低式蹲姿的基础上,一腿单膝点地,脚尖着地,臀部坐在脚跟上。

此蹲姿通常在位高权重者(尊者)位置较低时(如坐在椅子上),与其交流时使用。

半跪式蹲姿如图 3-21 所示。

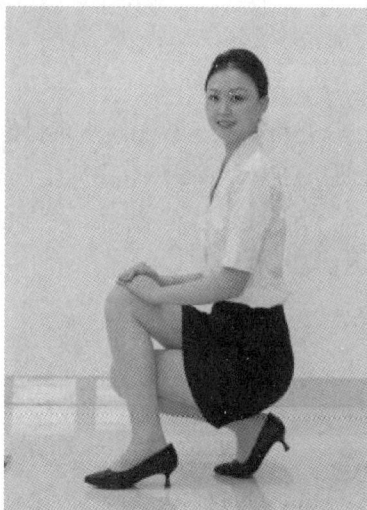

图 3-19   交叉式蹲姿

图 3-20   半蹲式蹲姿

图 3-21   半跪式蹲姿

知识活页

蹲姿使用注意事项

（1）着套裙的女士下蹲时，以免走光应把高腿位面向观众/来宾；同时注意不要正面/背面朝向对方下蹲，身体侧对使用蹲姿。

（2）避免突然下蹲。蹲下来的时候，不要速度过快，以免吓到旁边的人。

（3）下蹲时不要离人太近。下蹲时应和身边的人保持一个手臂长度的距离。和他人同时下蹲时注意双方的距离，以防彼此"迎头相撞"或发生其他误会。

TOURISM

五、走姿礼

(一)行走步态

1.步幅

步幅的大小,女士为自己一只脚的长度,男士为自己一只脚 1.5 倍的长度;步幅尽量均匀,不要忽大忽小。

2.步速

保持在每分钟 110 步左右,我们熟悉的《运动员进行曲》这首歌曲的节奏,为适宜的步速。

3.步位

行走时,脚跟首先落地,膝盖在脚落地时要伸直;双臂以肩为轴,前后自然摆动,摆幅在 15°～30°左右。两眼平视前方,挺胸抬头,步伐轻松矫健,达到优美的动态效果。

4.步线

女士可以选择在地面上画一条直线,或是目测一段直线距离,使自己行走的每一步都落在这条直线上;男士则要走出平行线。

(二)行走礼仪

1.行走位次

一般以前尊后卑、右尊左卑为原则(引领对方行走时除外)。领导跟下属走在一起时,下属通常需绕到领导的左后方行走;如果要和领导对话,可以快步走到领导的左边。

三个人行走时,中间为尊位,右边为第二尊位,如果是前后走,则前面的为引领者,中间为尊位。

男士要走在女士的外侧。

2.后退式行姿

与他人告别时,应先后退两三步,再转身离去,不要让对方第一时间就看到转身。

行程中如果要临时改变方向,要先看自己的身后有没有人,确定没有人后,才可以变换行走方向。

3.行走禁忌

行走时,尽量不要在人群中穿行。

注意行走先后顺序,不要争先恐后。

选择适当的路线,不要只考虑自己方便。在走廊行走时,要靠右侧。

不要超越前边的人,如果需要超越,可表示"对不起""借过"等。

避免在行走场合奔跑,不然会让周围的人情绪紧张,不知所措。可以选择加快脚步、加大步幅的方式行走。

不要制造噪声,走路要轻,尤其在工作场所。

模拟实训

一、实训情境

每个小组派两名代表演示基本仪态,学生互评;每个小组派代表上台跟着教师学习礼仪操,然后对小组所有成员进行培训,最后每个小组上台 PK 礼仪操。

二、实训目标

(1)学生熟练掌握各种仪态规范动作。

(2)培养学生的领导力、组织力及教学能力。

(3)培养学生的美育能力,在学习中欣赏美、热爱美、传播美。

(4)增强学生的职业幸福感。

三、实训准备

(1)物品准备:镜子。

(2)人员准备:上课学生。

四、实训组织

完成活动后,师生及时点评。

五、实训步骤

实训步骤表如表 3-1 所示。

表 3-1　实训步骤表

序号	步骤	操作及说明	服务标准
1	两个学生演示站、坐、行、蹲	学生互评	站、坐、行、蹲的标准姿势
2	礼仪操学习	每个小组派一名代表上台跟教师学习礼仪操,礼仪操内容包括站、坐、指引、递接、点头、挥手、服装整理	动作行云流水
3	每个小组上台 PK 礼仪操	每个小组在 2 分钟内完整演示礼仪操	动作规范统一、行云流水,并富有温度感

六、实训评价

实训评价表如表 3-2 所示。

表 3-2　实训评价表

被评估人			评估地点		
评估项目	礼仪操				
评估标准	评估内容	分值/分	小组评估	教师评估	综合得分
	仪容仪表	4			
	站姿	10			
	走姿	10			
	蹲姿	10			

续表

评估内容	分值/分	小组评估	教师评估	综合得分
鞠躬	10			
坐姿	10			
微笑	10			
动作统一性、流畅性	10			
礼仪操实用性	6			
礼仪操创新性	10			
团队呈现鲜活状态	10			
合计	100			

(评估标准)

任务二　温暖表情

一、微笑的"力量"

微笑,这个简单而又富含深意的表情,令人着迷。在不同的情境下蕴含不同的意思。它有时是一种意境,是人生中的一种睿智的姿态。微笑着面对生活的人更是人之智者。

在旅游服务岗位中,疲倦的时候,能够舒心一笑,获得的是安然;吃亏的时候,能够轻松一笑,获得的是豁达;在委屈的时候,能够坦然一笑,获得的是大度;在无奈的时候,能够达观一笑,获得的是境界;被误解的时候,能够微微一笑,获得的是素养;被蔑视的时候,能够平静一笑,获得的是自信。

二、微笑的规范

这个世界上,除了阳光、空气、水,我们还需要什么?

真诚的笑容能够传递一种力量,在商务场合,微笑不是仅仅脸面上挂着一张笑脸,而应发自内心。

(一)微笑要素

(1)嘴角上扬,脸部肌肉上扬,眼角上扬。

(2)微笑露出牙齿,最美的微笑表情是露出 6~8 颗牙齿。

(3)目光友善,关注对方面部三角区(双眼与嘴巴之间的区域)。

(二)微笑程度

服务过程往中可根据场合、与对方的熟识程度等表现出不同程度的微笑。

"一度"微笑时，嘴巴不张开，嘴角肌肉上提，有浅浅的笑意。适用于比较严肃的场合，初次与他人会面，长辈与晚辈、上级与下级会面时。"一度"微笑如图3-22所示。

"二度"微笑时，嘴巴微微张开，嘴角周围的肌肉、颧骨周围的肌肉同时运动。适用于服务交谈中，"二度"微笑会传达友好并让人觉得受到尊重。"二度"微笑如图3-23所示。

图 3-22 "一度"微笑

图 3-23 "二度"微笑

"三度"微笑时，嘴巴张开，通常露出6～8颗牙齿，但最终露不露牙可根据自己嘴型与牙齿状况决定，嘴角、颧骨、眼睛周围的肌肉同时运动。适用于与较为熟悉的人士会面、交流，"三度"微笑会让对方感受到温暖与信任。"三度"微笑适用于旅游业服务人员。"三度"微笑如图3-24所示。

图 3-24 "三度"微笑

(三)容易产生反作用的笑

(1)皮笑肉不笑时,或微笑时只是面部苹果肌的上扬嘴角并未上扬时。

(2)夸张笑,如张大嘴巴大笑,嬉皮笑脸。

(3)不分场合的笑,如在他人焦急、悲伤、痛苦时或看到他人的生理缺陷时发笑。

(4)公共场合下放声大笑,声音很大,引起了周围其他人的关注。

(5)长时间发笑,如持续发笑5分钟以上停不下来。

三、微笑的练习方法

(一)面部肌肉放松练习

放松面部肌肉,会使微笑更自然,嘴巴发出"哆、来、咪"的声音,声调从低到高进行练习。

(二)嘴唇肌肉弹性练习

微笑时很重要的部位是唇角,唇角周围的肌肉得到锻炼了,会使唇角变得更好看,也可以有效地预防皱纹。

通过逐渐把嘴张开张大,使周围的肌肉最大限度地伸张。

张开嘴巴感觉腭骨受刺激的程度,保持这种状态10秒;然后闭上张开的嘴巴,收紧两侧的嘴角,使嘴唇在水平上聚拢起来,保持10秒以后再放松嘴唇,以以上步骤为一组,重复练习,每次3~5组,每天早晚各练习一次。

练习时可找到一面镜子,对镜练习,尽量避免在有旁人在场的环境里练习。

(三)唇角上提练习

沁人心脾的笑容,唇角一定是上扬的。面对镜子,口中发出"一"的声音,两颊的肌肉会自觉地向上抬起,嘴角也会自然向上翘,保持10秒,重复练习,我们就得到了自然的微笑表情。

模拟实训

一、实训情境

请每组学生两两用微笑表情在手机上自拍,找到每个人在服务岗位最好的呈现状态。小组创作一段1分钟微笑操,并上台进行PK。

二、实训目标

(1)让学生沉浸课堂,喜欢课堂,爱上礼仪,热爱岗位。

(2)培养学生的自信心及创作能力。

三、实训准备

(1)物品准备:镜子、手机。

(2)人员准备:上课学生。

四、实训组织

完成活动后,师生及时点评。

五、实训步骤

实训步骤表如表 3-3 所示。

表 3-3　实训步骤表

序号	步骤	操作及说明	服务标准
1	两个学生互拍	学生互拍,找到笑起来最美的状态	嘴角上扬,心灵绽放,温度感强
2	微笑操创作	每个小组创作一段 1 分钟的微笑操	
3	每个小组上台 PK 微笑操	每个小组在 2 分钟内完整演示微笑操,做到动作规范、统一,并有温度及具有美感	

六、实训评价

实训评价表如表 3-4 所示。

表 3-4　实训评价表

被评估人			评估地点		
评估项目	微笑操				
评估标准	评估内容	分值/分	小组评估	教师评估	综合得分
	微笑充满感染力	15			
	"三度"微笑展示	15			
	微笑充满真诚	10			
	动作统一性、流畅性	15			
	礼仪操实用性	15			
	礼仪操创新性	15			
	团队呈现鲜活状态	15			
	合计	100			

任务三　职业手势

一、规范手势

手掌自然伸直,掌心向内向上,手指并拢,拇指自然稍稍分开,手腕伸直,使手与小臂呈一条直线,肘关节自然弯曲,大小臂的弯曲度以 140°为宜。在使用手势时,要配合眼神、表情和其他姿势,使手势更加协调、大方。

二、常用手势

(一)前伸式

任一手臂从身体前侧伸直,使用哪支手臂取决于来宾处于我们身边的位置,如来宾在我们的右侧,我们可以伸出左手,使我们的掌心朝向来宾。

保持大臂、小臂与手掌在一条直线上,五指并拢,掌心向上向内微倾30°。

手掌带动手臂指向身体前侧需要指示的方向,如请客户入座。

前伸式手势如图3-25所示。

(二)直臂式

任一手臂往身体正前上方或身体侧边上方伸出,手臂伸展的方向在与地面平行的基础上往上微微上扬15°。

保持大臂、小臂与手掌在一条直线上,五指并拢,掌心向上向内微倾30°。

此种手势多用于为宾客指引方向,如告知来宾:"会议室在您正前方30米。"

直臂式手势如图3-26所示。

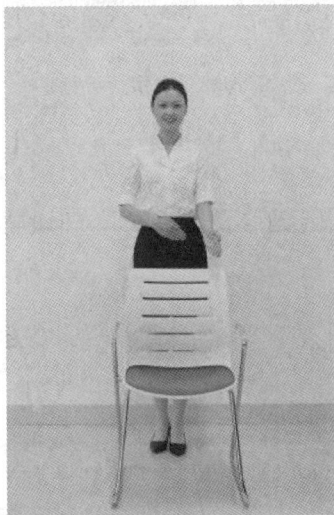

图3-25　前伸式手势

图3-26　直臂式手势

(三)提臂式

任一手臂大臂带动小臂、手掌从身体同侧抬起。

大臂与小臂成90°~180°;手掌与小手臂保持在一条直线上;手指并拢,掌心向上向内微倾15°。

如引领来宾行走,手掌抬起的高度可在本人腰部的高度;如为来宾进行人员的转介绍,手掌抬起的高度可在被介绍人的肩部高度。

提臂式手势如图3-27所示。

（四）回摆式

一手扶住门把手，另外一只手手指并拢，掌心向上。

手掌抬起在腰部的高度，指尖指向指引的方向。

此种手势一般用于需要左右手协同指引的场合，如为来宾开门，请来宾入门。

回摆式手势如图 3-28 所示。

图 3-27　提臂式手势

图 3-28　回摆式手势

（五）斜臂式

手势标准参考前伸式，区别在于伸直的手臂一般用于身体侧边或脚下方向的指引，如提醒来宾"当心脚下台阶"。

斜臂式手势如图 3-29 所示。

图 3-29　斜臂式手势

模拟实训

一、实训情境

以小组为单位,学生两两分别进行指引客人签字、带客人参观等情境表演。

二、实训目标

(1)培养学生落落大方的仪态,增强自身职业感。

(2)增强礼仪运用的自觉性。

三、实训准备

人员准备:以小组为单位。

(1)人员准备:以小组为单位。

(2)物品准备:笔和文件、文件夹。

四、实训组织

完成活动后,师生及时点评。

五、实训步骤

实训步骤表如表 3-5 所示。

表 3-5　实训步骤表

序号	步骤	操作及说明	服务标准
1	指引客人签字	一位学生模仿服务员,另一位学生模仿客人,服务员请客人在账单上签字	五指并拢,掌心微扣,自然大方
2	带领客人参观	一位学生模仿服务员,另一位学生模仿客人,服务员带领客人参观	

六、实训评价

实训评价表如表 3-6 所示。

表 3-6　实训评价表

被评估人			评估地点		
评估项目	职业手势				
评估标准	评估内容	分值/分	个人评估	小组评估	综合得分
	手势规范	20			
	大方得体	15			
	方便他人	15			
	眼神交流	15			
	亲和力强	20			
	语言温和	15			
	合计	100			

项目
训练

项目训练
参考答案
▼

一、选择题

1.体态可以通过九点靠墙法训练,九点指的是( )。

A.脚后跟两点、小腿肚两点、臀部两点、肩头两点、后脑勺一点

B.脚后跟两点、大腿肚两点、臀部两点、肩头两点、后脑勺一点

C.脚后跟两点、大腿肚两点、腰部两点、肩头两点、后脑勺一点

D.脚后跟两点、大腿肚两点、臀部两点、肩头两点、颈部一点

2.男士站姿中,以下哪个不是标准手位?( )

A.垂手式　　　　B.前搭式　　　　C.附手式　　　　D.背手式

3.女士坐姿中,以下哪个不是标准坐姿?( )

A.正坐前点式　　B.正坐架腿式　　C.侧位坐　　　　D.两脚打开

4.行走步态中,每分钟保持多少步比较合适?( )

A.110 步　　　　B.130 步　　　　C.90 步　　　　D.70 步

5.常用手势礼中,以下哪个适用于指引客人签字?( )

A.回摆式　　　　B.提臂式　　　　C.直臂式　　　　D.前伸式

二、简答题

1.简要阐释微笑程度及适用场合。

2.简要阐述规范手势要点。

项目四
礼尚往来——旅游从业人员社交礼仪

项目目标

知识目标

知晓称呼礼仪的使用原则；

掌握自我介绍与他人介绍的礼仪规范；

掌握递接名片、握手、鞠躬、问候等会面礼仪规范；

掌握旅游业从业人员接待、拜访礼仪的注意事项和礼仪规范；

知晓会议、宴请座次的注意事项和礼仪规范；

掌握职场通信的基本原则和规范用语。

能力目标

能正确使用旅游业服务过程中的称谓；

能恰当地进行自我介绍和他人介绍；

能根据不同场景得体地使用不同形式的见面礼节；

能根据旅游业从业人员要求得体地接待和拜访客户；

能运用所学知识组织和参加宴会、会议活动；

学会用礼仪规范与人通信往来。

思政目标

掌握基本能力、应变能力、团队协作能力；

学习中华礼仪，树立文化自信；

既了解国际规则，也感受传统文化之美；

通过国际通行礼仪的学习打造"国际范"，通过中华礼仪文化的浸润植入"中国心"。

知识
框架

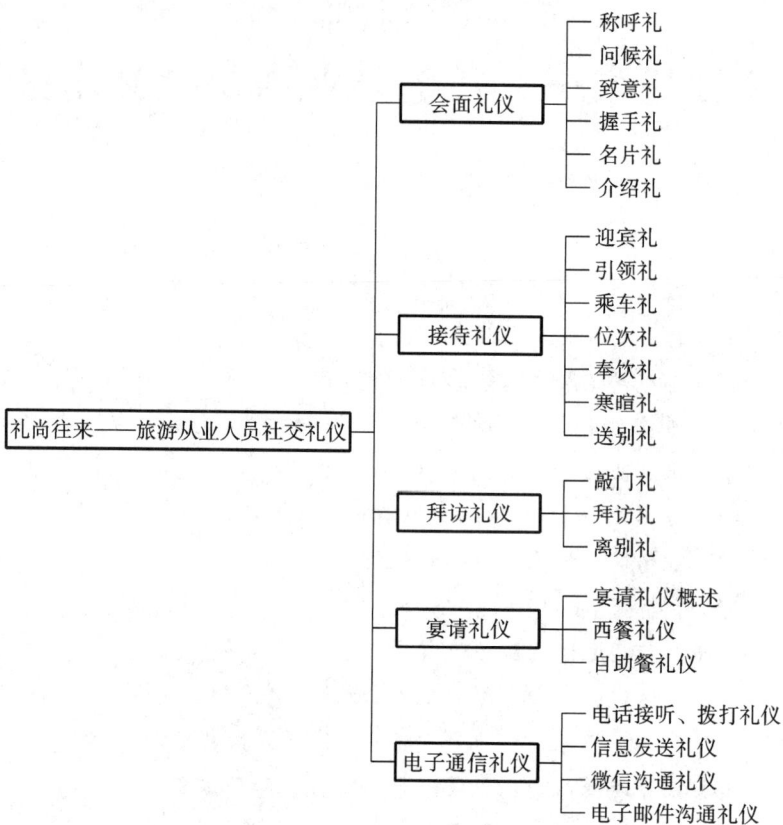

```
                                           ┌─ 称呼礼
                                           ├─ 问候礼
                                 ┌─ 会面礼仪 ┼─ 致意礼
                                 │         ├─ 握手礼
                                 │         ├─ 名片礼
                                 │         └─ 介绍礼
                                 │         ┌─ 迎宾礼
                                 │         ├─ 引领礼
                                 │         ├─ 乘车礼
                                 ├─ 接待礼仪 ┼─ 位次礼
                                 │         ├─ 奉饮礼
                                 │         ├─ 寒暄礼
礼尚往来——旅游从业人员社交礼仪 ─┤         └─ 送别礼
                                 │         ┌─ 敲门礼
                                 ├─ 拜访礼仪 ┼─ 拜访礼
                                 │         └─ 离别礼
                                 │         ┌─ 宴请礼仪概述
                                 ├─ 宴请礼仪 ┼─ 西餐礼仪
                                 │         └─ 自助餐礼仪
                                 │          ┌─ 电话接听、拨打礼仪
                                 └─ 电子通信礼仪┼─ 信息发送礼仪
                                              ├─ 微信沟通礼仪
                                              └─ 电子邮件沟通礼仪
```

教学
重点

会面六礼；
各种座次规范。

教学
难点

接待过程中的迎来送往。

案例
导入

　　一位衣着时尚的女士步入某酒店大堂,她站在酒店大堂中央张望。新来的大堂副理小王迎上去,问:"大姐,您需要帮忙吗?"女士看了小王一眼,没有搭理他。小王以为女士没有听清楚,抬高了声量又问:"大姐,您需要帮忙吗?"这一次女士发话了:

Note

"你是谁啊?"小王进行一番自我介绍,女士看看小王的工牌,转过头说:"不用了。"随即走出酒店大堂。

　　案例思考:这位女士为什么不办理业务了呢? 小王的接待出现什么问题?"大姐"这个称谓合适吗? 通常在什么场合、对什么人使用?

任务一　会面礼仪

　　会面礼仪是日常交往中最常用、最基础的礼仪,人与人之间的交往都要用到它。特别是服务业人士,熟练掌握会面礼仪能给交往对象留下良好的印象,为对客服务打下良好的基础。会面礼仪包括称呼礼、问候礼、致意礼、握手礼、名片礼、介绍礼等。

一、称呼礼

　　称呼,是人们在日常交往中所采用的称谓语。它反映着自身的教养,体现着对他人的重视程度,以及双方关系发展的具体程度。称呼要合乎常规,做到庄重、正式、规范。称呼礼是一个人的修养、情感、情商的展现。

(一)尊称

　　尊称是对别人采用恭敬的称呼,以表示尊重的感情,一般对上级、长辈、客人采用尊称。

　　1. 职称性称呼

　　职称是指专业技术人员的专业技术水平、能力、成就的等级称号,一般需要通过相关权威性机构(评审委员会)评审,或者通过考试获得。

　　称呼时可直接称呼职称,如教授、工程师;可在职称前加上姓氏,如王教授、李工程师等;可在职称前加上姓名,如王小平教授、李卫工程师等。

　　2. 职务性称呼

　　职务一般是在企业中通过任命或经过选举获得,如董事长、科长等。

　　称呼时可仅称职务,如董事长、科长等;可在职务之前加上姓氏,如王董事长、孙科长等;可在职务之前加上姓名,如王环球董事长、李礼仪科长等。

　　3. 行业性称呼

　　工作中可按行业进行称呼,如将警察称为"警官",将医务人员称为"医生"或"大夫"等。

　　在此类称呼前,可加上姓氏或姓名。可职务在先,姓名在后,如"律师何佳先生"。

　　4. 亲友性称呼

　　在服务过程中,针对年纪比较大的客人,为了表示温情,可以使用"叔叔""阿姨""爷爷""奶奶"等亲友性称呼。

（二）平称

平称一般是对同辈、同级、下属、客户的称呼，是不表示尊卑的称呼。

1. 姓名性称呼

可以称呼对方全名，通常限于同姓之间，尤其是上级称呼下级、长辈称呼晚辈，以及亲友、同学、邻里之间。

使用姓名性称呼时可在姓氏前加上"老""大""小"等前缀，如"小王""老李"等。

2. 性别性称呼

女性称为"小姐""女士"，男性称为"先生"。也可以在称呼前加上姓氏，例如"张女士""李先生"等。

3. 身份性称呼

双方初识之时，处于一个团体中，这时以身份、关系称呼比较合适，如"同学""队友""团友"等。

4. 网络性称呼

在线上或者线下服务过程中，为了体现服务个性化，如"小哥哥""小姐姐""美女""帅哥""家人们""亲"等。

（三）谦称

谦称是一种谦卑的称谓，如用"鄙人""在下"来称呼自己；用"家父""家母""小儿"等来谦称自己的家属，一般适用于书面语言。

二、问候礼

交往中，几句简单的问候，能使不认识的人互相认识，不熟悉的人互相熟悉，朋友能更为亲近，也有利于顺畅地进入正式交谈。如"你好""早上好""过节好"等，就属于标准式问候，若与对方比较熟悉，则宜适用寒暄式，如"您这么早就去买菜了""您打疫苗了吗？""好久不见，今日可好？"等，若距离比较远，不方便使用语言问候时，则宜使用致意式问候，如挥手致意或点头示意。

（一）问候态度

问候是一种敬意的表现。在向对方表达问候时，态度应当主动、热情、大方。问候时要面带微笑，与对方有目光交流，做到眼到、表情到、心意到。切不可在问候对方时目光游离、心不在焉。让对方有敷衍的感觉。

（二）问候的顺序

在正式的场合，问候要讲究一定的顺序。

1. 一对一问候

两者之间通常是位低者先行问候，如晚辈先问候长辈，下级先问候上级等。

2. 一对多问候

多人一起时，可以笼统地问候，如"大家好""各位好"；也可以逐一问候。逐一问候时,可以由尊而卑进行,也可以由近及远进行。

三、致意礼

与他人会面时,我们需要向对方致意,根据距离远近、场合不同,致意的方式亦不同。无论采用哪种方式向对方致意,都需要注视对方,热情友好。

（一）招手致意

在距离来宾约 5 米或更远时,我们看不清楚对方的表情。这时我们可以将右臂抬起,手指并拢,掌心向前对着来宾,手掌轻轻挥动 3～5 次和对方打招呼。注意应手掌挥动,小臂和大臂尽量不要挥动。

招手致意如图 4-1 所示。

图 4-1　招手致意

（二）点头致意

在距离来宾约 3 米远时,我们可以冲对方轻轻点头 1～2 下致意,点头致意时脖子以下的部位最好不动。

（三）微笑致意

在距离来宾约 1 米远时,双方可以看到对方的表情,我们可以向对方微笑致意。

（四）起身致意

起身致意是通过起身站立的方式进行致意,起身时头部、上身保持直立,不要弯腰撅臀慢吞吞地起身。

以下场合可以使用起身致意:来宾或领导到来、离去时,对方将自己介绍给他人时等。注意起身致意后要等来宾或领导落座,自己再入座。

(五)欠身致意

如遇领导或来宾向我们迎面走来,我们需要在站定的基础上,左腿或右腿往身体左后或右后撤半步,欠身致意,请尊者先行通过。

(六)鞠躬致意

鞠躬致意是在双腿并拢站立的基础上,以髋关节为支点,上半身向前倾斜,目光可注视地面,上半身向前倾斜的幅度一般为 15°～30°,45°～90°的鞠躬多用于迎接贵宾或致歉。

鞠躬致意如图 4-2 所示。

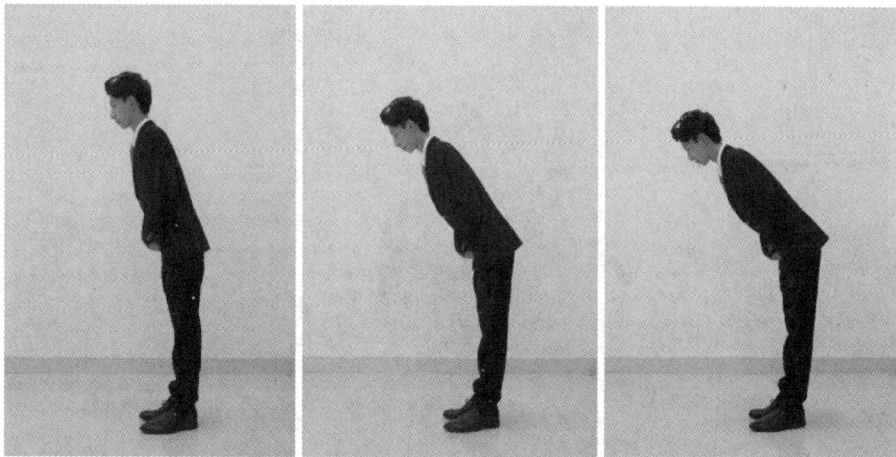

图 4-2　鞠躬致意

四、握手礼

查尔斯·帕纳提解释了握手的起源:根据民俗,握手是一种善意的信号。过去的村民遇到陌生人时第一反应是举起匕首,陌生人也会做出同样的举动,双方僵持一番。如果双方都同意和解,就会把匕首插入刀鞘,伸出右手(拿武器的手)表达自己的善意。握手在商务场合中传递的是友好、真诚、善意。

握手礼如图 4-3 所示。

(一)握手方式

(1)距握手对象约一只手臂的距离。

(2)双腿立正,上身略向前倾。

(3)面带微笑,目视对方。

(4)伸出右手,四指并拢与大拇指分开,露出手部虎口。

(5)与对方右手虎口相交,全掌相握。

(6)用力适度,上下稍许晃动3～4下。

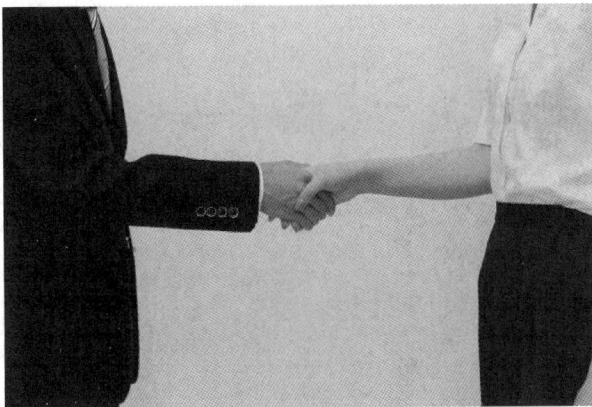

图 4-3　握手礼

(7)寒暄,可以说"您好,很高兴认识您"等。

(二)握手次序

一般应当遵守"尊者先伸手"的原则,应由尊者先伸出手来,位卑者在此后予以回应。工作场合根据职位高低进行区分;商务接待场合根据主宾进行区分;社交场合根据性别进行区分。

1.上下级之间握手

上下级之间握手时,上级先伸手。

2.长幼之间握手

长幼之间握手时,年长者先伸手。

3.男女之间握手

在社交场合,遵循女士优先的原则,女士先伸手时,不要只伸手指,需握满以示尊重。

如果女士不伸手或无握手之意,男士可向对方点头致意或微微鞠躬致意。

(三)特殊式握手

1.两人握手

用右手握住对方右手后,再以左手握住对方右手的手背,这种方式,适用于亲人、朋友之间用以表达深厚情谊、慰问之情。两人握手如图 4-4 所示。

还可用左手轻抚对方右手小臂、大臂或右肩,表达安慰、鼓励之意。这种方式,仅适合位尊者轻抚位卑者,女士轻抚男士。

2.多人握手

当一人需要和多人握手,或者多人与多人握手时,可按照顺时针或队列的方式依次握手,不要跳跃式握手。

(四)握手注意事项

(1)握手时手要洁净、干燥和温暖。

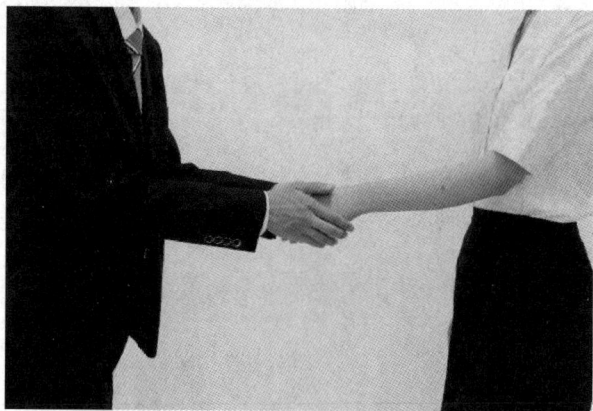

图 4-4　两人握手

（2）在一些国家左手是清洁之手，右手是进食之手，左手被视为"不洁"之手，因此与对方握手时避免使用左手。

（3）身穿军服的军人可以戴手套与人握手，其他场合需要摘掉手套、摘掉墨镜、脱帽与对方握手。

（4）不要坐立握手，多人握手时应避免四人呈十字交叉式握手。

（5）避免与对方握手时手部僵硬。

（6）不要与对方握手之后擦手或洗手。

（7）如果对方两只手都拿着东西，不要急于和对方握手。

（8）握手时避免一只脚在门内，一只脚在门外。

（9）不要在握手时将另一只手插在口袋里。

（10）不要在握手时长篇大论，不要握住对方的手超过 5 秒不松开。

五、名片礼

大部分人在收到名片后会收好并整理，如果拿到的名片没有归档，那么这张名片很快会遗失。

（一）名片的制作

名片尺寸为正常规格，通常选择上乘的纸张来制作。

名片内容中头衔最多三个，如果真的兼顾很多职务，写最重要的。如果头衔过多，可根据使用场合的不同为自己设置多类名片。

（二）递送名片

1. 双手递送

双脚并拢站定，距离对方一个手臂距离。

名片正面向上，文字方向朝向对方。

两手大拇指抵住名片上沿，食指捏住名片左右两侧，中指托住名片下方，其他手指握于掌心处。

名片略微倾斜,使名片上沿高于下沿,便于对方一眼可预览名片上的文字内容。

目光平视对方,微笑着与对方交谈。

双手递送名片如图 4-5 所示。

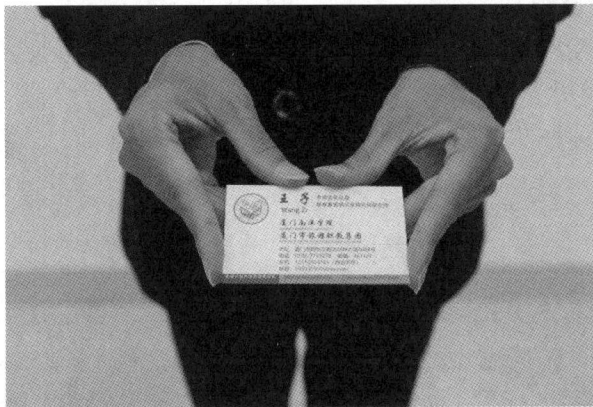

图 4-5　双手递送名片

2.单手递送

当双方需要相互递送名片或左手拿物品不方便双手递送时,可用右手单手递送名片,递送方式同双手递送。

(三)接名片

可双手大拇指轻轻捏住对方名片两个角。

双手手掌交错 30°～60°叠在一起,四指与四指,掌心与掌心叠放;男士可左手放在上面,女士可右手放在上面。

用掌心接对方名片,之后用大拇指轻轻压住对方名片。

目光关注对方,重复对方称呼,微笑着与对方交谈。

接名片如图 4-6 所示。

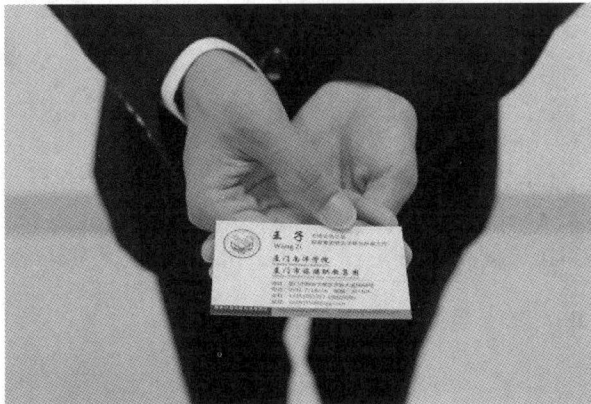

图 4-6　接名片

（四）递名片注意事项

（1）多人交换名片时可以按照由尊而卑、由近而远、由先而后、顺时针方向递送名片，依次进行，不要跳跃递送名片。

（2）不要自己的名片用完了在别人名片上写自己的名字递过去。

（3）如自己的名片信息有变动，及时更换名片，不要随意涂改。

（4）不要拿到别人的名片之后，马上拍照存档，当场扔掉。

六、介绍礼

（一）介绍分类

1.自我介绍

人际交往中出于工作、交际的目的，我们需要向对方介绍自己，便于相互认识。

进行自我介绍时，目光关注对方，面带微笑，语气坚定。

自我介绍的内容包括以下几方面。

（1）可进行姓名解读，如取姓名的典故或用姓氏和名字组词，以便对方记住我们。

（2）可介绍工作内容，公司所处行业职务或以往工作经历等。还可介绍与生活相关的内容，如兴趣爱好、艺术特长或家庭成员介绍等。

需要注意的是，我们要根据场合的不同，调整自我介绍的内容，在正式场合中，我们的自我介绍时间不宜超过 3 分钟。

2.三方介绍

在商务场合中，我们常常需要作为"桥梁"为不相识的双方做介绍。

"尊者有优先知情权"，为他人做介绍时，应先把位卑者介绍给位尊者认识，比如先把晚辈介绍给长辈，先把服务人员介绍给来宾等。

介绍内容包括对方的姓名、职务、特长、工作成就、兴趣爱好等。

介绍前可与双方就介绍内容进行确认。

3.多方介绍

在重大活动中，可将身份高者、年长者或特邀嘉宾等介绍给众人认识。介绍内容包括姓名、职务、特长、工作成就等，介绍前需与位尊者就介绍内容进行确认。众人可依次进行简短介绍，如只介绍姓名及职务；也可安排一部分代表介绍给尊者认识。

如果双方均为多人，由第三方介绍人先对位卑者进行简短介绍，再介绍位尊者；也可由位卑者一方派代表进行团队的简短介绍，再由位尊者一方代表进行团队介绍。

（二）介绍礼节

1.介绍人的礼节

介绍人可站在被介绍人中间，距双方一个手臂的距离。

介绍人与被介绍人不在一条直线上站立，应呈三角形站立；介绍人可与其中一方被介绍人站在同一直线上。

介绍人手臂自然抬起,手指并拢,手心朝上,指向被介绍人,手的高度为被介绍人肩部高度。

目光关注双方,点头微笑,先为位尊者介绍对方,之后再向对方介绍位尊者。

2.被介绍人的做法

被介绍时应友好、热情地回应对方。一般应起立,表达感谢之情。由于座位过于拥挤无法站立时,可略微欠身致意,身份要高于对方的可不起立,给予对方善意而礼貌的关注。在介绍人介绍完毕后,位尊者应先伸手与对方进行握手致意,面带微笑地交谈。

模拟实训

一、实训情境

以小组为单位,进行以下情境演练。

蓝天集团蓝总经理在宴会中与高鹏集团王副总经理会面,王副总经理介绍坐在旁边朋友——齐飞公司业务经理李先生给蓝总经理认识,双方交换名片并握手。

二、实训目标

(1)正确使用称谓及问候语。

(2)恰当进行自我介绍和为他人做介绍。

(3)能根据不同场景得体地使用不同形式的见面礼仪。

三、实训准备

(1)物品准备:名片。

(2)人员准备:上课学生。

四、活动组织

完成活动后,师生及时点评。

五、实训步骤

实训步骤表如表 4-1 所示。

表 4-1　实训步骤表

序号	步骤	操作及说明	服务标准
1	角色划分	蓝天集团蓝总经理、高鹏集团王副总经理、齐飞公司业务经理李先生	
2	情境模拟	蓝天集团蓝总经理在宴会中与高鹏集团王副总经理会面,王副总经理介绍坐在旁边朋友——齐飞公司业务经理李先生给蓝总经理认识,双方交换名片并握手	
3	打招呼	打招呼 531 法则	运用职务性称呼

续表

序号	步骤	操作及说明	服务标准
4	介绍	王副总经理把业务经理李先生介绍给蓝总经理,再把蓝总经理介绍给业务经理李先生	尊者有优先知情权
5	问候	采用社交类问候方式	问候＋赞美拉近彼此距离
6	握手	蓝总经理先伸手	位尊者先伸手
7	交换名片	业务经理李先生先奉上名片	位尊者有优先知情权

六、实训评价

实训评价表如表 4-2 所示。

表 4-2　实训评价表

被评估人				评估地点	
评估项目			会面礼仪		
	评估内容	分值/分	小组评估	自我评估	综合得分
	仪容仪表	15			
	站立姿势	15			
	尊称姓名	15			
评估标准	问候得体	15			
	语言优雅(语气、语速、语调)	10			
	握手大方	15			
	名片递接	15			
	合计	100			

任务二　接待礼仪

一、迎宾礼

(一)迎宾地点

一般来说,迎送来宾时,距离越远体现的尊敬程度越高,从远到近的迎接地点如下:

(1)来宾抵达地,如机场、港口、车站等,适合正式的、重要的迎送活动;

(2)来宾临时下榻的地点,如酒店、住宿地等;

(3)主人的办公、会谈地点或宴请地点等。

(二)迎宾级别

迎宾级别可遵循对等原则,如主席迎接主席、董事长迎接董事长、总经理迎接总经理等。有时为了体现对来宾的尊重,高一级别的人出面迎接来宾是更为尊重的表现,称为"升级接待"(迎接最高领导人不适用升级接待)。

(三)迎宾队形

1.南飞雁型

迎宾人员队伍呈大雁迁徙南飞时的队形排开,迎宾人员中第一领导人居于中央,其他人员的安排依据以右为尊,从第一领导人右侧到左侧的顺序左右依次安排位次。

选择这种队形时,迎宾人员总数最好为单数。此队形可凸显迎宾人员第一领导人的地位。

迎接来宾时,迎宾人员中第一领导人上前与来宾中的第一领导人握手,之后可视情况与来宾第二、第三领导人握手。

2.领头羊型

迎宾人员中第一领导人站在迎宾线的最前端,给人以"头羊领着羊群"之感,其他人员依据职位的高低依次排在第一领导人的后面。这种排列方式不受单双数的限制,在商务场合中使用频率相对最高。

3.平行线型

迎宾人员排成两排,以迎宾人员的视线为参考点,第一领导人位于右边队列首位,第二领导人位于左边位列首位,其余人员根据职位高低从右到左依次排列。

这种排列方法适合迎宾人员人数多、总数为双数的情况。此排列方法不会突出迎宾人员第一领导人的地位。

二、引领礼

(一)引领方式

安全位置留给位尊者。

至来宾左前方(如左边是相对安全的位置,则可至来宾右前方)引领,距离对方一只手臂的距离。

手臂伸展,保持小臂和手掌在一条直线上,掌心向上向内微倾斜15°。

手臂伸展到腰部高度,面带微笑,目光关注对方,转弯及台阶处及时提醒。

(二)不同场合下引领

1.升降电梯

已知的区域相对于未知的区域更加安全,应把安全留给对方。进入电梯时,电梯外相对于电梯里更加安全。如电梯里已有操作员,可请位尊者先进入;如无电梯操作员,引领者需要先进入电梯,确保电梯安全后,一只手控制住电梯开启按钮,请位尊者进入。

从电梯里出来时,如电梯里有操作员,引领者可先行出来;在电梯外等待位尊者出来；如无电梯操作员，引领者可在电梯里长按开门按钮，请位尊者先出，后快步走至位尊者的左前方进行引领。

2.步梯

上下步梯时，应让位尊者位于步梯的上方，引领者位于下方，以保护位尊者的安全。

如果被引领者是一位女士，尤其是着裙装的女士，则引领者应走在女士视线的前方。

3.进出房门

引领对方进入房门时，如果房门是向内开的，引领者可以先将门推开后使用门吸固定门；如果没有门吸，则引领者可以先进入用一只手固定房门，另一只手示意被引领者进入房间。

如果房门是向外开的，引领者可以先将房门打开，再用后背抵住房门或用一只手固定房门后，示意被引领者进入房间。

三、乘车礼

(一)不同车型的乘车位次

1.五座轿车

如车内有专职驾驶员（地位低者开车迎接客人也视为专职驾驶员），如为了体现尊者的地位及保护尊者的隐私，我们需要把尊者安排在车的后排就座。我国的交通规则是右侧行驶，这样坐在右侧的人上下车就相对方便一些。通常，有迎宾人员的星级酒店会帮助客人开车门，尊贵的客人一般是从后排右边的位置下车的。

如车内无专职驾驶员，是由同事、朋友、合作伙伴等开车迎接客人，或由主人亲自开车迎接客人，车上最尊贵的位置是副驾驶位，因为开车者本身就不是一名专职驾驶员，客人坐副驾驶位体现了平起平坐，彼此相互尊重。

五座轿车乘车位次如图 4-7 所示。

2.七座商务车

在商务场合中，七座商务车（双开门）使用很频繁，这类车一般是由专职驾驶员驾驶。出于方便为上、以右为尊的原则，最尊贵的位置为第二排靠右的位置，接着为第二排靠左、第三排右位、第三排中位、第三排左位、副驾驶位。

一般坐副驾驶位的人最后上车，位于第三排的人员先上车，再由副驾驶位的人为第二排尊者拉开车门，请第一尊者入座后，再邀请第二尊者从左侧车门入座第二排左边的位置；也可同时在右侧车门先邀请第二尊者入座后再请第一尊者入座。下车时，副驾驶位的人先下车为尊者开车门，请尊者下车，之后第三排人员依次下车。

如车内无专职驾驶员，由同事或主人开车，则最尊贵的位置依然是副驾驶位，接着为第二排右位、第二排左位、第三排右位、第三排左位、第三排中位。此时上车的顺序一般为开车的人为尊者拉开车门请尊者入座，第三排人员自行入座后第二排人员再入座。

下车时，可由开车的人邀请尊者下车，或由第二排右位为尊者拉开车门，请尊者下车；第二排、第三排人员依次下车。

七座商务车乘车位次如图 4-8 所示。

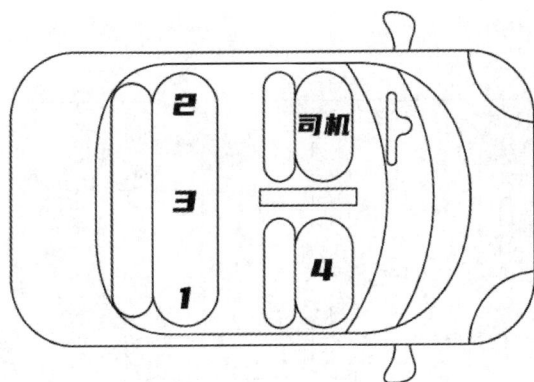

(a)

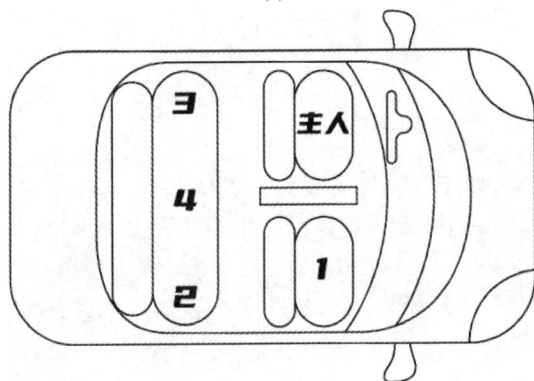

(b)

图 4-7 五座轿车乘车位次

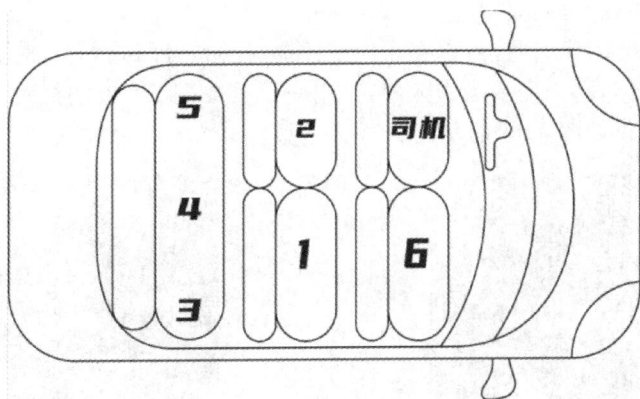

图 4-8 七座商务车乘车位次

3. 越野车

越野车源于战争时期,是军事首长的指挥车,前排视线最好。因此,无论是否有专职驾驶员开车,前排副驾驶位为最尊位。

通常座位比较多的中巴车、大巴车、客车等是由专职驾驶员开车,最尊贵的位置为司机正后方第一排的位置。这个位置上下车方便、舒适、视线好,可将尊者安排在这一排;这一排均为尊位,可根据最尊者喜好安排入座,最尊者入座后再安排其他人员入座。

越野车乘车位次如图 4-9 所示。

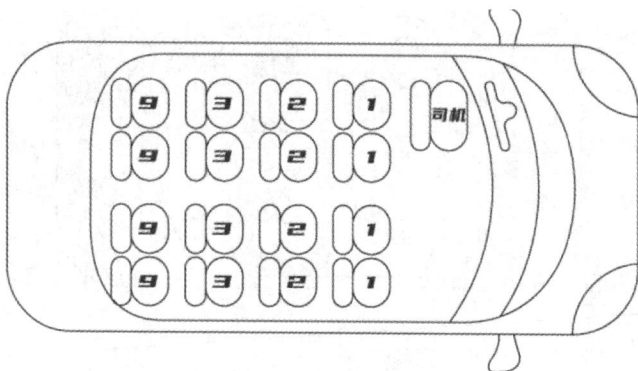

图 4-9 越野车乘车位次

(二)上下车的礼仪

邀请尊者上下车时,如条件允许需要为尊者拉开车门。

邀请尊者上车时,可一手拉住车门,另一手做出邀请入座的手势,可参考前伸式指引手势。

邀请尊者下车时,可一手拉住车门,另一手护住车门坚硬的部位,保护尊者的安全。在国际惯例中头部是很尊贵的部位,尽量避免手碰触到尊者的头部,故不建议在尊者上下车时使用手护头的动作。

邀请尊者下车礼仪如图 4-10 所示。

如果尊者没有按照乘车位次就座,则不必提醒对方"您坐错了",应尊重尊者的选择,尊者坐在哪里,哪里就是尊位。

着裙装的女士入座时,应双腿在车门前并拢,抚裙,臀部先入座,双腿再收回到座位前。如果座位太高,女士需要借力入座,可用一只手拉住门上方的把手。

女士入座礼仪如图 4-11 所示。

图 4-10 邀请尊者下车礼仪

图 4-11 女士入座礼仪

坐在后排左侧的人员应尽量从左侧车门入座,或先入座,避免尊者入座后挪位置。

如果由非专职驾驶员开车,坐在副驾驶位的人员中途下车了,出于对开车者的尊重,坐在后排的人应下车移到前排副驾驶位就座。

陪同人员过多时,送别环节可在双方尊者之间进行。如果同乘一辆车,陪同人员主动先到后排就座等待尊者。如果分乘几辆车,陪同人员应在各自就座的车内等候,留下一个与尊者同车的人陪同尊者道别即可。

四、位次礼

(一)左为尊右为尊场合说

中国有以左为尊的文化理念。一些文人雅士请别人到家里做客时常说:"我虚左以待"。把左边的位置空下留给客人,就是用一种文雅的方式表现对客人的尊重。

西方人尊崇以右为尊。凡是在国际场合,都应遵循以右为尊的原则;相反,在参加本国企业、事业单位、官方会议等时,我们就沿袭中国的传统礼仪。

(二)位次礼节

(1)尊重为上,尊重客人的选择。

(2)居中为上,中央高于两侧。

(3)内部会议,可遵循以左为尊的原则。

(4)国际友人参与的场合,以右为上,遵循国际惯例。

(5)面门为上,尊者有优先知情权。

(6)观景为上,以良好的视野为上。

(三)会议位次

在以聆听尊者发言为主要目的的重大会议中(常见于国企会议),位次多遵循"以左为尊""左膀右臂"的原则。

主席台面门,群众席背门。

如主席台就座领导为单数时,1号领导居中,2号领导居1号领导左手位置,3号领导居1号领导右手位置,依次类推排列。

如主席台就座领导为偶数时,1号、2号领导同时居中,1号领导在2号领导左侧;3号领导在1号领导左侧,依次类推排列。

主席台位次(偶数)如图4-12所示。

群众席的会场座次,以面向主席台的视角,遵循前排高于后排、中间高于两侧、左侧高于右侧的原则安排。

1.回形桌位次

回形桌位次多见于国企会议,遵循"内圈高于外圈、主席台最高"的原则;主席台两侧座位,中间高于两边,左侧高于右侧。

回形桌位次如图4-13所示。

2.平行桌位次

平行桌摆放可区分国企单位和非国企单位。

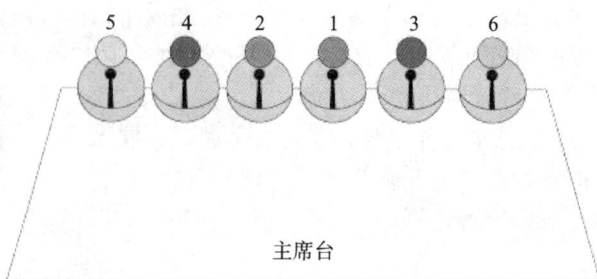

图 4-12　主席台位次(偶数)

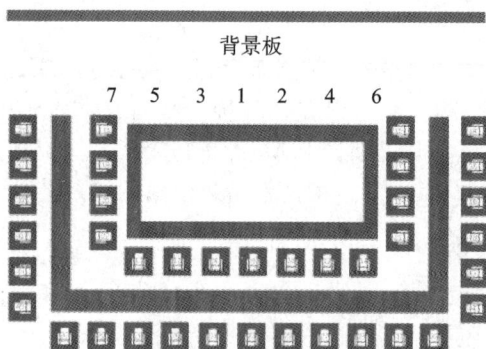

图 4-13　回形桌位次

国企单位遵循"以左为尊""左膀右臂"的原则。

平行桌位次(国企单位)如图 4-14 所示。

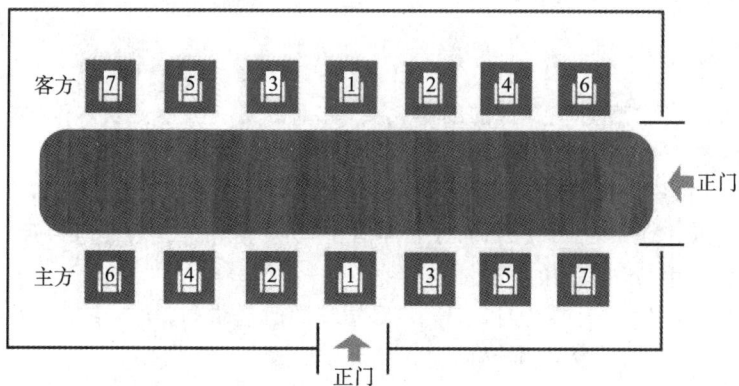

图 4-14　平行桌位次(国企单位)

非国企单位可遵循"以右为尊"的原则。

平行桌位次(非国企单位)如图 4-15 所示。

3.圆桌位次

职位最高的坐在居中面门的主位,国企单位其他人员遵循"以左为尊""左膀右臂"的原则;非国企单位其他人员可遵循"以右为尊"的原则。

圆桌位次如图 4-16 所示。

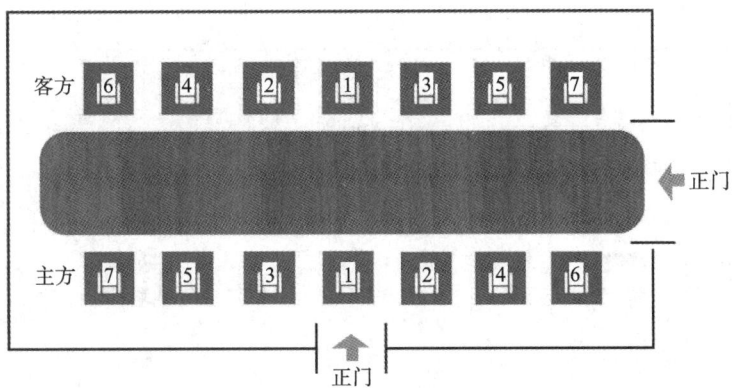

图 4-15 平行桌位次(非国企单位)

以左为尊

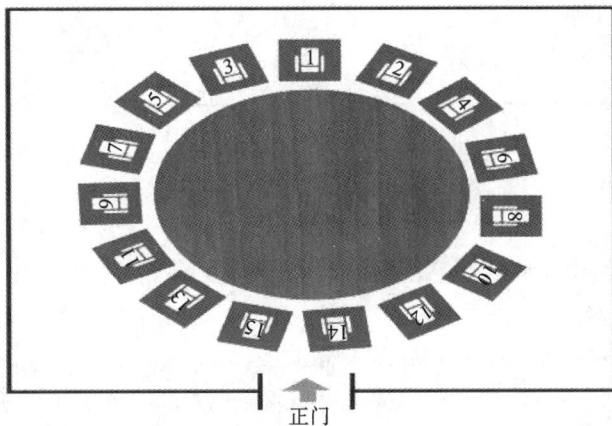

以右为尊

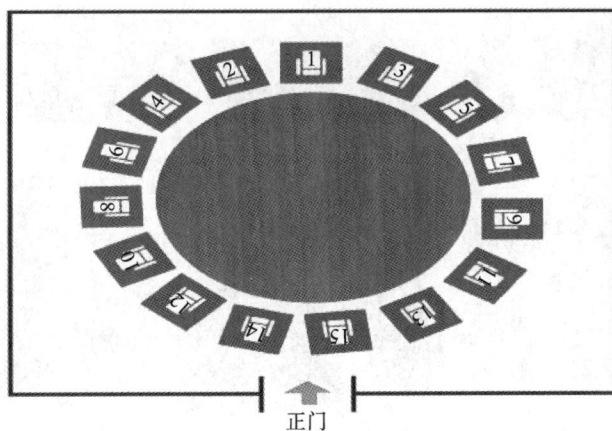

图 4-16 圆桌位次

4.会见位次

与外部人员会面的场合遵循"以右为尊"的原则。座次安排如下:客人在主人的右手边,主客双方出席人员相应分列左右两侧。

会见位次如图 4-17 所示。

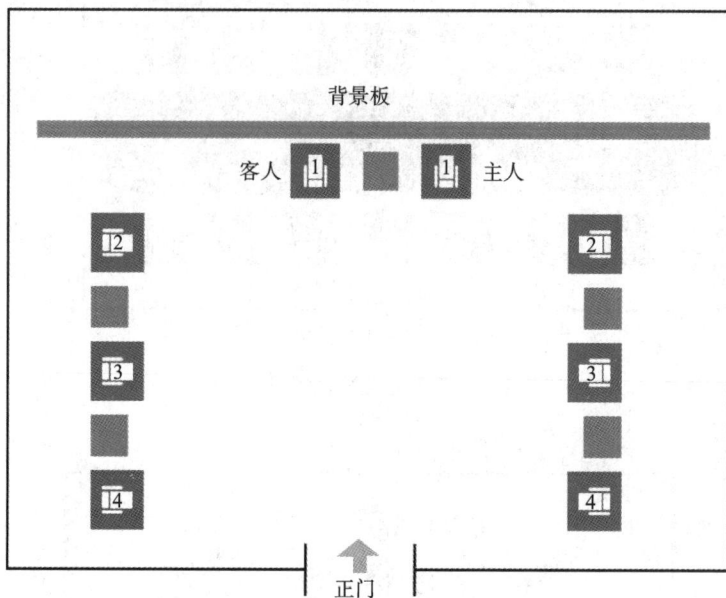

图 4-17　会见位次

5. 签约位次

在商务场合中,如需在会议室安排签约仪式,位次可参照主席台位次。参与人员过多时,主席台甲乙双方可安排 1~2 位代表(一般为甲乙双方职位高者或项目负责人)进行签约,其余人员可安排在主席台后面入座。

甲乙双方位次安排,以面门的视线为参照点,右侧更为尊贵,可安排甲方或客人入座,左侧安排乙方或主人入座。

签约位次如图 4-18 所示。

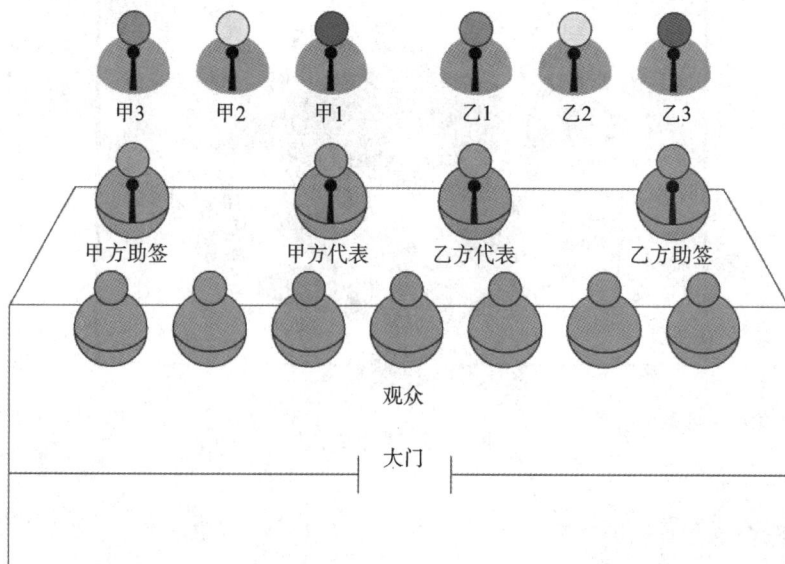

图 4-18　签约位次

参与人员较少时,主席台甲乙双方可分别安排一位人员进行签约,其余人员可安排至主席台对面入座。甲乙双方位次安排以面门的视线为参照点,右侧更为尊贵,可安排甲方或客人入座,左侧安排乙方或主人入座。

参与人员较少的签约位次如图 4-19 所示。

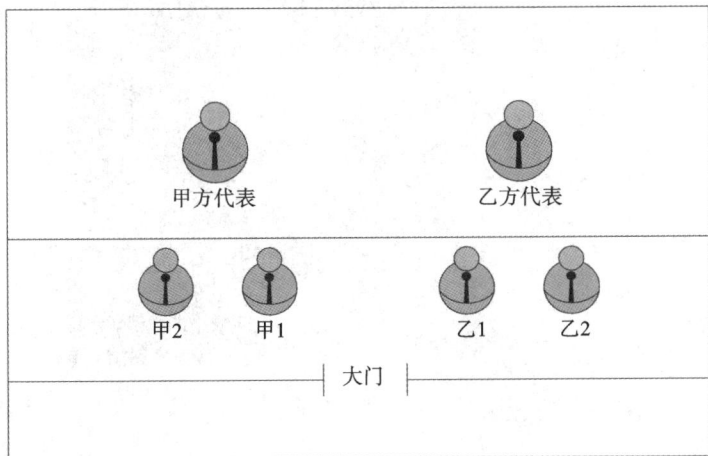

图 4-19　参与人员较少的签约位次

召开会议时,单排的情况,客方在主方右侧,从中央到两侧。也可以主客交叉排列。

五、奉饮礼

中国人习惯以茶待客,欧美国家人民则更习惯用咖啡招待客人。除此之外,招待的饮品还包括果汁、碳酸饮料等。

(一)茶饮礼节

1.泡茶
泡茶之前,需要把茶具洗干净,最好用开水烫一下茶壶茶杯。

适合在商务场合招待客人的茶叶有许多,如红茶、绿茶、普洱、大红袍等,可准备2~3种茶叶供客人选择。茶具烫好后,将适量茶叶放于茶壶中,用沸水(80°~90°开水也可)先将茶叶洗一遍,静置 30 秒后把水倒掉,之后再次用开水冲泡茶叶,静置 1~3分钟。

2.斟茶
中国的传统文化里,斟茶不倒满,只需七八分满。一方面茶水较热,斟满很容易烫手烫嘴,另一方面品茶要慢饮,喝茶汤、看茶色、闻茶香,如果倒得太满,品茶的时候容易洒,不方便品茶。

3.端茶
茶杯一般可分为有茶托和无茶托。使用无茶托茶杯为客人端茶时应注意托住茶杯的底部,避免手部触碰茶杯的上半部分,将大拇指和其他四指并拢托起茶杯底部;如使用有茶托或把手的茶杯,则托住茶托或茶杯把手为客人端茶。将茶杯递送至客人习惯用手的旁边,不要将茶杯杯口朝向自己,以免呼出的气息进入茶水中。面带微笑,口说敬语,请客人用茶。

端茶如图 4-20 所示。

图 4-20　端茶

4.品茶

刚泡好的茶水是比较烫的,可静置 2～3 分钟,不要等不及用嘴吹。饮茶时把茶杯端到嘴边喝,不应当低头去接杯子。喝第一口时可先小口品一品,与人交流茶的香味,之后可大口饮用。

在商务场合中也可冲泡茶水招待客人。可用玻璃杯、瓷杯、一次性水杯冲泡。冲泡时,用茶匙取适量茶叶后用开水进行冲泡。冲泡后需要静置 2～3 分钟,待茶杯摸着不烫时再递送给客人。

(二)咖啡礼节

现磨、速溶咖啡都可用于招待客人。咖啡杯一般配有咖啡碟,咖啡碟中会配备用于搅拌的咖啡勺、糖块等。也有一些简化的咖啡杯没有配咖啡碟,但杯子上一般会有把手。

咖啡应趁热喝,所以冲泡好咖啡后可以立即端给客人。端咖啡的方式可参照端茶。

(三)饮料礼节

果汁、碳酸饮料等一般用玻璃杯或一次性水杯盛放端给客人。递送饮料的方式可参照端茶。

六、寒暄礼

寒暄的原意为见面时谈天气、冷暖之类的话题,问寒问暖。寒暄是双向的感情交流,目的是联络感情,注入关怀,给对方带来温暖。寒暄用于商务场合,是正式交流的"导语",具有抛砖引玉的作用,是开展交流活动建立感情的良好开端。

（一）寒暄礼节

（1）接待客人时，主动与客人寒暄交流。

（2）根据对客人的了解，寻找适合话题。

（3）表情自然，目光关注对方，微笑示好。

（二）寒暄话题

1.天气

如天气冷暖、气候、环境等话题。

2.家庭

家庭是一个具有争议性的话题，与有孩子的客人谈论孩子的教育话题可以很快拉近关系，也可聊一些有关家乡的话题，寻找地域共同性。但如果客人对家庭问题闭口不谈，则需要注意避免谈论家庭问题，同时两性关系、家庭收入等是敏感性话题，除非关系很密切，否则避免提及。

3.赞美

人都有一个共同的需要，就是渴望得到别人的欣赏。一句恰当的赞美能获得对方的好感，赞美的方法详见赞美礼。

4.兴趣爱好

可以主动告知对方自己的兴趣爱好，再询问对方的兴趣爱好，但这种交流方式不适用于长辈或级别高的人员。

5.专业话题

如请教对方专业性问题以取得和对方的连接等。

七、送别礼

礼仪的重要性凸显在细节里，送别礼就是其中的一个细节，它决定了对方在"结尾"的感受。

（一）礼节

（1）客人告辞时需要挽留一下。因为有时客人的告辞是对主人是否乐意继续下去的试探。如果客人再次表示要走，则不必勉强。

（2）客人告辞时不可急于起身送客，先等客人起身后自己再起身，送别距离越远表示越尊重，如可以送客人到门口、电梯口、车上等。

（3）向客人挥手送别后等待一会，目送客人远去，直到不见对方身影再离开。如果客人回首打招呼，应举手或点头示意。

（二）送别挥手礼

（1）举右手，手掌在头部高度。

（2）手指并拢，手掌与小手臂在一条直线上，与地面垂直。

（3）大臂不动，小手臂带动手掌左右晃动3～5下。

模拟实训

一、实训情境

蓝天集团行政部总监首次参观酒店,酒店总经理带领高管在门口迎接,客人参观完,双方在会议室进行"长包房"洽谈。请小组进行情境模拟演练。

二、实训目标

(1)提高灵活运用各种见面礼仪的能力。

(2)掌握与提升职场交往见面礼仪的形式与内涵,增进交往双方的情感交流。

三、实训准备

(1)物品准备:桌椅。

(2)人员准备:上课学生。

四、实训组织

完成活动后,师生及时点评。

五、实训步骤

实训步骤表如表 4-3 所示。

表 4-3　实训步骤表

序号	步骤	操作及说明	服务标准
1	角色划分	蓝天集团行政部总监、酒店总经理及高管	
2	情境模拟	蓝天集团行政部总监首次参观酒店,酒店总经理带领高管在门口迎接,客人参观完,双方在会议室进行"长包房"洽谈	
3	迎宾	酒店总经理携高管在门口迎接	酒店总经理带领管理团队在门口迎接以示重视
4	握手问好	双方领导互相握手问好,酒店总经理先伸手	热情大方; 主人先伸手
5	引领	由业务经理或者大堂副理进行引领	把安全及舒适位置让给客人; 一般是走在客人左前方 1.5 米处
6	参观	(1)大堂副理提前查房,确保房间干净、整洁,设备使用正常,并做"长包房"布置; (2)简洁明了地介绍"长包房"服务特色; (3)了解客人需求; (4)提供"长包房"服务方案	介绍简洁明了; 服务方案有特色; 定制个性化服务

续表

序号	步骤	操作及说明	服务标准
7	会议室座次	客人及总经理在会议室洽谈合作方案	面门而上； 以右为尊
8	奉饮	(1)了解客人茶饮需求； (2)制作特色茶点	确保客人安全及舒适
9	送客	(1)热情送至门口； (2)挥手告别； (3)当天给客人反馈信息	得体、大方； 执行力强

六、实训评价

实训评价表如表 4-4 所示。

表 4-4　实训评价表

被评估人			评估地点		
评估项目		接待礼仪			
评估标准	评估内容	分值/分	小组评估	自我评估	综合得分
	仪容仪表	10			
	站立姿势	10			
	会面礼仪	10			
	迎宾	10			
	引领	10			
	参观	15			
	介绍	15			
	会议座次	10			
	告辞	10			
	合计	100			

任务三　拜访礼仪

商务拜访前要做如下准备工作。

(1)确定拜访日期、时间及了解交通信息等。

(2)准备拜访资料，如公司产品手册、合作意向协议等。

(3)明确拜访目的，选好沟通的切入点，可提前准备访谈目录。

(4)根据需要准备商务礼品。

一、敲门礼

(一)敲门礼节

在商务拜访中,即使被拜访者的门是开着的,出于礼貌也应该敲门,以便提醒对方有客人。

第一敲:轻轻地用两根手指的指关节先敲一下,提醒对方注意。

第二敲:当第一次敲门时,没有听到房间内传出"请进"的声音,可以在 3 秒后继续敲门 2 下,这次敲门的声音要比第一次大一些。

第三敲:当前两次敲门都没有得到回应时,可在 3 秒后敲门 3 下,敲门声音可比前两次再大一些。

(二)敲门礼注意要点

敲门时如听到屋内有人走过来,拜访者可退后几步以方便屋内的人开门。如果三次敲门均没有得到回应,可以打电话联系被拜访者。敲门时避免连续敲门,使对方有被催促的感觉。

二、拜访礼

拜访日期最好安排周二至周五,时间可选择在上午 9 点至 10 点;下午 3 点至 4 点;如被拜访者有明确拜访时间则依据被拜访者时间拜访。

拜访地点首选办公场地,其次为宴请接待地点(如餐厅、咖啡厅等),如被拜访者主动提出也可选择在私人住宅。

初次拜访时间可控制在 30 分钟以内,拜访时间最好不要超过 2 个小时(宴请除外)。

拜访当天应提前 5 分钟到达拜访地点,不宜早到或迟到,更不能随意更改时间。如路途中有事情耽搁,一定要提前告知对方,获取对方的谅解,同时告知对方大概到达时间。

(一)交谈内容

1.说明拜访来意

初次和被拜访者见面时,可用简短的话语直接将此次拜访的目的向对方说明。

2.自我展现

在正式的商务拜访中,应在被拜访者面前展现自我,赢得被拜访者的关注。

3.投其所好

在最短的时间内,抓住对方的心理,投其所好,就对方喜欢的话题进行交谈。

4.控制交谈范围

谈话集中在正题,认真倾听对方说话;关注对方情绪的变化,适时应对,不争辩,不打断对方说话。

(二)行为表现

随身携带的物品应按照被拜访者的安排放置,尤其是公文包,不要放于双方交谈的桌子上。

如果是冬天,到达拜访地点后最好脱去外面的大衣挂在指定的位置,如果不清楚可以询问接待人员。

当对方或者对方公司接待人员送上茶水时,均应从座位上起身,双手接过来,并表示感谢。

三、离别礼

按照约定的时间准时或提前 5 分钟提出离开,对拜访中交谈的所有人道别,同时将交谈桌上的随身物品、一次性水杯(如有)、纸巾(如有)等拿走,将椅子归位后离开。

起身告辞时,向被拜访者表达"打扰"之意;主动伸手与被拜访者握别,同时请被拜访者留步,挥手告别。

模拟实训

一、实训情境

阳光酒店业务部经理(女)给路桥集团王总(男)打电话预约下周三要和营销总监(男)一起去拜访王总(总监和王总是初次见面),探讨业务。

周三由营销总监开车,两人来到路桥集团,王总办公室在 21 楼,前台小李将客人通过走廊引进王总办公室,王总办公室是内开门,三位见面后愉快交谈。

二、实训目标

(1)提高职场交际的拜访能力,做到为客有方。

(2)增强学生职业形象感,提升职业自信度。

(3)提高职场中人际交往尤其是拜访的基本素质。

三、实训准备

(1)物品准备:茶水。

(2)人员准备:上课学生。

四、实训组织

完成活动后,师生及时点评。

五、实训步骤

实训步骤表如表 4-5 所示。

表 4-5 实训步骤表

序号	步骤	操作及说明	服务标准
1	角色划分	阳光酒店业务部经理、阳光酒店营销总监、路桥集团王总	

续表

序号	步骤	操作及说明	服务标准
2	情境模拟	阳光酒店业务部经理给路桥集团王总打电话预约下周三要和营销总监一起去拜访王总(总监和王总是初次见面),探讨业务。周三由营销总监开车,两人来到路桥集团,王总办公室在21楼,前台小李将客人通过走廊引进王总办公室,王总办公室是内开门,三位见面后愉快交谈。	
3	电话预约	预约时说清楚时间、地点、到访人物	简洁明了
4	乘车礼仪	营销总监开车,业务部经理坐副驾	
5	电梯礼	业务部经理按电梯,领导先进先出	
6	引领礼	前台小李走在客人左前方1.5米	
7	介绍礼	由业务部经理介绍,先把酒店营销总监介绍给对方	方便他人; 具有预见性; 以客人需求为中心
8	握手礼	路桥集团王总先伸手	
9	寒暄礼	通过各种话题互动增进情感	
10	告辞礼	客人先告辞	

六、实训评价

实训评价表如表4-6所示。

表4-6 实训评价表

被评估人				评估地点		
评估项目			拜访礼仪			
评估标准	评估内容	分值/分	小组评估	自我评估	综合得分	
	仪容仪表	10				
	站立姿势	10				
	会面礼仪	10				
	电话预约	10				
	乘车礼仪	15				
	电梯礼	15				
	寒暄礼	20				
	告辞礼	10				
	合计	100				

任务四　宴 请 礼 仪

一、宴请礼仪概述

(一)宴会位次

1.桌位摆放

宴会位次和会议位次不同,宴会位次一般遵循"以右为尊"的原则,桌位安排时,以面门的视线为参照点,居中为尊,以右为尊。

中餐宴会桌位摆放如图 4-21 所示。

2.圆桌座次

圆桌座次安排同样可参照"位次礼"。圆桌中面门的居中位置为第一尊位,按照礼仪的标准,应该把最尊贵的人安排在第一尊位,但在宴会中此位置通常是主人位(一般由主人支付宴会的费用)。为避免尴尬,主人可坐在第一尊位上,主人的右边可安排来宾中的第一尊者,主人的左边可安排来宾中的第二尊者,之后可按照主客交叉式或连续式安排座次。

中餐宴会圆桌座次如图 4-22 所示。

3.长桌座次

在商务宴请中如果安排长桌,则主人与来宾中的第一尊者面对面入座,可就座于长桌窄边的中央,也可就座于长桌长边的中央。其他人员的安排则参照"以右为尊"的原则依次安排。主客之间可以分区域集中入座,也可交叉入座。

(二)点菜礼

1.点菜者礼节

宴请之前,宴请者根据需要选择交通便利、卫生情况良好、预算范围内的餐厅。可提前调研赴宴者的习惯或喜好,如赴宴者中有回族人,清真餐厅为首选。

主人可等大多数赴宴者到齐之后,将菜单给赴宴者传阅,并请他们点菜。如果赴宴者来自外地,且明确表示自己不擅长点菜,则由宴请者点菜。

赴宴者点菜时不用太主动,把点菜权交给宴请者,如果对方盛情邀请,则可以点一个价格不贵且大家都可以吃的菜。

陪同领导赴宴,在领导示意的情况下,可先替领导点菜,将点酒水、饮料的权力留给领导。

2.菜肴选择礼节

根据赴宴者是否有忌口食物、能否吃辣、是否服药、是否海鲜过敏,以及赴宴者中是否有孕妇、老人、小孩等选择菜单。如有老人、小孩则需要点几个易咀嚼且易消化的菜;

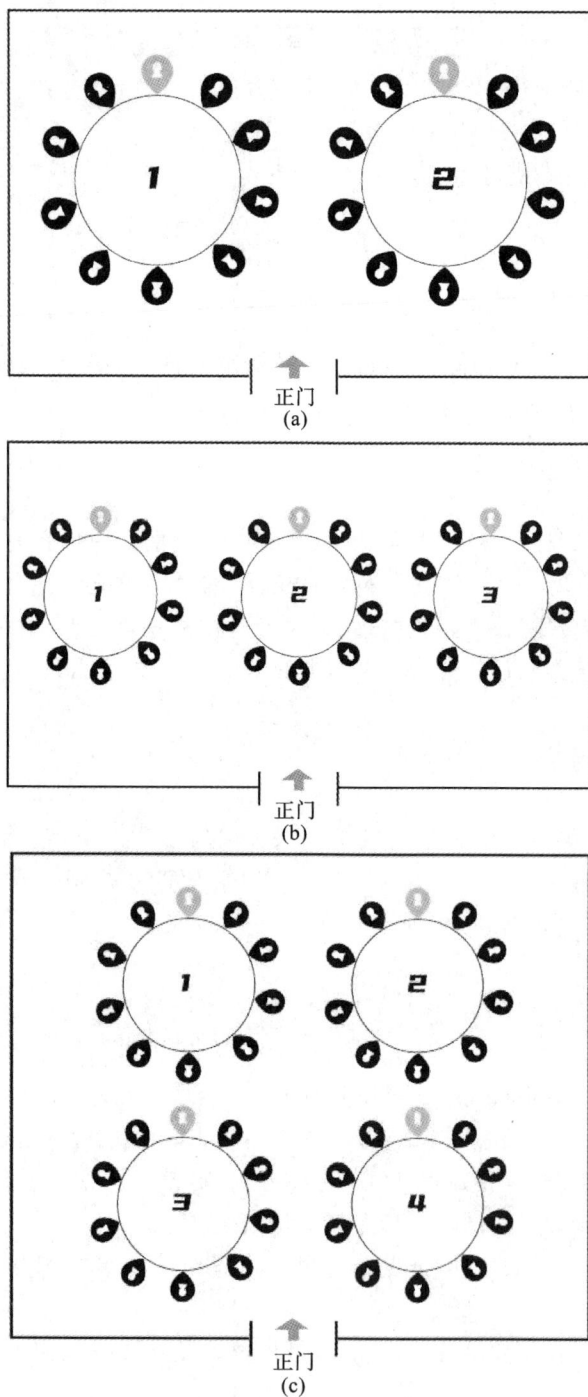

图 4-21　中餐宴会桌位摆放

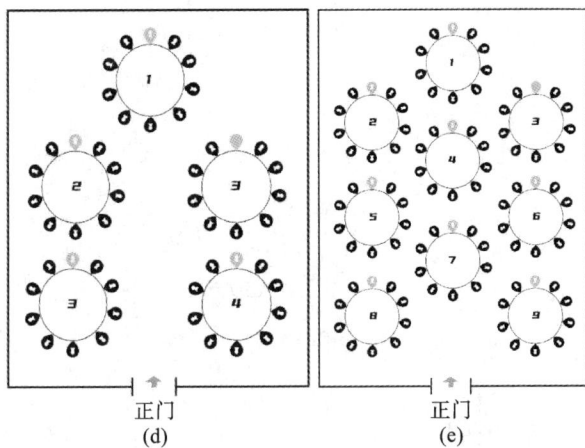

续图 4-21

(a) "之" 字式

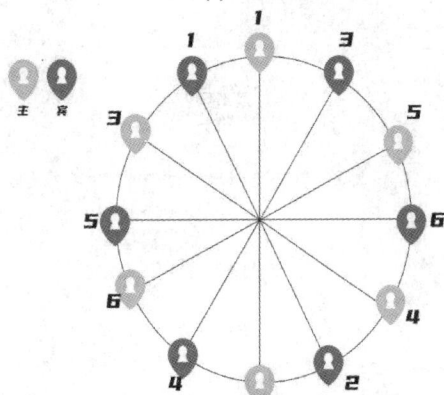

(b) 交叉式

图 4-22 中餐宴会圆桌座次

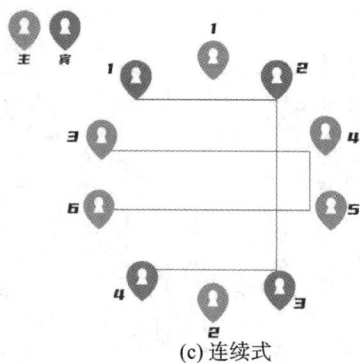

(c) 连续式

续图 4-22

注意回族人民不吃猪肉,外国人一般不吃动物内脏(鹅肝除外)。

　　一桌餐食荤素搭配、冷热搭配,如果赴宴者中男士居多,可多点荤食,如果女士居多,则可多点几道清淡的素菜。在避开赴宴者忌口食材的前提下,应在水产、畜、禽、菌类、蔬菜等食材中尽量选择更多的品种。

　　(三)用餐礼

　　1. 中餐餐具

　　中餐餐具包括食碟、汤碗、汤匙、筷子、筷架等。食碟的前面从左至右依次摆放茶杯、红酒杯、白酒杯。

　　中餐餐具摆放如图 4-23 所示。

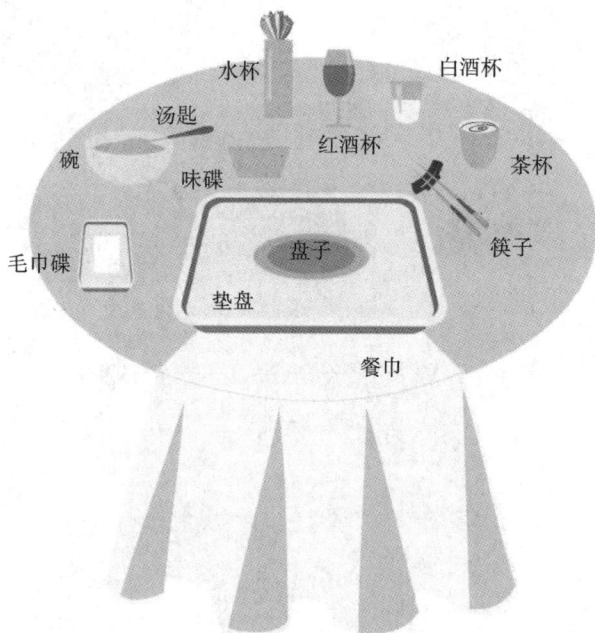

图 4-23　中餐餐具摆放

知识活页

筷子的使用礼节

筷子是用来夹取食物的,需要成双使用。用筷子挠痒、剔牙或用来夹取食物之外的东西都是失礼的。

与人交谈时,暂时放下筷子,避免一边说话,一边挥舞筷子。

无论筷子上是否有食物残留,不要用舌头去舔筷子。

避免把筷子竖插在食物的上面。

2.就餐礼节

1)就餐前

宴请者可提前来到餐厅,为赴宴者安排席位,邀请尊者入座。

赴宴者就餐前可去洗手间洗手,或宴请者请餐厅服务人员为大家准备热毛巾等。

女士可将头发挽起或扎成马尾,以免就餐时头发落入餐食中。

入座后上半身姿势端正,不要将手臂放在邻座的椅背上。

宴请者可在餐前说明宴请的目的(如欢迎宾客的到来或为某某的付出表示感谢等),邀请所有赴宴者共同举杯,举杯后示意宴席开始,赴宴者可取食就餐。

2)入席后

入席后,不要立即动手取食,可请尊者先取食后,再取食。

夹菜时,避免在菜盘里挑拣食物,筷子夹起食物即放到自己的餐盘中;不要把筷子伸到离自己太远的盘里,应等菜肴转到自己面前时,再动筷子;自己夹完后,要将台上的菜转到邻座人的正前方;他人正在夹菜时,耐心等待他人夹完后再转动转台。

宴请者可向赴宴者介绍菜肴,但是不要反复劝菜;若想为对方夹菜,需要使用公筷。

遇到自己喜欢的菜不要一次夹很多堆在自己的盘子里。

吃鱼时可先拿掉鱼骨,再吃下面的鱼肉。某些地方习俗中吃鱼时不可将鱼翻过来食用,寓意"翻船",故应尽量避免将鱼翻过来食用。

用餐时不要不嚼就咽下去,咀嚼食物时不要发出响声;食物太烫时应从容等待;食用餐汁较多的食物后,可用餐巾纸擦拭嘴巴两侧。

咀嚼食物时避免开口说话;进餐过程中与同桌人交流时,如看到对方正在用餐应等对方咽下后再交流。

咳嗽、打喷嚏时,应扭过身体并以餐巾纸遮掩,不可对着餐桌或他人;避免不加控制地打饱嗝;应在许可的区域内吸烟。

3)就餐后

就餐后,无故不能先离席,待尊者离席后,将椅子归位再有序离席。

知识活页

就餐时想剔牙怎么办?

就餐时剔牙无论如何都不优雅,即使使用餐巾、手臂遮挡,其他就餐人员都可以看出是在剔牙,这会影响其他就餐人员。如需剔牙,可以去洗手间进行。

(四)敬酒礼

由宴请者先向全体宾客说出宴请事由,并说祝酒词;宴请者先和宾客中的最尊者碰杯,再和在座的其他宾客依次碰杯;距离远的人,可将杯子举起在头部高度进行示意;之后所有宾客集体干杯。

根据地域的不同,宴请者可进行一次到三次的集体举杯。待宴请者集体举杯后,宾客中的最尊者可回敬宴请者,祝酒词以表达感谢、送出祝福为主。

宴请者及宾客中的最尊者举杯后,其他人可相互敬酒;敬酒的顺序可根据职位的高低依次进行。

敬酒时,应起身站立,右手端起酒杯,或用右手拿起酒杯后再以左手托扶杯底;面带微笑,自己的酒杯低于尊者的酒杯,表示对尊者的尊重;领导与下属碰杯时,酒杯不要放得太低。

被敬酒者需手拿酒杯起身站立,与对方碰杯,将酒或茶水饮料一饮而尽或适量喝下;喝完后可手拿酒杯与敬酒者对视一下,然后放下酒杯并坐下。

向尊者敬酒时,可以和其他宾客一起多人敬一人;只有尊者敬酒时可以一人同时敬多人。

在规模盛大的宴会上,宴请者会依次到各桌敬酒,而每一桌可指派一至数位代表到主桌回敬。

不要强劝身体状况不佳、不适合饮酒的人饮酒,禁止劝开车的人饮酒。喝酒是一种文化,劝酒需谨慎。

二、西餐礼仪

英国、法国、德国、加拿大、美国、墨西哥等西方国家,遵循"女士优先"的原则,整个宴席都是以女主人为第一主人。

(一)西餐餐前礼

1.着装

再昂贵的休闲服也不能随意穿着上西餐厅。吃饭时穿着得体是欧美人的常识,男士需着燕尾服或西装出席,女士可着礼服出席。

2.西餐位次礼

如有女士参加,则男士需调整成"女士优先"模式,女士先伸手才可以握手,女士入座后男士才可以入座,通常一切需以女士为主。

西餐座次安排参照位次礼的要求。

3.西餐入座礼

从座椅左侧入座,男士可为身边女士拉开椅子,邀请其入座。入座时上身端正,女士双腿并拢,男士双腿可分开与肩同宽,小腿垂直于地面;入座后不宜跷腿,身体与餐桌的距离以两个拳头为佳;手肘不要放在桌面上,餐桌上已摆好的餐具不要随意摆弄。

(二)西餐餐具礼

1.西餐餐具类型

(1)餐刀:正餐刀、鱼刀、沙拉刀、黄油刀。

(2)餐叉:正餐叉、鱼叉、沙拉叉、甜品叉。

(3)勺子:汤勺、甜品勺。

西餐餐具类型如图 4-24 所示。

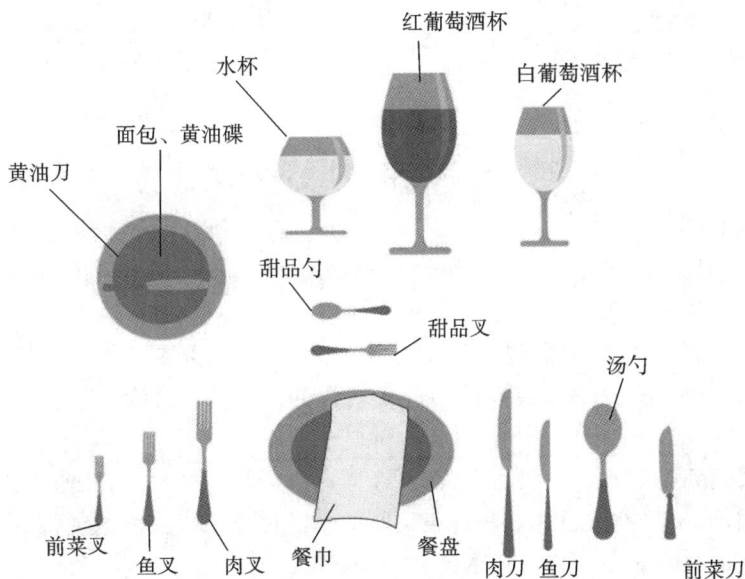

图 4-24 西餐餐具类型

2.西餐餐具使用方法

刀叉的使用遵循"从外到内"的原则,从最外侧的刀、叉依次使用。刀叉的使用方法:右手拿刀,左手拿叉,叉齿向下;左手拿餐叉负责固定食物,右手拿餐刀负责切食物;注意切肉的餐刀为带有锯齿的刀。

食物切好后,用餐叉将食物送入口中,不宜低头将嘴靠近餐叉进食,也不宜用刀将食物送入口中。与人交流时,应放下手中的餐刀、餐叉,不要手持刀叉在空中挥舞。

餐具的摆放可表达用餐过程中的状态(以欧洲大陆做法为例),如图 4-25 所示。

(三)西餐餐食礼

较为正式的西餐可分为七道菜,分别如下。

第一道:头盘,开胃菜。有冷水盘和热头盘,常见的有鱼子酱、鹅肝酱、熏鲑鱼、面包

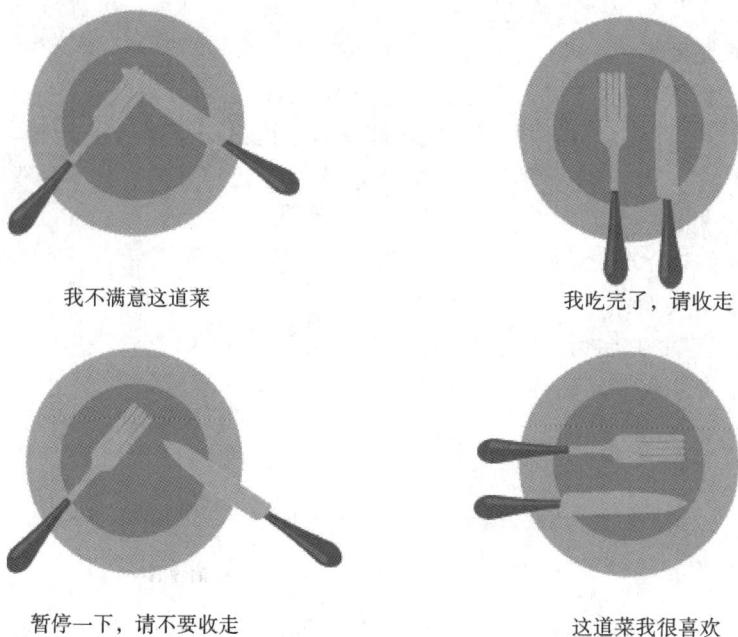

我不满意这道菜   我吃完了，请收走

暂停一下，请不要收走   这道菜我很喜欢

图 4-25　用餐具摆放表达用餐状态

等,味道以咸和酸为主。

第二道:汤。大致可分为清汤、奶油汤、蔬菜汤和冷汤,如牛尾清汤、各式奶油汤、意式蔬菜汤、俄式罗宋汤等。

第三道:副菜。鱼类菜肴,包括各种淡水、海水鱼类、贝壳及软体动物类。

第四道:主菜。畜、禽类菜肴,最具有代表性的是牛肉或牛排,常用烤、煎、铁扒等方式。

第五道:蔬菜类菜肴。一般用生菜、西红柿、黄瓜、芦笋等蔬菜制作。主要调味汁有醋油汁、法国汁、奶酪等。还有一些蔬菜是熟食的,如花椰菜、菠菜、土豆条等。

第六道:甜品。如布丁、煎饼、冰激凌、奶酪等。

第七道:咖啡、茶饮。

中国的西餐厅,西餐餐品的数量有所简化。如五道菜品,包括头盘、汤、副菜、主菜、甜品;四道菜品,包括头盘、汤、主菜、甜品。

(四)西餐餐酒礼

1.西餐酒分类

1)餐前酒

餐前酒是人们在餐前饮用的酒,能够起到唤醒味觉、增加食欲的作用,因此也称为开胃酒。一般将鸡尾酒作为餐前酒,利用其香浓的口感,起到唤醒味觉的作用。威士忌、杜松子酒、伏特加酒、雪莉酒、朗姆酒等都是调制餐前鸡尾酒的理想选择。

2)佐餐酒

佐餐酒是指在正式用餐时饮用的酒,是餐中酒。西餐中常用的佐餐酒为葡萄酒,有时也可用香槟。葡萄酒有红葡萄酒和白葡萄酒之分,根据西餐肉类的不同搭配:红葡萄酒配红肉,红肉是指在烹饪前为红色的肉,如猪肉、牛肉、羊肉、鹿肉、兔肉等哺乳动物的肉;白葡萄酒配白肉,白肉是指禽类(如鸡、鸭、鹅等)、鱼类、壳类动物(如虾、蟹、牡蛎、蛤蜊等)的肉。红葡萄酒中的单宁可让牛排等红肉不那么油腻,清爽的白葡萄酒可以帮助原本就清淡的鱼虾等白肉提鲜。

3)餐后酒

餐后酒是用餐之后用来助消化的酒,一般选择浓、香、烈的酒,常见的有利口酒(又称为甜酒)、白兰地、香槟等。

2.西餐酒杯

1)葡萄酒杯

葡萄酒杯大致可以分为红葡萄酒杯、白葡萄酒杯和香槟杯。不同的葡萄酒要选用不同的酒杯,才能令酒更香醇。酒杯的功能主要是留住酒的香气,使酒在杯内转动并与空气充分结合。

人体的体温一般介于 $36\sim37\ ℃$,如果直接用手握住杯肚,透过手传递的体温会使葡萄酒的温度急速上升,引起酒精挥发,原本温润的口感可能会被酒精强烈的气味掩盖;另一方面,温度升高也可能使葡萄酒所含的微生物产生反应,导致酸化或是产生异味。

葡萄酒的握法可以采用以下两种方式。

(1)单手大拇指和四指握住杯柄,注意手不要碰触到杯肚(图 4-26)。

(2)单手大拇指在上,与食指配合捏住杯底,中指和其他手指在下方托住杯底(图 4-27)。

图 4-26 葡萄酒杯握法(一)

图 4-27 葡萄酒杯握法(二)

2)白兰地酒杯

白兰地是蒸馏酒,白兰地适合加温饮用,持杯方法是用手掌由下往上包住杯身。

白兰地酒杯握法如图 4-28 所示。

3.西餐品酒

杯中倒入 1/4~1/3 的西餐酒(香槟酒、鸡尾酒可倒入 3/4),对着灯光或以白桌布为背景,观察酒的颜色与纯净度。酒液应澄清透明,不应该有明显的漂浮物。

缓缓地摇动酒杯,使酒中的醋、醚和乙醇释放出来。

抿一小口酒,在舌尖多停留几秒,然后慢慢地咽下去。在正式宴会上,宴请者先向

图 4-28　白兰地酒杯握法

来宾祝酒,起立举杯说祝酒词,然后饮一小口酒,坐下。被敬酒者应拿起酒杯喝一小口,西餐酒不用把酒喝完。

与别人碰杯时,可拿起酒杯至眼部高度,杯身微倾斜 15°与对方碰杯。

(五)西餐用餐礼

1.西餐餐巾使用方法

(1)就座后不要急于打开餐巾,要等其他人就座,或等主人先把餐巾打开后再将餐巾打开。

(2)餐巾的折法:将餐巾四个角相对的两个角呈对角线对折,之后平铺在自己双腿的大腿位置,餐巾开口朝向餐桌。或者将餐巾四个边中其中一个边对折,平铺在自己双腿的大腿位置,餐巾开口朝向餐桌。

(3)餐巾的用途:一是用来擦拭嘴角的油渍、汤汁;二是防止汤汁、食物溅落在衣服上。

(4)使用餐巾擦拭嘴角时,可用大拇指和食指翻转餐巾内侧角进行擦拭。

(5)中途离开座位但需要继续用餐时,可把餐巾稍微折叠放在桌子上,一般放在左手边。

餐巾不宜压在餐盘底下、塞进衣领或塞到裤腰上。

2.西餐进食礼节

1)食用面包的礼节

食用面包时,可用双手拿起面包,撕下一小块,之后使用面包刀将黄油涂在面包上食用。

食用面包时,不宜将整块面包拿在手上直接啃咬。

2)喝汤的礼节

食用汤时,拿起汤勺由内向外盛出汤汁,汤汁不宜过满,以免溢出,之后将汤勺送入口中。

食用汤时,不宜低头用嘴巴找汤勺,不宜将整个汤勺含在口中。

3)食用沙拉的礼节

食用沙拉时,左手拿叉,右手拿刀。握住刀叉时,注意手的食指要放在刀叉的手柄上,这样方便用力。

食用比较大的蔬菜时,可用左手拿叉固定蔬菜,右手拿刀将蔬菜切成小块;也可以用叉固定蔬菜,用食用餐刀将蔬菜卷成小块食用。

4)食用牛排的礼节

左手用叉子固定牛排,右手用牛排餐刀缓慢而有力量地切开牛排,可以切一块牛排食用一块牛排。有些西方国家的人喜欢一次性将牛排切完,之后将餐刀放下,餐叉换到右手后食用。

5)喝咖啡的礼节

喝咖啡时,右手的前三根手指握住咖啡杯的手柄,其他手指自然收拢。如需搅拌咖啡,可用咖啡勺顺时针或逆时针搅拌,搅拌后,将咖啡勺放在咖啡碟的正上方,可与咖啡杯手柄平行放置。

6)食用甜点的礼节

食用甜点时,用甜品叉的侧面将甜品纵向切下一小块,之后放入甜品勺中食用。

7)西餐进食禁忌礼节

西方人认为弯腰低头、用嘴凑上去吃是很不文雅的,而应该用餐具将食物放入嘴中而不要用嘴去找食物。

保持良好的坐姿不要将胳膊肘支在餐桌上或用手撑着头,不宜趴在桌子上或斜靠在椅背上,不宜抖腿。

切牛排时,一般右手拿刀,左手拿叉,手肘架起,避免手肘架在餐桌上。吃意大利面时,可以叉为轴慢慢把面条卷起来,不要一次卷太多,以免一口吃不下或嘴巴张得过大影响形象。

吃鱼时,先将一面鱼肉吃完,剔掉鱼骨后,把鱼骨放在一边,然后继续吃另一面的鱼肉,避免将鱼翻过来食用。

切食物时注意每块的大小要适宜,以能一口吃下为宜,不要只咬半块。进嘴的食物一般不应再吐出,非吐不可时,可用餐巾掩饰。避免直接将食物残渣吐到盘子里,应当先吐到叉子上,再轻轻放到盘子上边的地方。

三、自助餐礼仪

自助餐是一种由宾客自行挑选、选取或自烹自食的一种就餐形式,可以免去为宾客点菜的麻烦。宾客可不受约束地挑选自己喜欢的食物。这种就餐方式打破了传统的就餐形式,被越来越多的人所接受。自助餐虽然自由,但作为一种交际活动,在满足个性化的同时也需注重礼节。

(一)自助餐取餐礼

1.排队取餐,循序取菜

由于自助餐的特点,就餐者往往是众多的,所有就餐者需自觉维护公共秩序,先来后到,排队选取食物,乱挤、乱抢、插队是让人"倒胃口"的行为。

另外,应循序取菜,首先了解合理的取菜顺序,可按照冷菜、汤、热菜、甜品、水果的顺序取菜。取菜前,可在全场内转一圈,了解全部菜品后再取菜。避免一开始吃许多甜品和水果,甜品和水果会增加饱腹感,降低食欲。

2.适量取餐,多次少取

享用自助餐时,多吃是允许的,但是浪费食物是绝对不允许的。每次取菜时,应少取一些,吃完盘中食物后再取用,少量多次,避免浪费。

3.用公用餐具取餐,不影响他人

取菜之前,准备好自用食盘,轮到自己取菜时,应使用公用餐具将食物放入自己的食盘之内,然后迅速离去;勿在众多的食物面前犹豫不决,让身后排队的人久等,勿在取菜时挑挑拣拣,切勿直接用自己的餐具取菜。

(二)自助餐用餐礼

1.主动与人交流

在商务活动期间用自助餐,吃美食属于次要之事,进行适当的交际活动才是最重要的任务。

宴请者需要关注宾客,主动询问宾客用餐感受,若对方不熟悉,可为其介绍美食。

被宴请者可主动寻找机会与宴请者攀谈,和老朋友叙旧或多结识几位新朋友。

2.自取食物自食

用自助餐时,如果身边的同伴需要帮助,则应主动热情地提供帮助,如代为取餐、寻找座位等。

不要自作主张地为对方直接代取食物;放在自己盘子里的食物不可以夹到他人盘中;自己吃不完的食物不要请他人帮助解决,除非对方主动提出。

3.餐食不可外带,用餐后送回餐具

自助餐餐厅有条不成文的规定:只可在餐厅享用,不可外带。用餐后,不要偷偷往自己的口袋或包里装一些自己喜爱的食物,不可要求服务人员为自己"打包"。

自助餐强调以自助为主,用餐结束后,可自觉将餐具送至指定之处,离去时,对自己的餐桌稍加清理,不要让自己的餐桌杯盘狼藉、不堪入目。

模拟实训

一、实训情境

蓝天集团总经理携采购总监、秘书从哈尔滨来厦门初次访问建发集团。建发集团设晚宴招待,建发集团参加人员包括集团副总经理、业务部总监、业务经理。请以小组为单位撰写宴请方案,内容包括宴请规格、形式及人员,以及宴请的席位安排、宴请的菜单确定和宴请环节设置。

二、实训目标

(1)掌握宴请内涵,因人而异,增进友谊。

(2)融洽宴请气氛,深化职场人际交往中宴请的内涵。

(3)展示个人素质,融洽宾主关系,树立职业形象。

三、实训准备

(1)物品准备:餐桌。

(2)人员准备:上课学生。

四、实训组织

完成活动后,师生及时点评。

五、实训步骤

实训步骤表如表 4-7 所示。

表 4-7 实训步骤表

步骤	操作及说明	操作标准
撰写宴请方案	宴请规格、形式及人员,以及宴请的席位安排、宴请的菜单和宴请环节设置	实用性强、具有特色、价格适中

六、实训评价

实训评价表如表 4-8 所示。

表 4-8 实训评价表

被评估人			评估地点		
评估项目		宴请礼仪			
	评估内容	分值/分	小组评估	教师评估	综合得分
	宴请目的明确	10			
	宴请定位适宜	10			
	宴请环境合适	10			
评估标准	宴请价位适中	10			
	宴请设计创新	20			
	宴请寒暄	20			
	敬酒	20			
	合计	100			

任务五 电子通信礼仪

一、电话接听、拨打礼仪

(一)接听座机礼仪

最佳接听时间为电话铃声响 2～5 声接听;铃声响 1 声接听,对方可能还没反应过来,贸然接听会惊吓到对方;铃声响 5 声及以上才接听应先致歉。

接听电话时上身正直,保持微笑,接听者的情绪是否愉悦,对方隔着话筒可以感受到。

口中含物时(如吃东西、喝水、嚼口香糖等)需要先清理掉再接听电话。

电话接通后用"您好"代替"喂",养成习惯。

耐心聆听,及时回应,重要信息记录下来。

通话结束,礼貌告别,等待5秒后挂电话。

(二)拨打座机礼仪

应选择工作时间拨打电话。除紧急情况外避开非工作时间(如午餐时间)拨打电话。

想与重要人士沟通,拨打电话前可先预约致电时间。

拨打电话后,如果对方未及时接听,需要耐心等待至自然挂断。

电话接听后,先自我介绍,表明致电来意。

通电话前可提前准备谈话提纲,提高通话效率;单次通话间时建议不超过10分钟。

通话结束,不要多说话,停顿5秒再挂电话。

(三)手机使用礼仪

在商务场合中,设置温柔的来电铃声或改为震动、静音;出席会议、看电影、听音乐会时,手机需要设置静音。

不建议将手机挂在脖子、腰带上或放置在衣服口袋里,可以放置于包内。

见重要来宾之前,放置好手机,不要把手机拿在手上。

如果正与人交谈,应简短结束来电;当着别人的面长时间接电话是不礼貌的。

接打电话时应控制自己的音量。

二、信息发送礼仪

编辑一条礼貌、得体的短信,应注意以下几方面。

(1)有尊称,有正文,有落款。

(2)不要有错别字,不能没有标点。

(3)称呼准确,正文内容分条阐述。

三、微信沟通礼仪

微信是人们日常生活中必不可少的交流工具,使用时会碰到以下问题。

(1)一个人突然主动添加好友,也不说自己是谁?

(2)好久不联系的微信好友,突然来一句"在吗?"也不说有什么事。

(3)上班或开会时,突然收到别人发来的多条语音信息,由于不方便听,只好先置之不理。

(4)接收到对方发来的多条长达60秒的语音信息。

如何通过微信展示出良好的形象,让对方乐于与我们沟通呢,可以使用以下方法。

(1)为自己挑选一张合适的头像,这样更容易使对方建立好感。

(2)主动添加别人为好友的时候应"自报家门",如果是工作往来,真实姓名、公司名称、职位等基本信息需要告知对方。

（3）给别人发微信时不要先试探性地发一句"您好""在吗"，应直接说明事由或者需求，对方看到信息后会直接回复问题。

（4）先发文字信息，待对方回复了，可以询问对方是否方便接收语音信息，征得同意后再发语音信息。

（5）语音信息表达尽量简短，不要经常发60秒的语音。

（6）管理"朋友圈"，不要发布不良信息及谣言，发布的内容多以传递正向观点、正能量为主。

四、电子邮件沟通礼仪

（一）电子邮件发送礼仪

1. 区分发送对象

1）收件人

收件人是电子邮件的直接接收人，是邮件正文的主要针对人。当需要向多个收件人发送电子邮件时，需要在英文输入法下用","或";"隔开。

2）抄送人

抄送人是需要知晓本电子邮件内容的其他人，如发件人、收件人的直接上级，电子邮件正文中提及的第三者或公司的最高领导者等。

3）密送人

密送人是需要知晓本电子邮件内容的其他人，但不需要收件人、抄送人知道，如公司的最高领导者、公司法务等。

2. 电子邮件主题

主题不要空白；标题要简短，不宜冗长；对外电子邮件，可写"来自××公司的邮件"标题最好真实反映内容及重要性，避免使用含义不清、无实际内容的标题。可使用大写字母或特殊字符、标点（如"！"等）来突出标题，引起收件人注意。回复电子邮件时，应根据回复内容更改标题。

3. 电子邮件正文

开头需有恰当的称呼，单个收件人可以称呼对方职务，如"××经理"；多个收件人可以称呼"尊敬的各位同胞"或"Dear all"。

若第一次给收件人发电子邮件，需要说明身份、姓名或代表的企业。

正文应简明扼要，如果具体内容确实很多，正文应只作摘要介绍，然后单独写个文件作为附件进行详细描述。

正文可列几个段落进行清晰明确的说明；每个段落应简短，避免长篇大论。

一次电子邮件交代完整信息。最好在一次电子邮件中把相关信息全部说清楚。不要过几分钟之后再发"补充"或者"更正"之类的邮件，这会让人很反感。

用大写字母、粗体斜体、颜色、加大字号等方式对少量重要信息进行提示，但要适度，过多的提示会让人抓不住重点，影响阅读。

带有技术介绍或讨论性质的电子邮件，单纯以文字形式很难描述清楚，可用图片、表格等来辅助阐述。

落款可设计公司签名,如姓名、电话、传真、地址等信息;信息不宜过多,一般不超过4行。

4.电子邮件附件

如果电子邮件带有附件,应在正文里面提醒收件人查看附件,同时对附件内容做简要说明。

附件文件应按照附件内容命名,方便收件人下载后管理。

附件数目不宜超过4个,数目较多时应打包压缩成一个文件。

5.发送检查

在商务往来中电子邮件的收发非常频繁,收发电子邮件时犯低级错误,会使我们的工作形象大打折扣。为了避免发生低级错误,发送电子邮件前建议检查3遍。

第一遍检查收件人、抄送人、密送人邮箱是否正确,是否遗漏。

第二遍可将正文内容朗读或默念一遍,检查语句是否通顺、有无错别字等。

第三遍检查附件是否上传成功,有无遗漏等。

(二)电子邮件回复礼节

电子邮件的回复周期一般不超过24小时,及时回复是一种美德。

如果无法及时确切地回复,可以先回复"已收到您的电子邮件,我们正在处理,一旦有结果就会及时回复"等。

如果正在出差或者休假,可以设定自动回复,提醒发件人,以免影响工作进展。

如果收发双方就同一问题的交流回复超过3次,此时可以采用电话沟通或面谈等其他方式交流,再将最终讨论结果以电子邮件的形式进行确认。

区分"回复个人"和"回复全部",慎用"回复全部"。

为避免无谓的回复,可在正文中指定部分收件人需要回复,或在文末说明"无须回复"等字样。

模拟实训

一、实训情境

请优化自己的微信昵称、头像、个性签名、朋友圈,打造属于自己的品牌形象。

二、实训目标

(1)增强学生树立个人品牌的意识。

(2)提升学生职业形象感。

三、实训准备

(1)物品准备:无。

(2)人员准备:上课学生。

四、实训组织

完成活动后,师生及时点评。

五、实训步骤

实训步骤表如表4-9所示。

表 4-9　实训步骤表

步骤	操作及说明	商务标准
优化微信个人信息	优化自己的微信昵称、头像、个性签名、朋友圈,打造属于自己的品牌形象	(1)昵称用原名。 (2)头像大方得体,充满正能量。 (3)朋友圈具有明显职业标签,内容积极向上

六、实训评价

实训评价表如表 4-10 所示。

表 4-10　实训评价表

被评估人			评估地点		
评估项目	通信礼仪				
评估标准	评估内容	分值/分	个人评估	小组评估	综合得分
	微信昵称	30			
	个性签名	30			
	"朋友圈"信息	40			
	总计	100			

项目训练

项目训练参考答案

一、选择题

1.商务场合中,哪个称呼不适用?(　　)
A.先生/小姐　　　B.亲爱的/亲　　　C.工程师/师傅　　　D.教授/老师

2.握手次序,一般遵循什么原则?(　　)
A.尊者先伸手　　B.主人先伸手　　C.晚辈先伸手　　D.热情者先伸手

3.名片交换中,一般遵循什么原则?(　　)
A.尊者先递送　　B.晚辈先递送　　C.主人先递送　　D.女性先递送

4.团体迎宾中,哪个队形不常用?(　　)
A.南飞雁型　　B.领头羊型　　C.平行线型　　D."回"字型

5.领导开车时,我们应以下哪个座位?(　　)
A.后排靠右边　　B.副驾驶　　C.后排靠左边　　D.随意坐

6.在国际场合中,一般遵循什么原则位次礼?(　　)
A.以右为尊　　B.以左为尊　　C.左右都行　　D.不同国家不同原则

7.初次拜访,尽量控制在多长时间?(　　)
A.10 分钟　　B.40 分钟　　C.30 分钟　　D.1 小时

二、简答题

1.商务会面中经常需要对对方的尊卑进行区分,请列出几种尊卑区分要点。

2.商务拜访前,应做哪些准备?

3.在点菜中,菜肴选择一般需要注重哪些方面?

4.如何通过微信展示良好的形象,让对方乐于与我们沟通?

项目五
言之有理——旅游从业人员语言礼仪

项目目标

知识目标

能够初步认识语言在礼仪关系中的意义与作用；

能够认识学习语言礼仪的重要性并在旅游服务中应用。

能力目标

掌握语言礼仪的相关概念；

能够运用基本的语言技巧服务游客；

具有基本沟通能力、团结协作能力；

通过语言礼仪和语言技巧的学习，更好地理解语言使用的基本规范和原则。

思政目标

增强学生的民族自信，热爱祖国的语言和文字；

树立积极向上的人生观；

树立与人为善的价值观。

知识框架

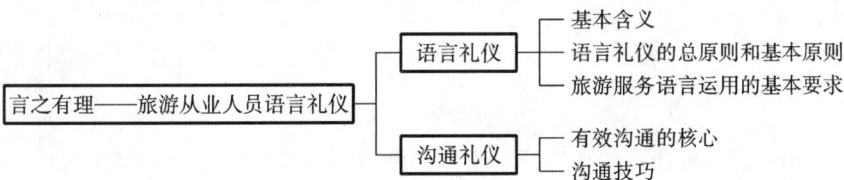

```
                                          ┌── 基本含义
                            ┌── 语言礼仪 ──┤── 语言礼仪的总原则和基本原则
言之有理——旅游从业人员语言礼仪──┤              └── 旅游服务语言运用的基本要求
                            └── 沟通礼仪 ──┌── 有效沟通的核心
                                          └── 沟通技巧
```

教学重点

语言礼仪的基本原则；

语言沟通的核心；

影响沟通的主要因素。

教学难点

语言沟通的影响因素；

沟通技巧的实际应用。

案例导入

某旅游团即将离开澳门，一位游客购买了一款 80 元一只的"澳门回归纪念表"，但在珠海的地摊上看到了一模一样的表，售价却是 30 元。为此游客感觉受到了欺骗和伤害。于是他指着该团队的导游气愤地说："你们这就是欺骗！同样的表，价格差距这么大。"导游不服气地说："一瓶可乐在超市里卖 1.8 元，在商店里卖 2.5 元，在大饭店里卖 10 元，在咖啡馆里卖 30 元，你能说商家都是在欺骗吗？"那位游客望着导游的脸久久说不出一句话。旅行结束后该游客写信给旅行社，要求退掉他所购纪念表。同时批评导游说的话不妥，认为他在为欺骗游客找借口。

案例评析： 从单一层面来说，导游的话并无不妥，问题是导游在当时的氛围中，带着较为冲动和激怒游客的态度，显得非常不恰当，给人故意冲撞的感觉，站到了游客的对立面。仅仅因为这句话，游客就可以把导游之前所有的尽心尽力的服务和热情抹去了。

"言乃心之声"，不合时宜的言语不但会伤游客的心，也损害了导游自身形象。所以，把话说到"位"，说到"关键处"，从而使游客满意并欣然接受也是一门艺术。导游服务的成功与否，语言表达非常重要。

任务一 语 言 礼 仪

一、基本含义

沟通，本意指开沟使两水相通。沟通作为传播学的核心概念，英文为 communication，可译为传达、通信、交流、交际、交往及沟通等。

二、语言礼仪的总原则和基本原则

旅游服务人员在进行语言表达时，绝对不能天马行空，想说什么就说什么，而应根据服务行业的具体要求和特定规则说话，从服务人员的工作角度来说，语言礼仪有一个总原则，即互相尊重。所谓的互相尊重，指的是在提供旅游服务的过程当中，能够切实地站在对方的角度考虑对方的感受。互相尊重能在沟通中了解彼此的心意，是语言礼仪的总原则。除此以外,旅游服务人员的语言表达还有基本原则,具体如下。

(一)规范性原则

与一般的语言比较,旅游服务语言具有鲜明的规范性特征。

第一,在服务工作中,使用的语言要符合语言规范。我国地域广阔,方言众多且复杂,在服务工作中,以普通话和全民通用语言作为交际工具,有利于旅游服务活动中的语言沟通。

第二,旅游服务语言要符合行业的具体规定。例如,在对客服务中不建议使用地方方言,不得使用粗俗的语言表达方式,要多使用建议和意见,不推荐使用否定语、命令语,不得打听游客的收入、财产和婚姻状况等个人隐私问题,不得评论客人的相貌和衣饰等。

(二)礼貌性原则

旅游工作中的语言沟通,除了必要的服务、讲解等工作用语,还有一个主要的目的是争取服务对象的理解、支持与合作。这种性质决定了旅游服务语言应当在任何情况下都保持礼貌和文明。旅游服务语言也能成为为游客提供心理服务的不可替代的重要手段。

(三)主动性原则

旅游服务人员不管面对什么样的服务对象,都要主动热情、一视同仁,在游客提出要求之前为其做好各项服务,这就是旅游服务语言的主动性原则,也是衡量旅游服务人员服务水平和服务质量的重要标准之一。

第一,见到游客时,主动招呼。现代人对于社交需要一种便捷和舒适的交往方式,过于热情反而会引发游客的戒心,所以有时候目视对方行点头微笑礼,往往比主动上前的招手礼或者握手礼更合适。在合适的场合选择合适的招呼方式是非常有必要的,不过于热情,也不过分冷漠。

第二,看到游客可能需要帮助时,要主动询问。例如,当游客站在路口犹豫不决,或者是目光与旅游服务人员相遇时,旅游服务人员可以主动询问游客是否需要帮助。当游客说明了愿望和需要后,旅游服务人员就需要在合理的条件下,尽可能地满足游客的需要,甚至提供超出预期的服务,使游客感到体贴入微、周到细致。

第三,当了解到游客有明显的需求动机时,要主动介绍。正确把握时机,恰如其分地向游客介绍旅游产品,这不仅是一种有效的推销技巧,而且是旅游企业优质服务的具体体现。

(四)情感性原则

所谓情感性原则,从语言的角度来说,就是旅游服务人员对游客要亲切、热情,要善于运用语言达到亲和性。在旅游接待过程中,把游客当作自己的亲朋好友,营造生动活泼、亲切随和的服务气氛,通过语言实现服务者与被服务者之间情感的沟通和交流,实现心与心的交融。旅游服务人员与游客交谈中的情感表现,不仅取决于服务者个人的情绪,更取决于其服务意识和工作责任心。作为一名旅游服务人员,与游客的交谈仅仅达到清楚、准确传递信息的程度是远远不够的,还必须通过自己的语言表达,增进与游客的情感交流,激发游客对服务的赞赏,从而达到提供优质服务的最终目的。

三、旅游服务语言运用的基本要求

语言的运用是一门艺术。在具体运用时应充分把握有声语言和无声语言的关系及其作用,灵活运用,才能获得双方满意的效果。

(一)提高旅游交际语言的针对性

这里所说的针对性是指旅游服务人员在对客服务过程中,根据不同对象、不同场合、不同文化背景、不同语言习惯和文化修养等方面的差异,灵活使用不同用语,有利于沟通和理解,从而使矛盾得到缓和或避免矛盾的产生。只有这样才能满足服务对象的心理需求,提高游客的满意程度。

(二)充分发挥无声语言的作用

在语言交流过程中无声语言(如体态语言)对人的影响很大。它与有声语言完美结合就会使游客的听觉和视觉同时受到良好的"双向刺激",从而使旅游服务语言达到最佳效果。旅游服务人员的仪容仪表要体现专业性。因此,旅游服务人员应穿制服并佩戴标牌,服饰整洁得体、美观大方,与环境和谐一致,与游客的心理需求相适应,与职业特征协调一致,给人清新、明快、朴素、稳重的印象。

第一,仪容应端庄、自然、大方。男性旅游服务人员切忌不修边幅,女性旅游服务人员切忌浓妆艳抹。同时,旅游服务人员要善用微笑。面对游客,友好、自然、得体的微笑可以有效消除游客的陌生感、紧张感与不安感,使之倍感亲切、温暖。

第二,要巧用目光语言。眼睛是"心灵的窗户",能充分表现人的内心世界与情感状态,目光语言是一种非常重要的无声交流工具,在情感交流中往往起着有声语言不可替代的作用。

第三,要妙用身体语言。身体姿势也是一种无声语言,可以反映一个人的精神面貌和身体状况。身体语言是沟通非常重要的一个部分,比如游客在说话的时候,旅游服务人员的身体微微前倾,表示正在倾听,只有让游客感受到被需要、被尊重,才能有更积极的沟通状态。

(三)用词规范准确、通俗易懂

旅游服务人员与游客交流时不要用书面语,用词要简洁、规范、得体,不要引起游客的误解,以免无意之中伤害游客。例如,餐厅服务员问客人:"要不要饭?"就非常不恰当,虽然服务员本是一片好心,也非常殷勤,但是由于用语不规范、不得体,容易在无意之中惹恼客人。

(四)根据语境调节语音、语调

旅游服务人员的语音、语调等都要与自己积极向上的工作状态"合拍",使用的语调最好不高不低,并适当以情发声,以声带情,达到声情并茂且无矫揉造作之感。抑扬顿挫的语调通常能表现说话者起伏变化的情感情绪。在交谈或讲解过程中,高潮时,音色要明亮、圆润,低潮时,音色要深沉、浑厚。语调的起伏变化能使有声语言具有音乐般的韵律感和节奏感,变得悦耳动听。一般来讲,交谈时最好保持柔和且末尾略上扬的语调。

(五)灵活掌握和运用幽默语言、委婉语言、模糊语言

1.幽默语言

幽默语言是一种机智、风趣、诙谐并借助比喻、夸张、象征、寓意、谐音、反语多种修辞手法的语言表达形式。幽默语言可以缓和紧张气氛,增添情趣,愉悦心情。恩格斯说:"幽默是具有智慧、教养和道德上优越感的表现。"确实,幽默是一种文化素养,它是知识与阅历的结合。在与人交谈时,幽默是润滑剂,幽默风趣的语言,既能让人快乐,又能达到表达的效果。

例如,一位外籍老总不慎将咖啡碰倒在书房的地毯上,他异常烦躁,让宾馆服务员立即清理干净,并说:"'蟑螂部队'一定会因此大规模袭击书房。"服务员想了想,微笑着说:"绝对不会发生这种事,因为中国蟑螂只爱吃中餐。"这位外籍老总的脸色顿时放晴,露出灿烂的笑容。

2.委婉语言

委婉语言常常是在不便直说的情况下,用迂回曲折的方式影响、暗示对方的一种语言表达形式。在人际交往中,委婉语言不仅可以避免因针锋相对造成的矛盾激化,而且可以使矛盾得到缓和,使问题迅速得到解决。

例如,一个旅游团有几位喜欢喝酒的客人,晚上聚在房间内边喝酒边唱歌,影响了邻房客人休息。第二天早餐时,领队站起来微笑着说道:"大概是为了庆祝这次旅行即将圆满结束,几位客人连夜赶排节目,他们的热情使别人感动得睡不好觉。"话音刚落,全厅客人哄堂大笑。领队用委婉得体的语言使问题在轻松愉快的气氛中"烟消云散"了。

3.模糊语言

模糊语言是指人们在特定的语言环境中借助语言要素中的若干模糊特点,表达思想和交流的一种方式。模糊语言可以增强有声语言在交流中的适应性、灵活性和生动性。

例如,一个旅游团正按预定日程观光游览时,几位客人提出想要增加几个观光点,并希望马上得到答复。随团导游说:"各位的意见很重要,我们将予以考虑。"这就是一种符合此时此刻特定语境的模糊应答。"重要"一词在这里是中性的,既不肯定也不否定,因此表现出很大的伸缩性,比较模糊。同时,给人以重视他们的意见的温暖感。"将予以考虑"是时间上的不确定,较为主动,充分体现了导游的机智与灵活。

模拟实训

一、实训情境

以游戏形式进行分组课堂实践活动。

二、实训目标

通过实训游戏的训练,了解沟通过程中的语言传递会对理解产生的影响。

三、实训准备

(1)物品准备:笔、纸、耳塞。

(2)人员准备:将学生分成 2~3 组,每组 6~8 人。

四、实训组织

完成游戏后,师生及时点评。

五、实训步骤

请学生站成一列,戴上耳塞,所有人背向教师。第一位同学从教师那里得到词语指令(可以是成语或者是一般词语),随后这名同学将词语指令通过动作表演给第二位同学,以此类推,由每组最后一位同学说出答案。答题时,每组第一位同学最多过掉两个词条。表演者不准出声,其他人不得提示。

六、实训评价

最后在规定时间内成功答对题数最多的组获胜。

任务二　沟 通 礼 仪

一、有效沟通的核心

"小说是写给人看的,小说的内容是人。"的确,武侠小说里的刀光剑影不过是一层外衣,真正传达的核心,永远是人。旅游服务人员的工作更是这样,说话也是如此。好好说话,是一门学问。旅游服务人员的工作性质,决定了有效沟通的核心是人。

当遇到一个胡搅蛮缠的客人,是跟他讲道理有用,还是不理他有用?或者让他搅和半天,发泄完了就好了?不知道大家有没有注意到一个问题:当两个吵架的人需要评理时,常常很难说出谁更有道理。太讲理了常常是引起冲突的主要原因之一,可有些事情,站的角度不同,看到的问题也不同,光靠讲道理,是没有办法解决的。所以,不是所有的沟通,都是通过讲清楚道理就能够完成的。

二、沟通技巧

(一)共情的技巧

沟通的核心是人。在沟通过程中,首先需要了解对方发生了什么,这就需要共情。共情的英文为 empathy,而 empathy 有多种中文译法,如"共感""投情""同理心"等。按照著名心理学家罗杰斯的观点,共情是体验别人的内心世界的能力。

第一步是关注情绪。比如当你面对一个情绪崩溃、大吵大闹的客人的时候,通过安慰使他冷静下来是非常困难的,因为他的内心情绪没有得到释放,非常痛苦,他的问题也没有得到解决。通常人们在解决问题的过程中,往往只关注事,并没有关注情。我们都急着把事解决了,并没有人关注到情绪状态。而事情的解决,往往是以客人平静下来并且问题得到了解决而终止。所以在这样的情况下,首先应该先解决情的问题,才能更好地面对事。因此,我们要像感知自己的情绪一样先去感知对方的情绪,关心对方心情的变化,才能把握共情的机会。共情的第一步就是关注情绪,尝试接受每个人都会有情绪这个事实。简单来说,就是当旅游服务人员发现游客的心情不好了,那就开始关注他的情绪,可以用"您看起来状态不佳,发生了什么?""您看起来心情不好,愿意和我说说吗?"这样类似的话,表达对游客的关心。

第二步是分享。在第一步接受并关注了对方的情绪之后,紧接着就是要引导对方叙述事情的经过和分享感受。在共情的过程中,不要着急给建议或者是着急给出解决方案,而是认真地听对方说完,使对方情绪得到释放。聆听他产生负面感受的原因,满足对方的诉说需求。

第三步是肯定。这是共情过程中最为关键的一步。肯定对方的情绪起伏逻辑,基本等于认同所有人都是可以有情绪的。什么是情绪起伏逻辑?即所有情绪都会有起因经过,这是一个思维的过程。游客投诉的时候通常是情绪激动的,说的话也不好听,所以不要添油加醋地评论游客,只需要单纯地陈述事实,并肯定他目前的情绪。

通常情况下,经过以上三步,就能明显地感觉到对方的情绪好多了。因为他被接纳、被关注了,也满足了诉说的需求,也被认可了情绪的起因。共情到这里就可以结束了。

(二)表达的技巧

沟通中的表达是对信息的有效发送,也是沟通最重要的前提,所以表达者要具备一定的信息发送技巧,即表达技巧。为了有效地表达信息,要注意以下四个要素,即表达什么信息、何时表达信息、何处表达信息、如何表达信息。

1. 表达什么信息

首先,在沟通中要明确表达的信息是什么。其次,信息的表达要准确,不能是错误的或不确定的,是要有据可依的,真实和准确的信息才是沟通双方想要获取或交换的信息。

2. 何时表达信息

时间是否恰当是表达信息的一个重要因素。若在不恰当的时间表达信息,则往往会事倍功半,降低沟通的效率。此外,在表达信息时,还要考虑听者的情绪,因为情绪在一定程度上也影响其理解的准确性和可靠性。

3. 何处表达信息

通常情况下,表达信息也需要考虑表达地点,合适的表达地点会起到积极的作用。例如,私密性的信息通常选择单独沟通或在私密性比较好的地方沟通。

4. 如何表达信息

通常来说,表达信息遵循 KISS(keep it simple and stupid)原则。在表达信息的过程中,应尽可能使用对方的语言或其听得懂的话语来表达信息,有时候可以使用恰当的例子和比喻来帮助表达。表达应适当,也就是在表达信息的方式和语音上都应尽可能适应对方的能力、水平和经验;表达应清晰,这要求表达的逻辑必须是清楚的,是双方都容易理解的。

因此,在具体的表达方式上,还需要注意一些"说"的技巧,大致如下。

(1)要考虑对方的记忆存储量和信息容量。人的短时记忆能力有很大的差别:年轻人记的内容多,而且记忆速度比较快,信息存储的时间也较为持久,不易遗忘;老年人则记的内容较少,而且记忆速度比较慢,信息存储的时间也较为短暂,很容易遗忘。一些重要的、时间性要求比较高的信息沟通,在通常情况下,沟通双方都应做好相应的记录,以便事后查阅和跟踪。

(2)传递有利对方的信息。要切实从对方的立场和角度出发,换位思考,传递切合其需要的信息,这样才能引起对方的注意和关心。

(3)使用大众容易听懂的语言,尽量避免行业内的专业语言或术语。

(4)较多地使用肯定性的语言表达方式,尽量不要使用"可能""大概""应该"等含糊、不确定、没把握的词语,使用这些词语,对方会对传达的信息表示怀疑,从而降低沟通的有效性。

(三)询问的技巧

1.询问的目的

社会的发展使得人们从个人主义观念向团队观念转变,这就需要通过沟通来达到互动的目的,因而在沟通交流过程中询问是必不可少的,询问的主要目的如下。

(1)使不明白的问题明朗化。询问不仅可以理清自己的思路,也可以更加了解对方。

(2)了解对方的需求和目的。询问的目的是了解对方真正的需求和真实的想法,尽快满足对方的需求。

2.询问的方式

通常来说,询问有以下几种方式。

(1)请求式询问。在某些场合打断别人说话是非常不礼貌的行为,但有事又必须打断时,只有先请求,以得到说话人的准许。比如在对方讲解的过程中听者对一些专业术语不理解,需要对方详细解释的情况。

(2)一般性询问。一般性询问较为常见,主要适用于日常交流和一些非正式场合。一般性询问对沟通场所的要求不高,参与人数也相对较少。还有一些一般性询问是为了引发大家互动,适用于大家都明白问题内容的场合。

(3)特定式询问。这种询问通常是指定相应的人进行询问,一般用于调查或征求意见的场合,例如:"问您一个问题可以吗?""您可以告诉我为什么会这样吗?"

(4)封闭式询问。这种询问的问题带有预设的答案,主要目的是明确某些问题,被询问者只需表态一般不需要展开论述。封闭式询问通常使用"是不是""对不对""需要不需要""有没有"等,而回答也为"是"或"不是"、"对"或"不对"、"需要"或"不需要"、"有"或"没有"等简单答案。这种询问常用来收集资料、澄清事实、获取重点、缩小讨论范围。例如:"是否需要给您提供叫早服务?""您需不需要坐大巴前面的座位?"

(5)开放式询问。开放式询问是询问者提出的问题没有预设的答案,被询问者很少能简单地用一两个字或一两句话来回答问题。开放式询问通常使用"什么"(原因)、"如何"(过程)、"为什么"(获得事实、资料)、"能不能"(自我剖析)等来发问,让被询问者就有关问题给予详细的说明。这种询问往往能获得一些事实和资料。

3.询问的注意事项

询问时要注意以下事项。

(1)善于使用引导性的问题。

(2)询问的问题要强调重点。

(3)用范围较窄的问题达成协议。

(4)不要使用套话进行询问。

(5)有时通过提问来观察对方的反应和态度。

(6)在询问中切忌自问自答、话里有话,不要频繁发问等。

(四)聆听的艺术

古人云:"愚者善说,智者善听。"外国也有这样的谚语:"用 10 秒钟时间讲,用 10 分钟时间听。"这些都表明了听的重要性。与人交往时,要使别人对你感兴趣,首先你要对别人感兴趣,耐心倾听别人说话是保证交流顺利进行的前提。因此,我们应该掌握以下倾听技巧。

1.集中精力,专心倾听

在和人交谈时,一定要调整好自己的情绪,专心倾听别人讲话,切忌左顾右盼、目光游离、心不在焉、魂不守舍。

2.保持耐心,认真听完

有些人在别人说话时总是忍不住想打断别人,总是插话。殊不知,这样很容易使他人思路中断,是一种失礼的表现。

3.适时反馈,谨慎反驳

一个聪明的聆听者,在聆听过程中,一定不是完全被动、完全沉默的。聆听者可以根据情况,适时微笑、点头或做出应答。在倾听过程中,即使对方说得不够准确或有错误,也应保持风度,不必当面妄加评论甚至发生争执。

(五)拒绝的技巧

拒绝既可能是不接受他人的建议或批评,也可能是不接受他人的恩惠或馈赠。从本质上讲,拒绝即对他人意愿或行为的否定。在与游客交流的过程中,一般情况下要求旅游服务人员不能直接对游客说"不"等否定性语言,对无法接受或无法应承的事情要婉言相拒,即用温和的语言表达拒绝。与直接拒绝相比,它更容易被接受。因为这在更大程度上顾全了被拒绝者的尊严,把面子留给对方。所以,委婉地拒绝他人是一门艺术。

1.稍做停顿,切忌随便

当别人对我们有所求时,不要立即拒绝,否则会让人认为你是一个冷漠无情的人,甚至觉得你对他有成见。应对对方的要求表示充分的理解,并作出适当的努力,再加以拒绝。例如,"经过一番考虑,还是无法办到,实在对不起。"这样对方会有一种满足感,觉得你已经尽力了,被拒绝后的不愉快就会很快消失。

2.理由充分,解释诚恳

不能毫无缘由地拒绝他人,要向对方真诚地解释理由。如果不方便说出真实的原因,也应该寻找适当的理由,并向对方诚恳地说明,以求得对方的理解和谅解。切忌言辞闪烁、吞吞吐吐,这样不仅招人反感,而且会引起误会。

3.暗示果断,切忌含糊

在拒绝场合中使用模棱两可的语言是很危险的。拒绝在日常生活中是很正常的事情,别人在提出要求的时候,也多多少少会做好受到拒绝的思想准备。因此,在自身确实无法达到对方要求的情况下,明确地表明拒绝是最好的选择。有人认为拒绝他人会让别人感到没有面子,也担心对方会由此产生对自己的不好看法,为了顾及对方的情面和自我的虚荣心,在拒绝时模棱两可、含糊其词,反而会让对方搞不清真实意图,带来更多的麻烦。

4.寻求替代,留有出路

在拒绝的同时,帮对方想其他方法,实际上还是帮了对方的忙。还有一种情况就是虽然拒绝了,却在其他方面给对方提供一些帮助,这也是一种有智慧的拒绝。同时,拒绝别人时要留有余地。

5.先发制人,避免被动

在提前了解对方要求的情况下,不等对方开口,主动向对方传递拒绝的信息,使对方无法开口,从而打消提出要求的念头。

6.巧作肯定,善于补偿

先认同对方的意见或肯定对方的人格,或表示自己与对方有一致的主观愿望,再以无计可施的理由予以拒绝。先肯定后拒绝在情感上使对方更容易接受,让对方感受到你的诚意。越是不熟悉的人,越要注意这种补偿式的沟通,控制拒绝别人的次数。

(六)赞美他人的技巧

人都是喜欢被肯定的,都喜欢听赞美之词,懂得赞美别人的人往往受大家的欢迎。美国成功学家卡耐基认为,在人际交往中,用赞美的方式开始,就好像牙科医生在拔牙前使用麻醉剂一样,病人虽要受拔牙之苦,但麻醉剂却能消解这种痛苦。在赞美别人时,我们应该注意以下几方面。

1.情真意切,发自内心

只有发自内心的赞美,才能让对方感受到真诚,而不是随口敷衍、曲意承奉,用一种功利性手段去分享利益。

2.因人而异,突出个性

每个人都有与众不同的地方,都有自己的闪光点。我们要善于发现他人的优点,因人而赞。切忌套用格式化的赞美辞令,让人感觉言不由衷、谄媚虚伪。

3.翔实具体,可信度大

赞美不同于阿谀奉承,不是为了走过场,必须具有较强的针对性,才能让人信服,收到效果。赞美不被别人注意到的优点,往往更能表现对对方的尊重和关注。只有用心,才会发现那些不引人注意的优秀品质。这样的赞美,自然会更容易给对方留下良好的印象,为自己与他人的交往打下良好的基础。

4.合乎时宜,适可而止

赞美时要把握好度,千万不可过分夸大、一味吹捧,说一些让对方汗颜的话,这样只会收到适得其反的效果。

(七)交谈的注意事项

1.不接打电话

交谈过程中,如无急事,不应打电话或接电话。如果能当着对方将手机关机,那表示特别尊重对方或此次会谈特别重要。

2.注意态势语言

谈话时切忌左顾右盼、注意力不集中、摇头晃脑、手舞足蹈、不停地抖腿、转动手中的笔、两手紧握弄得关节嘎嘎作响等。谈话前忌吃洋葱、大蒜等有气味的食品。

3.注意语言礼貌

不要在公共场合旁若无人地高声谈笑或我行我素地高谈阔论,应顾及周围人的感受,切忌不分场合地说一些不合时宜的话。

4.注意话题的选择

初次与他人交谈时,首先要解决的问题便是尽快熟悉对方,消除陌生感,设法在短时间里,通过敏锐的观察初步了解对方。例如,对方的状态,对方说话时的声调及眼神等。避开谈论疾病、死亡、灾祸等话题,以免影响情绪和气氛。

5.不恶语伤人

不在背后说同事、领导、同行、朋友的坏话,不传播小道新闻或者不好的消息,切忌意气用事、发牢骚或指桑骂槐,否则很容易伤害人、得罪人。

6.注意双向沟通

交谈讲究的是双向沟通,不要只顾自己说,不给他人说话的机会。切忌谈论对方一无所知且毫不感兴趣的事情。交谈过程中如果总是挑剔别人的毛病,会使对方不悦,不利于进一步交谈。应该从积极的角度,正确理解对方的想法和心情。不论交谈的主题与自己是否有关、自己是否有兴趣,都应热情投入,积极应对。不要随意打断他人说话,即使要发表个人意见或进行补充,也要等对方把话讲完,或征得对方同意后再说。

7.不要拖太久时间

良好的交谈应该注意见好就收,适可而止。普通场合的谈话,最好在 30 分钟以内结束,最长不能超过 1 小时。

模拟实训

一、实训情境

张女士带儿子小乐到科技馆参观,发现科技馆的某项游戏设备对乘坐人的具体年龄和体重有明确规定,她认为儿子小乐只差 4 个月就达到规定标准,工作人员执意不让小乐乘坐是故意刁难,随后到相关部门投诉。

二、实训目标

通过角色扮演，让学生练习基本的沟通技巧。

三、实训准备

（1）物品准备：笔、纸。

（2）人员准备：将学生分为两组，一组扮演张女士和儿子小乐，另一组扮演处理投诉的工作人员。

四、实训组织

每组按照不同情境进行模拟实训，可以互换角色；完成一批操作后，师生及时点评并纠错。

五、实训步骤

实训步骤表如表 5-1 所示。

表 5-1   实训步骤表

序号	步骤		服务礼仪标准
1	职业形象检查	根据科技馆服务人员形象标准自检、互检	（1）着制服，佩戴胸卡，化淡妆。男士头发不可过长；女士头发梳理整齐，不得戴太夸张的发饰，头发不得遮盖眼睛或脸部。 （2）目光柔和、亲切，微笑自然
2	了解情况	倾听游客投诉，了解问题出现的原因，增强内部沟通	（1）了解游客投诉的原因。 （2）了解团队内部人员对于投诉的处理过程
3	处理技巧	分析游客的心理，耐心地针对游客的心理进行共情	（1）关注游客的情绪。 （2）引导游客分享感受和事情的经过，倾听并且接纳游客的情绪。 （3）肯定游客情绪起伏的过程。 （4）了解游客的诉求。 （5）给予解决方案，并储备一个其他的方案以便游客做出选择
4	安抚团队成员的情绪	对于投诉来说，并不是只有游客在投诉过程中有情绪起伏和语言障碍，团队成员也会有同样的问题	（1）理解团队成员的情绪变化，肯定团队成员对游客安全负责的态度。 （2）引导团队成员正确看待投诉，用积极的心态面对工作

六、实训评价

实训评价表如表 5-2 所示。

表 5-2　实训评价表

被评估人			评估地点		
评估项目	共情沟通技巧				
评估标准	评估内容	分值/分	小组评估	自我评估	综合得分
	仪容仪表	5			
	站立姿势	5			
	尊称姓名	5			
	语言优雅(语气、语速、语调)	10			
	反应迅速	10			
	了解情况	20			
	引导情绪	15			
	给出方案	15			
	致谢道别(感谢游客、期待光临)	5			
	稳定团队成员情绪	10			
	合计	100			

项目训练

简答题

1.语言礼仪的总原则和基本原则是什么?

2.旅游服务语言运用的基本要求是什么?

3.影响沟通的主要因素是什么?

4.如何三步完成共情的过程?

项目训练
参考答案
▼

项目六
礼行天下——主要客源国礼俗与禁忌

项目目标

知识目标

熟悉主要客源国的礼俗与禁忌。

能力目标

掌握服务不同客源国游客的能力。

思政目标

在掌握不同国家礼俗与禁忌的情况下,引导游客在思想上求同存异,宣传我国积极正面的形象,讲好中国故事,做好"民间外交官"。

知识框架

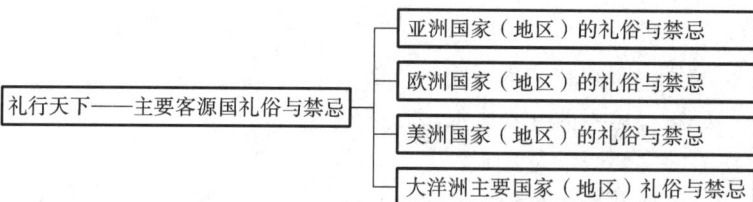

礼行天下——主要客源国礼俗与禁忌
- 亚洲国家(地区)的礼俗与禁忌
- 欧洲国家(地区)的礼俗与禁忌
- 美洲国家(地区)的礼俗与禁忌
- 大洋洲主要国家(地区)礼俗与禁忌

教学重点

主要客源国游客的特点和概况。

教学难点

针对不同国家的游客,尊重其差异,提高服务能力。

案例
导入

　　小王即将接待两位重要的日本客人,他们将要在酒店举办婚礼。小王按照当地的习俗,选择了一对非常精致的梳子作为他们的新婚礼物,表达她对新人白头到老的祝福,并且用典雅的墨绿色包装盒精心包装。但是,这对日本新人收到了礼物之后,却面露不快。小王耐心解释之后,才表达了感谢之意。

　　案例评析:随着我国与世界各国的交流越来越广泛,来我国旅游的外国友人越来越多,不同的客源国有不同的礼俗与禁忌。了解不同国家的礼俗与禁忌,对于我们做好接待工作有着非常重要的作用。

任务一　亚洲国家(地区)的礼俗与禁忌

　　亚洲全称"亚细亚洲",是世界最大的洲。亚洲有 40 多个国家和地区,人口超过 40 亿。亚洲是世界三大宗教——佛教、伊斯兰教、基督教的发源地。我国亚洲地区的主要客源国有日本、韩国、新加坡、泰国、印度、菲律宾、印度尼西亚等。历史上亚洲国家之间交往频繁,关系密切,文化交融,许多国家民族的文化风俗、礼节礼仪有相近之处。

(一)日本

1.概貌介绍

　　日本是"日本国"的简称,含义是"太阳升起的地方",即"日出之国"。日本位于亚洲东部,西隔东海、黄海,与中国、朝鲜、韩国、俄罗斯相望,东临太平洋。日本领土由本州、北海道、九州、四国 4 个大岛和许多小岛组成。日本全国总面积 37.78 万平方千米,人口近 1.3 亿,是世界上人口密度较大的国家之一,大和民族是日本主体民族。日本居民主要信奉神道教、佛教、基督教,少数信奉天主教。

　　日本的国语是日语,首都为东京,国花为樱花,货币名称为日元。中日两国历史上交往频繁,日本至今还保留着一些我国唐代的礼仪和风俗,目前是我国主要的贸易伙伴国和重要的旅游客源国。

2.礼貌礼节

　　在人际交往中,日本人以鞠躬为见面礼节。在行鞠躬礼时,他们不但讲究毕恭毕敬,而且在鞠躬时身体弯曲的程度、鞠躬时间的长短、鞠躬的次数等方面还有特别的讲究。通常情况下,15°是一般礼节,30°是普通礼节,45°是尊重礼节,初次见面和道歉要行90°鞠躬礼。在行鞠躬礼时,手中不能拿东西,头上不得戴帽子。有时候,日本人也会与他人行握手礼,在一般情况下,日本妇女,尤其是日本乡村妇女,与别人见面时只鞠躬不握手。不管采用哪种见面礼,日本人都讲究态度的谦恭。

　　日本人与他人初次见面时,通常要互换名片,否则会被理解为不愿与对方交往。因而,有人将日本人的见面礼节归纳为"鞠躬成自然,见面递名片"。在一般情况下,日本人外出时身上会带上好几种印有自己不同头衔的名片,以便在交换名片时可以因人而异。

日本人注重衣着,平时总是穿着大方,正式场合一般穿西服,有时也会穿国服——和服。日本人认为衣冠不整意味着没有修养、不尊重交往对象,所以与日本人会面时,一般不宜着装过于随便,特别是不要光脚、穿背心和短裤。日本商人在与对方接触洽谈之前,习惯先建立友好往来关系。日本商人往往通过头几次会晤来分析对方。他们早期和对方见面时,一般不谈工作,而只是自我介绍、彼此引荐、互换名片等,等喝过几道茶之后才会"言归正传",而此时他们已通过品茶来"品"对方了,如对方的地位、重要性、与团队成员的工作关系等,都是他们"品"的内容。日本人第一次洽谈时喜欢互赠礼物,客户可以在还礼时回赠本公司的特色产品。在接受日本商人的礼物时,一定要再三推辞之后才可收下,再次相遇时,一定要重提和夸赞他们送的礼物。

3.禁忌

日本人喜欢送人小礼物,但忌送梳子,因为"梳子"在日语中和"苦死"谐音;忌送陶瓷、玻璃等易碎品。馈赠时,礼品的数量可以是三件、五件或是七件,绝不要送四件。在包装礼品时,不要扎蝴蝶结。日本人对金色的猫以及狐狸和獾反感,认为它们是"晦气""贪婪"与"狡诈"的化身。日本人注重公德,尊老爱幼,能够自觉遵守公共场所的禁烟令,因此日本人不愿意别人给自己敬烟,即使是吸烟者,也不会给别人敬烟。在日本,邮票不能倒贴,因为这是绝交的表示。

(二)韩国

1.概貌介绍

韩国的全称是"大韩民国"。韩国是亚洲东部国家,位于朝鲜半岛南部,北连朝鲜民主主义人民共和国,西濒黄海,东临日本海,东南隔朝鲜海峡与日本相望。历史上受我国文化影响很大。韩国国旗为太极旗,长宽比例为 3∶2,白底,中央为红色和蓝色的太极图案,周围有四组八卦符号。白色代表土地,太极图和八卦由我国传入,象征宇宙永恒运动、均衡和协调,反映我国"易经"代表的东方哲理。韩国人受我国佛学、孔教(儒教)影响很深。

2.礼貌礼节

韩国人崇尚孔教,尊重长者。长者进屋时大家都要起立致敬。后辈或下级走路时遇到长辈或上级,应鞠躬、问候、站在一旁,让其先行,以示敬意。男子见面微鞠躬,互握右手或双手,告别时也鞠躬。韩国女性一般不与男性行握手礼,而是鞠躬示意或者点头示意,在公共场合,男士先行,各种会议上发言者致辞时都把"先生们"放在"女士们"之前。韩国人上门造访习惯带上小礼品,但不送外国烟,忌当面打开礼品。

一般情况下,韩国人在称呼他人时多使用尊称和敬语。与人初次打交道时韩国人讲究预先约定,遵守时间,并且十分重视名片的使用。韩国人,特别是年轻人,大部分都会讲英语,并且将此视为受过良好教育的标志之一。

韩国人非常看重自己留给交往对象的印象,为了维护自己的形象,他们对社交场合的穿衣打扮十分在意。除个别墨守成规的人之外,韩国人在交际应酬时通常都穿西装,着装讲究朴素整洁、庄重保守。韩国女性在正式场合的着装绝对不能过于前卫。在韩国，衣冠不整与着装过透、过露的人都会让人看不起。

3. 禁忌

韩国人喜欢单数，忌讳双数，忌用"4"（韩语音同"死"），韩国许多楼房的编号都不用"4"，军队、医院、餐馆也不用"4"编号；忌用一个手指指人；站立交谈时不能背手；女性笑时必须掩嘴。与韩国人交谈时，要避免议论有关社会政治等话题。

（三）泰国

1. 概貌介绍

泰国的全称是"泰王国"，是东南亚国家。泰国位于中南半岛中部，与缅甸、老挝、柬埔寨、马来西亚为邻，南濒泰国湾，西南临安达曼海。泰国的首都是曼谷，货币名称为泰铢，官方语言为泰语。在泰国英语比较普及。泰国盛产大象，尤以白象最为珍贵，泰国人敬之如神，故有"白象国"之称。泰国把佛教奉为国教，全国有 90% 以上的民众信仰佛教。

2. 礼貌礼节

因为信仰佛教的缘故，泰国人见面时不握手，他们使用最多的见面礼是带有浓厚佛门色彩的合十礼。行合十礼时，必须立正站好，低眉欠身，双手十指合拢，并且同时问候对方"您好"，通常合十的双手举得越高，越表示对对方的尊重。在交际场合，泰国人习惯以"小姐""先生"等国际上流行的称呼彼此相称，只是有一点较为特殊，就是他们在称呼交往对象的姓名时，为了表示友善和亲近，不习惯于称呼其姓，而习惯于称呼其名，如"光华先生""秀兰女士"等。

3. 禁忌

泰国人忌讳别人触摸其头部，认为头颅是神圣不可侵犯的。忌睡觉时头朝向西方，认为日落西方，象征死亡。泰国人绝不用红笔签名，因为当人死后是用红笔将其姓名写在棺木上的。当着泰国人的面，不要踩踏门槛，因为他们认为门槛下住着善神。泰国人认为右手清洁而左手不洁，严禁用左手与别人相握，并忌讳用左手传递东西。买佛饰时，严禁用"购买"之类的词语，而必须用"尊请"等词语。

（四）印度

1. 概貌介绍

印度的全称是"印度共和国"，是一个文明古国。印度是南亚次大陆最大的国家，东北部同中国、尼泊尔、不丹接壤，孟加拉国夹在东北国土之间，东部与缅甸为邻，东南部与斯里兰卡隔海相望，西北部与巴基斯坦交界。东临孟加拉湾，西濒阿拉伯海。世界各大宗教在印度都有信徒，其中印度教教徒和穆斯林分别占总人口的 80.5% 和 13.4%。印地语为印度的国语，英语为官方语言和商业用语。印度首都为新德里。

2. 礼貌礼节

印度是一个东西方文化共存的国度，比较重视礼节。有的印度人见到外国人时，能用标准的英语问候，有的则用传统的佛教手势——双手合十。印度教徒见面和告别多施双手合十礼，并互相问好祝安。在印度，迎送贵宾时，主人献上花环，套在宾客的脖子上。城市中男女见面多行握手礼,表示亲热时还要拥抱。在大多数地方,男性相见或分别时,握手较普遍。印度男性不与女性握手,通常双手合十,轻轻鞠躬。印度男性在公共场合不能随便和女性单独说话,印度女性很少在公共场所露面。印度妇女喜欢在前额中间点上吉祥痣。吉祥痣是喜庆、吉祥的象征,颜色不同,形状各异,在不同情况下表示不同的含义。

去印度家庭做客,要带些礼物,否则会被认为失礼。礼物一般是甜食或水果。赠送礼物或接收礼物时,要用双手或者用右手。

3. 禁忌

印度人认为吹口哨是冒犯人的举动,是没有教养的表现,在酒店、商店等服务性场所,客人若用吹口哨的方式来招呼侍者,会被视为冒犯。头是印度人身体上最神圣的部分,千万不要拍印度孩子的头部,印度人认为这样会伤害孩子。即使在朋友家里,也不要赞扬孩子,许多印度人认为这种赞扬会引起恶人的注意。印度人禁止穿戴皮革制品,特别是在圣地。

任务二 欧洲国家(地区)的礼俗与禁忌

欧洲国家众多,人口密集,民族较多,语言习惯各不相同。欧洲大部分国家工业发达,人民生活水平高,吸引了世界各地的游客去欧洲观光游览。同时,每年大量的欧洲游客也涌向世界各地,欧洲是世界上最大的旅游客源地。对我国来说,欧洲的主要客源国有英国、法国、德国、俄罗斯、意大利等。

(一)英国

1. 概貌介绍

英国的全称为"大不列颠及北爱尔兰联合王国"。英国为岛国,位于欧洲西部,由大不列颠岛(包括英格兰、苏格兰、威尔士)、爱尔兰岛东北部和一些小岛组成。隔北海、多佛尔海峡、英吉利海峡与欧洲大陆相望。英国领土面积 24.41 万平方千米,人口 6708.1万(2020 年)。英国的官方语言为英语,威尔士北部还使用威尔士语,苏格兰西北高地及北爱尔兰部分地区仍使用盖尔语。英国居民多信奉基督教新教(占总人口的 51%),少部分人信奉天主教。英国首都为伦敦,英语为国语,货币名称为英镑。

2. 礼貌礼节

英国人十分注重礼貌礼节。初次相见时,一般都要握手,而平时会面时则很少握手,只是彼此寒暄几句,或对变化无常的天气略加评论,或者举一下帽子致意。与人握手时,无论男女,无论天气多冷,都应先把手套摘掉,摘得越快,越能体现对对方的尊重。英国男士特别注重绅士风度,认为这种风度是他们的骄傲。尊重女性、女士优先是社交场合必须遵守的原则,也是他们绅士风度的主要表现。英国人交谈时不喜欢距离过近,一般保持 50 厘米以上为宜。在众人面前不要相互耳语,这会被认为是失礼之举。在社交场合,英国人很注重服饰打扮,什么场合穿什么衣服都有讲究。

英国人对于安排的时间讲究准确,而且照章办事,往往不愿看到突然变化。因此,在旅游活动中应尽量避免突然变更既定活动日程。

3.禁忌

英国人忌送白色百合花,认为白色百合花意味着死亡。英国人也不喜欢将自己的事情随便告诉别人,也无意打探他人的事情。绝大多数英国人忌讳数字"13",认为这个数字不吉利。他们忌谈个人私事、家事、收入、职业、年龄等,也不要问他们属于哪个党派。英国人吃饭时忌刀叉与酒杯相碰,认为如果碰响后不及时终止,将会带来不幸。英国人忌以大象和孔雀作为图案,认为大象是蠢笨的象征,孔雀是祸鸟,孔雀开屏也被认为是自我炫耀的表现。

知识活页

英语国家中的称呼

在英语国家中,称呼可分为三种情况。

一是教会中的称呼,对年龄较长或地位较高者称 Sir(先生)或 Madam(夫人),不带姓,这是很正式并带有敬意的称呼,一般情况下称 Mr、Mrs、Ms 和 Miss 加对方的姓,即称男子为某某先生,女子为某某太太或小姐,这也是较正式的称呼。

二是较随便的称呼,熟人之间往往直呼其名,如约翰、玛丽等,不必称先生、小姐,在青少年当中往往初次接触就会主动把自己的名字告诉对方,让人家以名字称呼,这样显得亲近些。

三是更亲密的称呼,即爱称或昵称,父母对子女、兄弟姐妹之间以及同学挚友之间,往往把对方名字的词尾改变,以表爱意,如 James 变为 Jimmy,Thomas 变为 Tom 等。相对而言,美国人之间的称呼更随意,英国人之间更严肃,昵称在美国比英国更流行。

TOURISM

(二)法国

1.概貌介绍

法国的全称是"法兰西共和国"。法国位于欧洲西部,本土呈六边形,三边临水,与比利时、卢森堡、德国、瑞士、意大利、摩纳哥、西班牙、安道尔接壤,西北隔英吉利海峡与英国相望。法国总面积为 55 万平方千米(不含海外领地)。人口为 6563 万(2022 年 1 月,不含海外领地)。法国国旗为蓝白红三色旗,国歌为《马赛曲》,首都为巴黎,国语是法语。

2.礼貌礼节

法国人重视衣着服饰,认为服饰是个人身份的象征。法国人讲究服装的质地、款式及色彩,男性通常穿全套黑色、灰色或蓝色西装,女性以连衣裙、套裙为主,法国素有"时装王国"之称,巴黎更有"时装之都"的美誉。

法国人谈吐文雅、热情幽默,在与人交谈时,他们喜欢相互站得近一些,认为这样显得亲切,谈话过程中他们经常辅以手势,但有的手势和我们的习惯不同。法国男士戴礼帽时,还可施脱帽礼。法国人在社交场合与宾客见面时,大都采用握手的礼仪,一般是女士向男士先伸手,年长者向年少者先伸手,上级向下级先伸手。

3.禁忌

法国人极其注重个人隐私,交谈时忌谈及个人问题。法国人忌黄色的花(如菊花),因为他们把黄色的花看作是不忠诚的表示,菊花通常用于放在墓前吊唁死者。法国人忌仙鹤图案,认为仙鹤是"蠢汉"的代称。忌男士送香水和化妆品给女士,因为这有过分亲热和图谋不轨之嫌。

(三)德国

1.概貌介绍

德国的全称为"德意志联邦共和国"。德国位于欧洲中部,东邻波兰、捷克,南毗奥地利、瑞士,西接荷兰、比利时、卢森堡、法国,北接丹麦,濒临北海和波罗的海。德国领土面积为35.8万平方千米,人口为8387万(2022年),绝大多数是德意志人。居民以信奉基督教和天主教为主。德国国歌为《德意志之歌》,国花为矢车菊,首都为柏林,国语为德语,货币为欧元。

2.礼貌礼节

德国人喜欢清洁,纪律性强。在礼节上讲究形式,约会时注重准时。请德国人进餐,事前必须安排好。德国人在宴会上和用餐时,注重以右为尊的传统和女士优先的原则,女士离开和返回座位时,男士要站起来以示礼貌。接电话时要首先告诉对方自己的姓名。

3.禁忌

德国人不喜欢别人直呼其名,如果有头衔,称呼时要使用其头衔。德国人忌讳在公共场合窃窃私语,不喜欢他人过问自己私事。

(四)俄罗斯

1.概貌介绍

俄罗斯的全称是"俄罗斯联邦"。俄罗斯位于亚欧大陆北部,总人口约为1.45亿(2022年9月),民族有194个,其中俄罗斯族占77.7%。俄罗斯的主要宗教是东正教,其次为伊斯兰教。俄罗斯首都是莫斯科,官方语言为俄语,货币为卢布,国歌为《俄罗斯,我们神圣的祖国》。1991年,苏联解体,俄罗斯联邦成为完全独立的国家,并成为苏联的唯一继承国。

2.礼貌礼节

俄罗斯人性格豪放、开朗,喜欢谈笑,组织纪律性强,习惯统一行动,与人相约讲究准时。俄罗斯人认为给客人吃面包和盐是他们最尊贵的表示,与人相见,开口先问好,再握手致意,朋友间行拥抱礼并亲吻面颊。俄罗斯人尊重女性,在社交场合,男性帮女性开门、脱大衣,餐桌上为女性分菜等。俄罗斯人爱清洁,不随便在公共场合扔东西。他们重视文化教育,喜欢艺术品和艺术欣赏。俄罗斯人喜欢洗蒸汽浴。

3.禁忌

与俄罗斯人交谈,不要询问其薪水、年龄、婚姻等个人问题,也应回避政治、经济、民族、宗教、独联体国家等话题。在任何情况下都不可当面问女士的年龄。俄罗斯人忌讳"13",认为"13"是凶险和死亡的象征。俄罗斯人忌讳黑色,认为黑色表示死亡和不祥。他们喜欢马的图案,讨厌兔子和黑猫。不要送俄罗斯人菊花、杜鹃花、石竹花和黄色的花。他们有"左主凶,右主吉"的传统观念,所以忌用左手递物、进食、握手、抽签等。

(五)意大利

1. 概貌介绍

意大利的全称是"意大利共和国",位于欧洲南部,包括亚平宁半岛及西西里、撒丁等岛屿。北以阿尔卑斯山为屏障与法国、瑞士、奥地利、斯洛文尼亚接壤,东、南、西三面分别临地中海的属海亚得里亚海、爱奥尼亚海和第勒尼安海。意大利人口为5898万(2022年1月),主要是意大利人,约占全国居民的94%,其他为法兰西人、拉丁人等,意大利人大多信奉天主教。意大利首都为罗马,官方语言为意大利语,货币名称为欧元,国歌为《马梅利之歌》,国花为雏菊。意大利是世界著名的"欧洲花园""航海之国"。

2. 礼貌礼节

意大利人热情、豪爽,同事见面常行握手礼,熟人、友人见面还行拥抱礼,男女见面通常行贴面礼。他们谈话时习惯保持40厘米左右的礼节性距离。对长者、有地位和不太熟悉的人,需称呼其姓,并冠以"先生""太太""小姐"或其头衔。意大利人对着装非常讲究,他们普遍认为,每个人的衣着既体现了其修养、见识,又反映了他的处世的态度。

3. 禁忌

意大利人普遍忌讳菊花,因为他们视菊花为墓地之花。意大利人不喜欢谈论美式橄榄球和政治。意大利人忌讳数字"13",赠送纪念品时,切忌送手帕,他们认为手帕是亲人离别时擦眼泪用的。

任务三 美洲国家(地区)的礼俗与禁忌

美洲分为北美洲和南美洲。北美洲总面积为2422.8万平方千米,总人口超过5亿;南美洲总面积为1784万平方千米,总人口约为3.8亿。美洲地区的美国、加拿大、墨西哥、阿根廷、智利、巴西等国居民大多数信仰基督教。

(一)美国

1. 概貌介绍

美国的全称是"美利坚合众国"。美国位于北美洲中部,领土包括北美洲西北部的阿拉斯加和太平洋中部的夏威夷群岛。北与加拿大接壤,南靠墨西哥湾,西临太平洋,东濒大西洋。美国国土总面积为937万平方千米,人口约为3.33亿(2021年8月)。美国是一个多民族的移民国家,美国2020年人口普查数据显示,非拉美裔白人占57.8%,拉美裔占18.7%,非洲裔占12.4%,亚裔占6%,印第安人和阿拉斯加原住民占1.1%,夏威夷原住民或其他太平洋岛民占0.2%(以上比例存在重叠)。人口中约

46.5％信仰基督教,20.8％信仰天主教。美国的首都为华盛顿,官方语言为英语,货币名称为美元,国花为玫瑰花,国歌为《星条旗》。

2.礼貌礼节

美国人以热情豪放、不拘小节著称,美国人常直呼对方的名字。一般情况下,与别人见面时往往以点头、微笑为礼,在不是特别正式的场合,美国人甚至连国际上最通行的握手礼也略去不用,分别时只是挥挥手,或者说声"明天见""再见"。

美国人在收到礼物、应邀参加宴会和得到朋友帮助时,都要写信致谢。美国人与人交往时,时间观念强,很少迟到。他们一般不把互赠名片视为礼节,只为便于日后联系时才送。美国人崇尚自然,偏爱宽松衣物,讲究着装个性是美国人穿着打扮的基本特征。他们非常注意服装的整洁,也十分重视着装细节。在美国人看来,在公共场所浓妆艳抹或在大庭广众之下当众化妆补妆,都是缺乏教养的表现。另外,在室内依旧戴着墨镜不摘的人,往往会被美国人视为"见不得阳光的人"。

3.禁忌

美国人对"13"这个数字很忌讳,也忌讳"星期五"。美国人讨厌蝙蝠,认为它是凶神恶煞的象征,因此忌用带有蝙蝠图案的商品和包装。去美国人家中做客一般不必送厚礼,带些小礼物即可。一般情况下,男性不要给女性送香水、化妆品或衣物。美国人忌讳穿着睡衣出门或会客,他们认为穿睡衣会客是一种没有礼貌的行为。跟美国人相处时忌用以下体态语:盯视他人,冲别人伸舌头,用食指指点他人,将食指横在喉咙之前。此外,与美国人相处时,保持适当的距离也是必要的,谈话时切勿距离对方太近。美国人认为,个人空间不容侵犯,不小心碰到别人时要及时道歉,坐在他人身边要征得对方许可。

(二)巴西

1.概貌介绍

巴西的全称是"巴西联邦共和国"。巴西位于南美洲东部,北邻法属圭亚那、苏里南、圭亚那、委内瑞拉和哥伦比亚,西邻秘鲁、玻利维亚,南接巴拉圭、阿根廷和乌拉圭,东濒大西洋。巴西是整个南美洲面积最大的国家,领土面积为851.49万平方千米,总人口约为2.15亿(2022年10月),白种人占53.74％,黑白混血种人占38.45％,黑种人占6.21％,黄种人和印第安人等占1.6％。64.6％的居民信奉天主教,22.2%的居民信奉基督教福音教派。巴西首都为巴西利亚,国花为毛蟹爪兰。官方语言是葡萄牙语,货币名称为雷亚尔。巴西素有"足球王国""咖啡王国"等美称。

2.礼貌礼节

巴西人善良好客,热情朴实。在社交场合,巴西人常用的礼节是微笑和施握手礼。他们还常以拳礼相互问候致敬,行拳礼时,先握紧拳头,然后向上伸出拇指。另外,在巴西还有个奇特的习俗,就是邀请客人洗澡,这是对客人最尊敬的礼节,遇到极其好客的主人,一天之中会邀请客人洗上好几次甚至十几次澡,洗澡次数越多,洗的时间越长,表示对客人越客气、越尊重。

巴西人在接受别人赠礼时,总是当面打开礼品包装,致谢后再把礼品收好。在正式场合,巴西人的穿着打扮十分考究,他们不仅讲究穿戴整齐,而且主张在不同的场合,着装也应有所不同。巴西女性的着装较为时髦,她们爱佩戴首饰,爱穿色彩鲜艳的时装。

3. 禁忌

巴西人忌棕黄色,认为人之死亡如同黄叶落下。忌绛紫色花,因为在巴西,绛紫色花主要用于葬礼。巴西人忌送手帕,他们认为送手帕会引起吵架和不愉快。另外,用拇指和食指围成的"OK"手势也不要使用,因为这在巴西人眼里是一种极不文明的表示。

任务四　大洋洲主要国家(地区)礼俗与禁忌

大洋洲陆地总面积约 897 万平方千米,约占世界陆地总面积的 6%,是世界上面积最小的一个大洲。大洋洲居民约占世界总人口的 0.5%,除南极洲外,是世界上人口最少的一个洲。

下面以澳大利亚为例进行简要介绍。

1. 概貌介绍

澳大利亚的正式名称是"澳大利亚联邦"。澳大利亚位于南太平洋和印度洋之间,由澳大利亚大陆、塔斯马尼亚岛等岛屿和海外领土组成。东濒太平洋的珊瑚海和塔斯曼海,北、西、南三面临印度洋及其边缘海。澳大利亚总面积为 769.2 万平方千米,人口为 2617 万(2022 年 10 月),74% 为英国裔及爱尔兰裔,亚裔占 5%,土著人占 2.7%,其他民族占 18.3%。澳大利亚约 63.9% 的居民信仰基督教,5.9% 的居民信仰佛教、伊斯兰教、印度教等其他宗教。澳大利亚首都为堪培拉,官方语言为英语,国花为金合欢,货币名称为澳元。

2. 礼貌礼节

澳大利亚是英联邦成员之一,所以在待人接物方面英国味十足。近年来,美国的社交礼仪已经渗入澳大利亚,特别被澳大利亚青年一代所接受。"亦英亦美,以英为主"是澳大利亚人在人际交往中呈现出的一个基本特点。同时,澳大利亚人也在一定程度上保留了许多土著居民的传统礼仪和习俗,因此,兼收并蓄、多姿多彩是澳大利亚社交礼仪的又一个基本特点。

澳大利亚地广人稀,澳大利亚人普遍乐于同他人进行交往,并且表现得质朴、开朗、热情,在公共场合,他们喜欢和陌生人打招呼、聊天。在穿着方面,澳大利亚人除了在极为正式的场合穿西装、套裙外,平时一般穿 T 恤衫、衬衫、牛仔服等。由于阳光强烈,所以他们出门时喜欢戴一顶棒球帽。

3. 禁忌

信奉基督教的澳大利亚人忌讳数字"13"。与澳大利亚人交流时应避免谈论宗教及个人问题等话题。在社交场合,忌讳打哈欠、伸懒腰等小动作。澳大利亚人对兔子特别忌讳,认为兔子是一种不吉利的动物,人们看到它都会倒霉,出口澳大利亚的商品应避免使用诸如兔子等不受当地人喜欢的动物图案。

项目训练
参考答案

项目
训练

简答题

1. 俄罗斯有哪些基本的礼貌礼节？
2. 美国有哪些礼仪禁忌？

实践篇

项目七
前厅服务礼仪

项目目标

知识目标

了解前厅服务的重要性和特点；

了解前厅部不同岗位的主要工作内容。

能力目标

掌握前厅部各岗位服务礼仪规范要求；

能够在前厅服务中展示良好的礼仪形象。

思政目标

正确认识人与人之间的差异，懂得尊重他人、包容他人；

熟悉涉外知识，能够做到不卑不亢、以礼待人。

知识框架

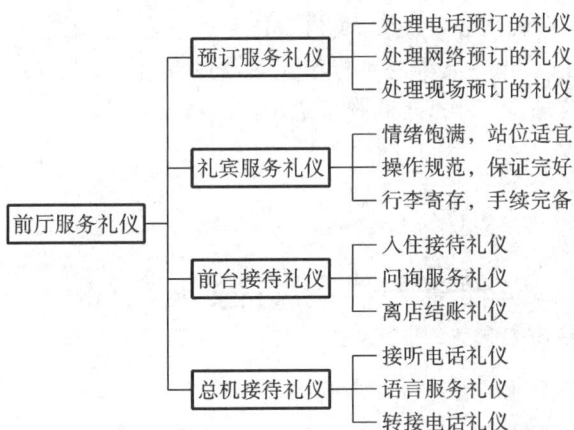

前厅服务礼仪
- 预订服务礼仪
  - 处理电话预订的礼仪
  - 处理网络预订的礼仪
  - 处理现场预订的礼仪
- 礼宾服务礼仪
  - 情绪饱满，站位适宜
  - 操作规范，保证完好
  - 行李寄存，手续完备
- 前台接待礼仪
  - 入住接待礼仪
  - 问询服务礼仪
  - 离店结账礼仪
- 总机接待礼仪
  - 接听电话礼仪
  - 语言服务礼仪
  - 转接电话礼仪

教学重点

前厅各岗位的服务技巧和礼仪规范；

在前厅服务中展示良好的礼仪形象。

教学难点

结合岗位工作需要,不断积累经验,提高前厅服务礼仪水平。

案例导入

某天晚上入住高峰期,酒店前台小陈正在接待一批又一批的客人。高峰期的忙碌让小陈的脸上渐渐失去了笑容,一些服务用语也逐渐省略,只为赶紧办理好客人的入住登记手续。这时一位满脸疲惫的客人说道:"小兄弟,能不能快点,怎么还没到我?太累了,能不能让我赶紧上去休息,明天还要早起呢。"小陈听后头也不抬地回答:"很快很快,马上到你了。"那位客人看到小陈头都不抬地回自己的话,脸色瞬间有点不好看,恼怒道:"你们怎么效率这么低,都办多久了还没好。"看到这一幕,急忙过来,客人已经有点不高兴了,大堂副理连忙上前询问客人:"先生,您好,请问有什么可以帮到您的吗?"客人回复说:"你们酒店办理入住也太慢了吧,我这都等多久了还没到我。"大堂副理一听,微笑地向客人解释:"先生,不好意思,让您久等了,因为现在入住客人较多,前台正在抓紧办理,应该马上到您了,我看您风尘仆仆的,是刚下车就直接过来酒店吧,不知道您是从哪来的,出差还是旅游呢?我们酒店正好在市中心,交通方便,配备齐全。需不需要我给您拿些资料让您到房间后有空时参考一下?"接着大堂副理与客人攀谈起来,前台很快办理好了客人的入住手续,随即大堂副理将客人引领至电梯,一路上严格遵循服务礼仪,用规范的服务用语与客人交流,至此这位客人才露出笑容,说:"你的服务很不错,让我感觉到了你们酒店的服务热情,如果每个服务员都像你这样就好了。"

案例评析:这个案例告诉我们,我们在日常工作中,特别是在忙碌时,不能忘记服务礼仪、服务用语,在提高效率的同时也要兼顾服务质量,案例中的小陈就是忽略了服务用语及服务礼仪的应用,才导致了客人的不愉快。

任务一　预订服务礼仪

现代通信技术的进步,改变了传统的酒店预订方式。在原来电话预订、信函预订、传真预订、现场口头预订的基础上,网络预订成为一种非常普遍且重要的预订方式。每一种预订方式都各有特点,服务员要及时处理,及时回复。

酒店前台预订是否成功决定着酒店的营业收入,酒店前台预订人员的礼仪规范、接待水准将直接影响客人对酒店的评价。良好的精神风貌、礼貌热情的服务、恰当的推销技巧、有针对性的服务,能使酒店与客人双赢。前台预订人员不仅要准确掌握客人预订信息并销售客房(不论是接受预订还是取消预订,不论是超额预订还是更改预订),还需要遵守前台服务礼仪规范。

一、处理电话预订的礼仪

处理电话预订应把握以下几个要点。

1. 准备充分，信息全面

服务人员应对酒店的产品和服务项目非常熟悉，尤其是近期酒店正在开展的一些营销推广活动，当客人咨询时，能够准确地做出回答。

2. 主动热情，态度友善

客人通过电话沟通能够感受到服务人员的工作状态和意愿，判断酒店的服务水准。因此，服务人员要在处理电话预订时保持良好的服务态度，对客人礼貌、真诚、热情。

3. 及时接听，称谓正确

服务人员应在电话铃响的 10 秒之内接听电话，主动问候客人，并报出酒店名称。如果没能及时接听电话，接通后应向客人表示歉意。

4. 仔细倾听，高效回复

在接听过程中，服务人员应认真仔细地倾听客人的预订要求，并对重点内容进行记录，对于没有听清或不太明确的地方，要及时进行确认，然后针对客人的要求做出及时、准确、高效的回复。在此过程中，尽量不要打断客人或插话。

5. 真诚致谢，结束通话

在与客人确认预订内容后，服务人员应学会及时巧妙地结束预订，这样可以提高工作效率，为更多的客人服务。当然，在此之前应向客人表示真诚的感谢，期望客人早日抵店，并征询客人是否还有其他的服务要求，待客人挂断电话后自己再挂断电话。不能因为在交流过程中有一些不愉快或其他因素，先于客人或态度粗暴地挂断电话。

二、处理网络预订的礼仪

处理网络预订应把握以下几个要点。

1. 及时掌握预订信息

服务人员应不断关注客人在线预订的信息情况，仔细阅读客人的要求，比如客人要求的客房类型、数量、抵离店时间及其他服务要求。

2. 查看房态、了解能否满足客人需求

对于暂时无法满足的预订，可将客人放在等候名单。

3. 仔细核对、发送订单信息

每位在线预订的客人都希望在第一时间得到准确的订房回复。因此，网络预订人员要充分理解客人的心理，认真及时地对客人预订做出准确回复。

4. 不断更新房态

酒店的房态随着预订和入住的变化而同步改变，为保证客人能够得到及时和准确的信息，应加强房态控制，让客人了解最新的酒店客房产品供应状态。

三、处理现场预订的礼仪

处理现场预订应把握以下几个要点。

1.礼貌问候,热情接待

服务人员应根据酒店要求规范着装,展现良好的礼仪风范,主动热情地接待客人。在对客服务的高峰期或非常疲劳的时候也应注意服务礼仪。

2.认真倾听,适时记录

面对面的服务更能体现服务人员的职业能力和素质,客人更能够直接体验和评价酒店的服务水平。服务人员应认真倾听客人的预订需求,并对重点内容进行快速记录,以防遗漏和出错。

3.快速反应,满足需求

服务人员应非常熟悉酒店产品及供求状况,能够根据客人的要求快速核对,做出能否满足客人需求的回应。

4.核对预订,礼貌道别

为避免工作失误,要耐心、认真地与客人进行预订信息的核对,确认后,向客人表示感谢并期盼客人早日入住,关注客人是否还有其他消费需求,最后礼貌地向客人道别。

模拟实训

一、实训情境

情境1:金陵酒店前厅部的预订员小王接到一位美国客人从上海打来的长途电话,想预订两间每天收费在120美元左右的标准双人客房,三天以后抵店入住。

情境2:小王翻阅了订房记录表,拿着电话对客人说:"由于三天以后酒店要接待一个大型国际会议的多名代表,标准间客房已经全部订满了。"小王讲到这里并未就此把电话挂断,而是继续用关心的口吻与客人对话。

情境3:4月30日下午,前厅接待员小周处理酒店某协议单位老总王先生的订房,王先生要求5月1日和5月2日入住两晚,入住人是王先生的朋友李总。小周查询订房情况,发现5月2日酒店有一个大型接待,所有房间都满了。

二、实训目标

(1)掌握处理电话预订的礼仪。

(2)掌握处理网络预订的礼仪。

(3)掌握处理现场预订的礼仪。

三、实训准备

(1)物品准备:电话、前台预订系统、营业表格、笔、纸等。

(2)场地准备:酒店前台或柜台式实操台。

(3)人员准备:人员分为两组,一组扮演客人,另一组扮演预订员。

四、实训组织

每组按照不同情境进行模拟实训,可以互换角色;完成一批操作后,师生及时点评并纠错。

五、实训步骤

实训步骤表如表7-1所示。

表 7-1　实训步骤表

序号	步骤	服务礼仪标准
1	职业形象准备	根据酒店前厅服务人员形象标准自检、互检： (1)着酒店制服，佩戴胸卡，化淡妆。男士头发不可过长，女士头发梳理整齐，不得戴太夸张的发饰，头发不得遮盖眼睛或脸部； (2)目光柔和亲切，微笑自然； (3)站姿端正，坐姿优雅
2	预订前的准备	整理资料，明确客人性质，准备好电脑预订界面和各类登记表： (1)住店客人类型有团体预订、散客预订等，进行预先登记工作； (2)团队客人可以排房，定价
3	报价技巧	(1)分析客人心理，耐心地有针对性地介绍，消除客人的疑虑，运用销售技巧帮客人做出选择； (2)报价时既要注意自己的语气； (3)注意聆听，真正把握客人需求
4	接受预订	将预订要求与预订到达当天的客房情况进行对照，决定是否接受客人的预订： (1)如果接受预订，服务人员随后就要确认预订； (2)如果拒绝预订，要用友好、遗憾和理解的态度对待客人
5	拒绝技巧	巧妙处理无法满足的预订： (1)称呼客人的姓名，然后讲述由于房间订满而无法安排，争取客人的理解； (2)建议客人更改，如房间的种类、日期、房数等，即使不能满足客人当初的预订要求，最终也要使客人满意
6	修改预订	(1)填写更改表，并将有关预订信息做相应的改动； (2)修改预订时要注意服务态度，要尊称客人姓名，要表现足够的耐心
7	取消预订	(1)取消预订服务时，应立即向客人致歉，并马上予以处理； (2)一定要仔细核对包括抵店或离店日期，或客人的姓名拼写，注意细节。给客人更多的关照，以此来安抚客人
8	信函、传真、网络预订	(1)回复要及时； (2)措辞要适宜； (3)内容要准确； (4)核对要仔细； (5)房态要更新
9	电话预订	正确处理电话预定： (1)准备充分，信息全面； (2)主动热情，态度友善； (3)及时接听，称谓正确； (4)仔细倾听，高效回复； (5)真诚致谢，结束通话

六、实训评价

实训评价表如表 7-2 所示。

表 7-2　实训评价表

被评估人			评估地点		
评估项目	预订服务礼仪				
评估标准	评估内容	分值/分	小组评估	自我评估	综合得分
	仪容仪表	5			
	站立姿势	5			
	尊称姓名	5			
	物品呈递	5			
	语言适宜(语气、语速、语调)	10			
	服务迅速	10			
	仔细核对	10			
	征求意见(主动、热情、真诚)	10			
	电话预订	10			
	网络预订	10			
	现场预订	10			
	致谢,道别(感谢客人、期待光临)	10			
	合计	100			

实训拓展
答案
▼

实训拓展

　　赵先生打电话到某市五星级酒店前厅,预定下周一的豪华套房一间,他准备带妻子和 6 岁的儿子到该城市进行 3 天的休闲游。假如你是该酒店前厅的预订员,请问你如何处理此预订?

任务二　礼宾服务礼仪

　　礼宾服务礼仪,是指酒店礼宾员在迎送服务过程中应该遵守的礼仪规范。具体体现为酒店礼宾员的仪容、仪表、仪态、服饰、语言、岗位操作等方面的礼仪规范要求。良好的迎送服务礼仪,既是礼宾员自身良好素质的体现,也代表着酒店的形象。酒店要想给客人创造"家外之家"的温馨感觉,往往是从良好的迎送服务开始。

　　礼宾员都经过了礼仪及工作规范的培训,以期望带给客人对酒店的良好的"第一印象"。在为客人提供行李服务时,应注意以下礼仪事项。

一、情绪饱满，站位适宜

礼宾员的工作情绪和状态对酒店前厅的氛围营造非常重要，积极的状态能够感染客人，使客人感受到欢迎和尊重。因此，礼宾员在岗时一定要调整好自己的精神状态，表现积极、主动、热情的一面，同时根据客人到达时的具体情况选择合适的站位，方便上前提供行李服务。

礼宾服务礼仪之站位如图7-1所示。

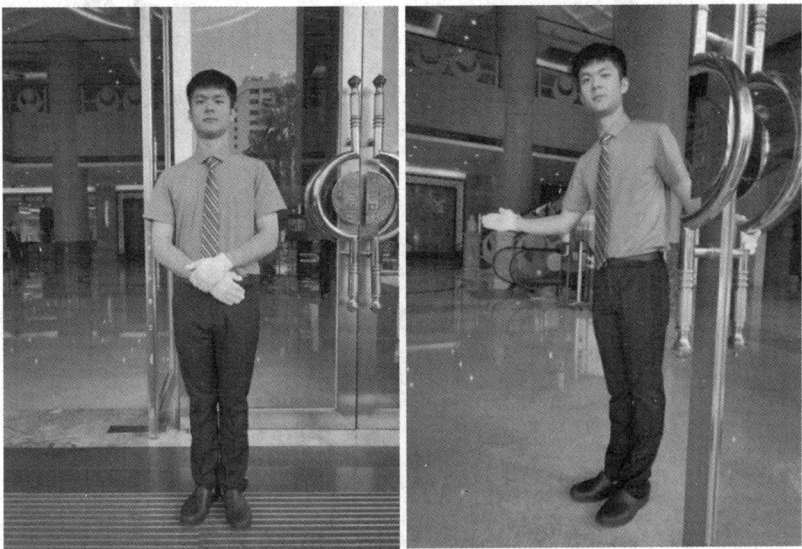

图7-1　礼宾服务礼仪之站位

二、操作规范，保证完好

行李服务首先要尊重客人的意愿，热情有度，重点关注客人需要帮助运送的大件或多件行李，对于客人随身携带的手提包等小件物品应根据客人的需要而定。当客人在前台办理入住手续时，礼宾员应站在离客人1米左右的距离，看候行李，等待客人办完手续后及时引领客人进入房间。在乘坐电梯到达楼层和房间的过程中，礼宾员应按照电梯礼仪的规定照顾好客人，视情况与客人进行适度的交流，礼貌回答客人所提出的各类问题。

迎宾及取行李如图7-2所示。

当到达客人房间门口时，礼宾员应示意客人稍候，通过酒店客房的开门程序为客人打开房门。礼宾员先进入房间检查客房内部情况，如果一切正常再请客人进入房间。若客人对酒店的房间非常熟悉或有其他原因不需要礼宾员检查时，礼宾员应遵照客人的意愿礼貌地请客人先行进入，将行李放置在指定位置，与客人确认行李的件数后，礼貌地与客人道别。礼宾员退出房间时应面向客人，关门的动作要轻。

为客人运送行李如图7-3所示。

Note

图 7-2　迎宾及取行李

图 7-3　为客人运送行李

　　当客人离店时,礼宾员应根据客人需要和酒店安排事先抵达指定地点为客人提供行李服务。摆放行李时要注意保持行李的完好性,特别要注意轻拿轻放,合理有序地安全摆放行李。在酒店的行李服务工作中,经常会有因为礼宾员工作失误而造成客人行李破损引发的投诉事件,规范标准化的礼仪服务可以最大限度地避免此类事件的发生。

三、行李寄存,手续完备

　　当客人提出需要寄存行李时,礼宾员应礼貌地核实客人的身份,主动向客人申明酒店有关行李寄存的规定,询问并检查客人所要寄存的物品是否符合酒店的规定,并请客人按要求填写行李寄存单。礼宾员递送行李寄存单时要用双手,单据的字头朝向正确,方便客人阅读和填写。当客人前来领取寄存的行李时,也应核实客人的身份,确认所需提取的行李件数,礼貌地用双手交给客人,同时收回行李寄存的单据。

模拟实训

一、实训情境

情境1:三辆车先后到达酒店大门,假如你是在岗的礼宾员,请问你该怎么做?

情境2:一辆汽车至某酒店大门,后排右侧下来了一位信仰伊斯兰教的客人。礼宾员在将车辆引导到车位停稳后,如何及时做好协助客人下车的服务?

情境3:李先生带着妻子和两个孩子来某城市自驾旅游。此时他刚刚办理好离店手续准备去停车场,妻子带着两个孩子和行李在大堂等待。请问作为礼宾员,你该如何做?

二、实训目标

(1)掌握引导车辆礼仪。

(2)掌握迎客下车礼仪。

(3)掌握行李服务礼仪。

三、实训准备

(1)物品准备:桌子、柜台、行李车、雨伞等前台工作用具。

(2)场地准备:酒店大堂或者是配有镜子的空旷实操室。

(3)人员准备:人员分为两组,一组扮演客人,另一组扮演礼宾员。

四、实训组织

每组按照不同情境进行模拟实训,可以互换角色;完成一批操作后,师生及时点评并纠错。

五、实训步骤

实训步骤表如表7-3所示。

表7-3　实训步骤表

序号	步骤	服务礼仪标准
1	仪容仪表自检及互检	根据酒店礼宾员的形象标准自检、互检: (1)着装要整齐,站立要挺直,不可叉腰、弯腰、靠物; (2)走路要自然稳重、雄健、仪表堂堂、目光炯炯
2	车辆到店时	(1)恭迎。载客车辆到店,负责外车道的礼宾员应该迅速走向车辆,微笑着为客人打开车门,向客人表示欢迎。 (2)开门。凡来酒店的车辆停在正门时,必须趋前开启车门,迎接客人下车。一般先开启右后门,用右手挡住车门的上方,提醒客人不要碰到头(也要注意有些客人有禁忌,不允许触碰头顶部位)。

续表

序号	步骤	服务礼仪标准
2	车辆到店时	（3）对老弱病残及女性客人应予以更多帮助，提醒他们注意门口台阶。 （4）处理行李。当看到车上装有行李，应立即为客人搬运行李，并注意不要遗漏行李物品，携行李引导客人至前台办理登记手续，行李放好后向客人交接及解释，并迅速到行李领班处报告后返回岗位。 （5）牢记车牌号和颜色。要牢记常来店客人的车牌号和颜色，以便提供快捷、周到的服务。如遇到客人乘坐的士抵达，也要记住车牌号，并登记入册。 （6）逢雨天，客人到店时，要客人打伞
3	客人进店时	客人进店时，要主动为客人开启大门。如果是感应门，提前为客人感应门，并微笑致礼："您好，欢迎光临。"
4	客人离店时	（1）应主动上前向客人打招呼并代客人叫车。待车停稳后，替客人打开车门，请客人上车。 （2）待客人坐好后，为客人关上车门，但不可用力过猛，不要夹住客人手脚。 （3）车辆即将开动，礼宾员躬身立正，站在车的斜前方 1 米远的位置，上身前倾 15°，双眼注视客人，举手致意，微笑道别，并说"再见""一路平安""一路顺风""谢谢您的光临""欢迎您再来""祝您旅途愉快"等道别语。 （4）团队客人及大型会议、宴会的与会者集中抵达或离开时，要提高工作效率，尽量减少客人的等候时间。重点客人车辆抵达或离店要先行安排，重点照顾。 （5）候车人多而无车时，应有礼貌地请客人按先后顺序排队乘车。载客的车多而人少时，应按汽车到达的先后顺序安排客人乘车

六、实训评价

实训评价表如表 7-4 所示。

表 7-4　实训评价表

被评估人			评估地点		
评估项目		礼宾服务礼仪			
评估标准	评估内容	分值/分	小组评估	自我评估	综合得分
	仪容仪表	10			
	站立姿势	10			
	主动开门	10			
	行李服务	10			
	来有迎声	10			
	细心提示	10			
	仔细核对	10			

续表

评估内容	分值/分	小组评估	自我评估	综合得分
指引规范	10			
走有送语	10			
注重效率	10			
合计	100			

评估标准（行标题，跨多行）

实训拓展

实训拓展
答案
▼

酒店宾客 H 太太办理完离店手续,乘上一辆奔驰车准备离开,当礼宾员推上车门时,只听 H 太太"啊哟"一声,礼宾员忙把门打开,可已经来不及了,H 太太的手指被门夹了一下,而且伤得很厉害。"你是怎么关的门?"H 太太怒气冲冲地责问礼宾员。"对不起,夫人。可我是看您落座后才关的门。"礼宾员解释说。"你还狡辩!"H 太太更是怒不可遏,于是双方发生了一场争执……请问此时应如何处理?

任务三　前台接待礼仪

酒店前台是酒店的门面,是客人对酒店的第一印象,是酒店与客人之间的桥梁,是客人了解酒店的窗口,所以酒店前台接待人员的礼仪规范、接待水准直接影响客人对酒店的评价。前台接待人员在提供前台服务时应文明、礼貌、热情、周到,通过微笑、目光、表情、语言、距离等行为礼仪加以表达。前台服务既是客人对酒店的起点感受,又是客人对酒店的终点评价。

一、入住接待礼仪

入住接待工作需把握以下几点。

(1)客人离总台 3 米远时,应予以目光的注视。客人来到台前,应面带微笑热情问候,询问客人的需要,并主动为客人提供帮助。如客人需要住宿,应礼貌询问客人有无预订。

总台迎宾如图 7-4 所示。

(2)高峰时段人较多,要按顺序依次办理,注意"接一顾二招呼三",即接待一人,招呼一人,通过眼神、表情等向第三人传递信息,使客人感受到尊重,未被冷落。

(3)查验、核对客人的证件与登记单时要注意礼貌,确认无误后,要迅速交还证件,表示感谢:"谢谢,请收好。"当知道客人的姓氏后,应尽量以姓氏称呼客人,使客人感受到热情、亲切和尊重。

图 7-4　总台迎宾

（4）给客人递送单据、证件时，应上身前倾，将单据、证件文字正对着客人，双手递上。若客人签单，应把笔套打开，笔尖对着自己，右手递单，左手送笔。

给客人递送单据、证件礼仪如图 7-5 所示。

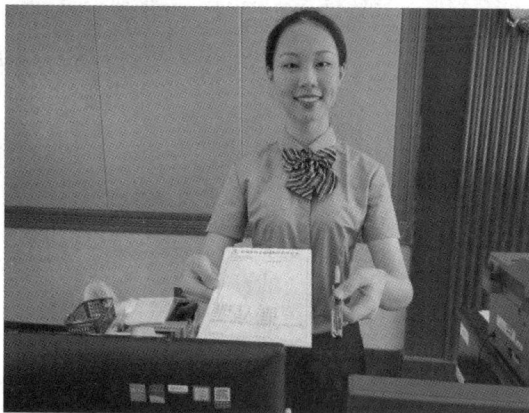

图 7-5　给客人递送单据、证件礼仪

（5）敬请客人填写住宿登记单后，尽可能地按客人要求安排好房间。把客房房卡交给客人时，应有礼貌地介绍房间情况，并祝客人住店愉快。

递交房卡礼仪如图 7-6 所示。

（6）如果酒店已客满，要耐心解释，并请客人稍等，看是否还有其他方法。此外，还

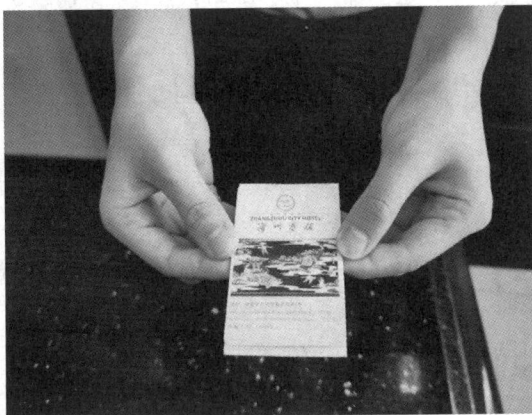

图7-6 递交房卡礼仪

可为客人推荐其他酒店,主动打电话联系,以热忱的服务欢迎客人下次光临。

(7)重要客人进房后,要及时通过电话询问客人:"这个房间您觉得满意吗?""您还有什么事情,请尽管吩咐,我们随时为您服务。"体现对客人的尊重。

(8)客人对酒店有意见到总台陈述时,要微笑接待,以真诚的态度表示欢迎,客人说话时应凝神倾听,绝不能与客人争辩,出现问题时要表达真挚的歉意,妥善处理。

(9)及时做好客人资料的存档工作,以便在下次接待时有针对性地提供服务。

二、问询服务礼仪

问询服务工作需把握以下几点。

(1)客人前来问询,应面带微笑,目光注视客人,主动迎接问好。

(2)认真倾听客人问询的内容,耐心回答问题,做到百问不厌、有问必答、用词恰当、简明扼要。

(3)服务中不能推脱、怠慢、不理睬客人或简单地回答"不行""不知道"。遇到自己不清楚的问题,应请客人稍候,请教有关部门或相关人员后再回答,忌用"也许""大概""可能"等模糊语言应付客人。

(4)敏感性问题、政治性问题或超出业务范围的问题,不便回答的,应表示歉意。

(5)客人较多时,要做到忙而不乱、井然有序,应先问先答、急问快答,使不同的客人都能得到满意的答复和适当的接待。

(6)接到客人的留言时,要记录好留言内容或请客人填写留言条,认真负责,按时按要求将留言转交给接收人。

(7)接听电话时看到客人来临,要点头示意,请客人稍候,并尽快结束通话,以免让客人久等。放下听筒后,应向客人表示歉意。

(8)服务中要多使用"您""请""谢谢""对不起""再见"等文明用语。

三、离店结账礼仪

离店结账工作需把握以下几点。

（1）客人付款结账时，应微笑问候。为客人提供高效、快捷而准确的服务，切忌漫不经心，让客人久等。

（2）确认客人的姓名和房号，当场核对住店日期和收款项目，以免客人有被酒店多收费的猜疑。

（3）递送账单给客人时，应将账单文字正对着客人；若客人签单，应把笔套打开，笔尖对着自己，右手递单，左手送笔。

（4）当客人提出酒店无法满足的要求时，不要生硬拒绝，应委婉予以解释。

（5）结账客人较多时，要礼貌示意客人排队等候，依次进行。以避免因客人一拥而上，造成收银处混乱引起结算的差错并造成不良影响。

（6）结账完毕，要向客人礼貌致谢，并欢迎客人再次光临。

模拟实训

一、实训情境

情境1：正值秋日旅游旺季，有两位外籍专家来到酒店总台，但接待员小王的英语口语水平不高。

情境2：一对老年夫妇第一次来某市，他们来到酒店前厅，问酒店周边有没有合适的景点和购物中心。

情境3：11:00—13:00是酒店客人离店退房的高峰期，商务客人张先生准备办理离店结账手续。

二、实训目标

（1）掌握入住接待礼仪。

（2）掌握问询服务礼仪。

（3）掌握离店结账礼仪。

三、实训准备

（1）物品准备：笔、纸、前台所用接待表格等，以及身份证等证件、房卡。

（2）场地准备：酒店前台或柜台式实操台。

（3）人员准备：人员分为两组，一组扮演客人，另一组扮演接待员。

四、实训组织

每组按照不同情境进行模拟实训，可以互换角色；完成一批操作后，师生及时点评并纠错。

五、实训步骤

实训步骤表如表7-5所示。

表7-5　实训步骤表

序号	步骤	服务礼仪标准
1	仪容仪表自检及互检	根据酒店接待员的形象标准自检、互检：着装要整齐，站立要挺直，面带微笑
2	接待准备	将服务相关的资料、设备、单据、表格准备好

续表

序号	步骤	服务礼仪标准
3	微笑待客	保持正确站姿,不倚靠柜台,当客人走近时微笑问好:"您好,有什么可以帮到您的?"语调柔和,目光注视。如果手头正好有事情处理,当客人走近时,听见脚步声就应停下手头事情,微笑致意
4	迅速办理	迅速为客人办理住房登记手续,保证高效率,使客人满意
5	动作优雅	身体前倾,以示对客人的尊重;交流时目光注视、语调柔和;帮助客人填写单据时,手势指引正确,并配合语言提示;呈递物品时,应注意方便客人取用
6	精通业务	对酒店的各种房价政策、优惠权限要了解清楚;对酒店各部门的业务要熟悉,能为客人提供专业化的建议
7	热情道别	客人办理完前台入住登记手续,要与客人热情道别,并祝客人入住愉快

六、实训评价

实训评价表如表7-6所示。

表7-6　实训评价表

被评估人			评估地点		
评估项目		前台接待礼仪			
评估标准	评估内容	分值/分	小组评估	自我评估	综合得分
	仪容仪表	10			
	站立姿势	10			
	微笑待客	10			
	物品呈递	10			
	语言适宜(语气、语调、语速)	10			
	注意效率(限时服务)	10			
	仔细核对	10			
	部门合作(信息传递)	10			
	灵活服务	10			
	致谢道别	10			
	合计	100			

实训拓展
答案
▼

实训拓展

张先生因为飞机晚点,凌晨2点才到酒店。他来到前台告知自己已预订。接待员在电脑上查了好一会儿才在取消预订中找到张先生的预订,于是恢复,并做入住处理。

张先生来到房间时发现有人住了。原来,时值酒店旺季,张先生没有做担保预订,又迟迟没到店,酒店就在接近凌晨的时候把张先生预订的房间卖掉了。而给张先生办理入住的接待员因夜深困乏,没注意到系统的提示就直接办理了入住。那么,此时该如何解决张先生的问题呢?

任务四   总机接待礼仪

总机服务人员负责酒店对外对内的电话沟通服务,虽然不直接面对客人,但是客人却能够通过总机服务人员的服务来判断服务人员的素质和酒店的质量。总机接待礼仪包括接听电话礼仪、语言服务礼仪、转接电话礼仪等。总机服务人员既要掌握基本礼仪要求,又要具备岗位服务礼仪的能力。因此,培养优秀的总机服务人员对于提升酒店整体服务形象具有重要的作用。

一、接听电话礼仪

接听电话礼仪需把握以下几点。

(1)及时接听,称谓正确。总机服务人员应在电话铃响 10 秒之内接听电话,太急或太缓会令客人感觉不够稳重或不礼貌。电话接通后,总机服务人员应首先问候客人并自报家门,高星级酒店要求用中文和英文两种语言表达(某些地区也会使用其他语种)。如因电话线路繁忙客人拨打很久才打进来的,应向客人表示歉意。

(2)热情服务,认真回答。热情友好的服务态度会让客人在电话的另一端感受到总机服务人员积极的工作状态,初步形成对酒店的良好印象。但如何进一步令客人满意,总机服务人员还要能够对客人的询问做出全面认真的回答。比如,客人经常会通过电话了解酒店的服务与产品,以及酒店所在城市的交通、特产、旅游景点信息及酒店正在进行的促销活动等,这就要求总机服务人员具备丰富的知识、全面的信息,能够针对客人的问询做出迅速而准确的回答。

如果在接听电话的过程中遇到客人语言表述不清或难以理解时,应礼貌地请客人声音大一点、语速慢一点或是使用双方都能理解的语言表达。对于情绪比较激动的客人,总机服务人员也要保持冷静的态度和平和的语气,不要与客人争吵,更不能直接挂断电话。

(3)巧于终止,真诚致谢。因业务工作需要,总机服务人员同一位客人的通话时间不宜过长,否则将会减少为其他客人服务的机会。所以总机服务人员在办理完客人需要的事宜后,应及时结束与客人的通话,向客人的来电表达谢意,期盼有再次为客人服务的机会,并于客人挂断电话之后再挂断电话。

二、语言服务礼仪

语言服务需把握以下几点。

(1)语调柔和,语气亲切。一般来说,酒店总机服务人员多为女性。因为女性柔和甜美的声音容易让客人感觉亲切温暖,易于对酒店产生良好的印象。但是,如果总机服务人员语言艺术把握不好,则会使人产生矫揉造作之感,反令人生厌。柔和的语调和亲切的语气是一种发自内心的良好服务意愿的体现,是无法模仿或假装出来的,这就要求总机服务人员在工作场合全身心投入,否则极易出现语调、语气的波动和差异。

(2)发音标准,语速适中。高星级酒店一般使用普通话和英语两种语言提供总机服务,要求总机服务人员发音标准,吐字清晰,没有地方口音,同时要保持合适的语速。语速过快会让客人感觉对方特别着急,缺乏服务的耐心和应有的信任感;语速过慢会让客人觉得对方缺乏工作热情,死气沉沉,好像不欢迎自己。

(3)语言流畅,表达精练。良好的语言表达能力是总机服务人员的基本要求之一。将客人的要求和自己的想法准确地表达给客人,对于提高总机服务人员的工作效率极其重要。因此,交流的重点要突出,叙述要清晰,表达要到位,要得到客人的充分认可与肯定,同时要注意不随便打断客人,以示尊重。

三、转接电话礼仪

转接电话礼仪需把握以下要点。

(1)总机服务人员主动热情地接听客人来电,问候客人后自报家门,再询问客人的要求。

(2)当来电人提出将电话转接到某个房间时,总机服务人员应礼貌地向其询问房间客人的姓名,核对无误后方将电话转接到相应房间;如果房间客人提出保密要求,总机服务人员尤其要注意妥善处理,礼貌回绝来电人的转接要求。

(3)若需要转接的受话人不在,总机服务人员应礼貌告知来电人电话无人接听,可以稍后再拨打电话或通过其他途径进行联络。

(4)无论是接听还是转接电话,总机服务人员都不能窃听他人的通话内容,因为这是极度缺乏职业道德和礼仪修养的行为。

模拟实训

一、实训情境

情境1:2021年4月,吴女士准备带孩子到某市旅游,打电话到酒店前台咨询五一期间该酒店的疫情防控措施和要求。

情境2:总机服务人员小李接到一个查询宴会预订的电话,他不知如何转接。

二、实训目标

(1)掌握接听电话礼仪。

(2)掌握语言服务礼仪。

(3)掌握转接电话礼仪。

三、实训准备

(1)物品准备:电话、运营所需表格,以及笔、纸等文具。

(2)场地准备:酒店前台或柜台式实操台。

(3)人员准备:人员分为两组,一组扮演客人,另一组扮演总机服务人员。

四、实训组织

每组按照不同情境进行模拟实训,可以互换角色;完成一批操作后,师生及时点评并纠错。

五、实训步骤

实训步骤表如表 7-7 所示。

表 7-7　实训步骤表

序号	步骤	服务礼仪标准
1	仪容仪表 自检及互检	以酒店接待员的形象标准自检、互检:着装要整齐,站立要挺直,面带微笑
2	电话服务前的准备	准备好笔、记录表、表格等,精力集中
3	电话铃声响起	铃声响 10 秒之内接听,充分体现酒店的工作效率
4	问候	先问好,报单位,再用问候语。一般要求用中文和英文,例如,"您好,××酒店""Good morning,××Hotel""请问我能帮您什么忙吗?"
5	语言使用	避免用过于随便的语言。应使用热情、修辞恰当的语句,不要用非正规、非专业化以及不礼貌的语句
6	接听	尽量用左手接听,便于右手记录
7	注意聆听	在客人讲完之前不要打断也不可妄下结论,不清楚的地方,要请客人复述,以免搞错。接听电话时要仔细聆听,要把对方的重要信息进行重复,不时地用"对""是"来给对方积极的反馈
8	信息传递	信息传递要迅速准确。不能误传客人的信件或电话留言,一定要做到认真、耐心、细心
9	及时记录	记录时要重复对方的话,确保无误
10	注意噪声	注意话筒与嘴唇的距离及角度,不能制造噪声。通话时,听筒一头应放在耳边,话筒另一头置于唇下约 5 厘米处,中途若需与他人交谈,应用另一只手捂住听筒
11	告别	通话结束时,应表示感谢,并应等待对方挂断电话再挂断,任何时候不得用力掷放听筒
12	特殊情况处理	如遇要求对方等候或是离开,要致歉,并约好等候时间;如遇同时接听或拨打几个电话,要注意先后顺序,不能冷落客人

六、实训评价

实训步骤表如表 7-8 所示。

表 7-8　实训步骤表

被评估人			评估地点		
评估项目		总机接待礼仪			
评估标准	评估内容	分值/分	小组评估	自我评估	综合得分
	仪容仪表	10			
	准备充分	10			
	自报身份	10			
	尊称姓名	10			
	语音语调	10			
	注意聆听	10			
	详细记录	10			
	重要复述	10			
	及时回应	10			
	致谢道别	10			
	合计	100			

项目训练

项目训练
参考答案 ▼

一、选择题

1.前厅服务员在对客服务中,要注意发挥语言技巧,下列做法不恰当的是(　　)。

A.运用适当的幽默语言　　　　B.用第三人的缺陷和客人开玩笑

C.在一定程度上可以附和客人的观点　　D.学会以柔克刚,避开客人的激烈言辞

2.下列(　　)的做法不符合礼貌待客的要求。

A.规范化服务　　　　　　B.注重仪容仪表

C.对于陌生的客人不打招呼　　D.用语文明,尊重客人

3.服务员个人卫生制度对指甲和发型有明确要求,上岗期间,女服务员绝对不能梳的发型是(　　)。

A.短发　　　　B.披肩发　　　　C.盘发　　　　D.扎起马尾

4.与客人交谈时哪些做法是不正确的?(　　)

A.与客人保持半米的距离

B.音量不能过大以免影响其他客人休息

C.目光要注视客人

D.对于自己不知道的问题可以直接以"不知道"作答

5.服务员在引领客人时,做法不对的是(　　)。

A.迎客走在前　　　　　　B.送客走在前

C.遇台阶处提醒客人   D.遇拐弯处稍停伸手示意

6.客人在前台办理入住手续时,礼宾员应站在离客人(   )的距离,看候行李并等待客人办完手续后及时引领客人进入房间。

A.身旁   B.0.5米左右   C.1米左右   D.2米左右

二、简答题

1.总机服务人员负责酒店对外对内的电话沟通服务,在服务工作中主要使用到的礼仪有哪些?

2.车辆到店时,礼宾员应如何做,才符合礼宾服务礼仪规范?

项目八
客房服务礼仪

项目目标

知识目标
了解客房服务的重要性和特点；
了解客房部不同岗位的主要工作内容。

能力目标
掌握客房部各岗位对服务礼仪的规范要求；
能够在客房服务中展示良好的礼仪形象。

思政目标
形成主动热情服务意识；
强化工匠精神与酒店职业道德修养；
培养把小事做大、爱岗敬业、主动服务的雷锋钉子精神；
培养环保意识和节约意识。

知识框架

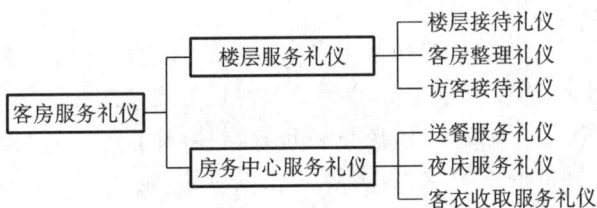

教学重点

迎送客服务流程；
不同场景的进出客房服务礼仪。

教学难点

注意观察客人的居住特点和生活习惯,提供有针对性的服务。

案例导入

一位来自上海的老年夫妇到西安旅游并入住某家酒店。患有风湿病的老太太需要熬制中药,请酒店服务人员帮忙,但酒店服务人员却以缺乏药罐为由不去解决老人的熬药问题。

案例评析: 本案例中的客人是特殊群体,酒店应尽量为这类客人解决难题,提供个性化服务。个性化服务仅靠服务人员的主观能动性是远远不够的,应把可能出现的个性化服务通过制度确定,形成酒店整体常规性的特色经营。这样,酒店服务才能真正上一个台阶,才能真正赢得更多客人的光顾。

任务一　楼层服务礼仪

楼层服务台是酒店客房区域内各个楼层的服务点,24 小时设专职服务员值台,楼层服务员主要负责所在楼层的清洁卫生和对客接待服务工作,与客人接触频繁,其礼貌礼节和服务技能直接影响客人的消费体验,需要高度重视。

一、楼层接待礼仪

楼层接待工作注意以下几点。

(1)在客人抵达前,要先了解和掌握客人到店和离店时间及客人的数量、身份、国籍、性别、宗教信仰、接待规格等情况,以便有针对性地制订接待计划和安排工作。根据客人的习惯、生活特点和接待规格,调整和布置家具,检查床位,检查设备用品是否完好、充足,调节好房间的温度和湿度,为客人提供清洁、整洁、卫生、舒适、安全的客房。按照接待规格将酒店经理的名片放在桌上,重要客人的客房要放置鲜花和水果,表示欢迎。

(2)楼层服务员接到来客通知,要在电梯口迎接,主动问候客人:"先生(小姐)您好,一路辛苦了,欢迎光临!"如果是常客,要称呼客人的姓氏。

(3)引导客人出电梯,主动帮助客人,征得同意后帮助提携行李。引导客人出电梯礼仪如图 8-1 所示。

(4)引领客人到客房,到达房间门口时先开门、开灯,侧身一旁,敬请客人进房,然后放置好客人的行李物品。

(5)客人进房后,根据人数和要求,灵活递送香巾和茶水,递送时必须使用托盘和毛巾夹,做到送物不离盘。

(6)根据客人实际情况,礼貌介绍房间设备及其使用方法,简要介绍酒店内的主要设施及其位置、主要服务项目及服务时间,帮助客人熟悉环境。对房内需要收费的饮料食品和其他物品,要委婉地说明。

(7)接待服务要以客人的需要为准,体现为客人着想的宗旨。若客人不想被打扰,需要安静时,服务人员应随机应变,简化某些服务环节。

(8)在问清客人没有其他需求后,应向客人告别,可说"请好好休息,有事请打电话到服务中心"并祝客人住宿愉快,然后立即离开。退出房间时,轻轻将门关上。

退出客房礼仪如图 8-2 所示。

图 8-1　引导客人出电梯礼仪　　　　图 8-2　退出客房礼仪

二、客房整理礼仪

客房的整理一般一天三次,上午、中午、晚上各一次,同时应尽量避免客人在房间时整理。

客房整理工作注意以下几点。

(1)打扫客房前,要先轻轻敲门,征得客人同意后方可进入。敲门的正确方法前文已做介绍,此处不赘述。客房敲门礼仪如图 8-3 所示。

(2)打扫客房时,不能随意翻动客人的物品。若打扫时需要移动客人物品,清扫完后,应把物品放回原位。整理房间前后应保证客人留在房里的物品未被移动位置。打扫客房时,如客人在房内工作、读书、会客,不能在旁窥视、插话;不能利用工作之便探听客人的私人信息(如年龄、收入、婚姻状况等);不能向客人索取任何物品;不能拿客人丢弃的任何物品。

(3)工作中不慎打坏杯盘时,应表示歉意并马上清扫。如客人不慎损坏易耗物品,应给予安慰并马上更换,不能流露出厌烦情绪和责备客人。

Note

（4）不放过任何一个细节，养成勤于检查的习惯。例如：检查客房内所有用具是否已放回原处；文具用品、洗衣袋是否已补足；烟灰缸、垃圾桶是否已清空洗净；客人的衣服是否已折叠整齐或已悬挂；是否已将客人的个人浴室用品摆放整齐；所有的鞋子是否已成双整齐摆放；报纸、杂志是否已码放整齐；用过的杯子或送餐盘是否已从房内撤出；门把手上挂的标志牌是否已放回原处等。客房检查礼仪如图8-4所示。

图8-3　客房敲门礼仪

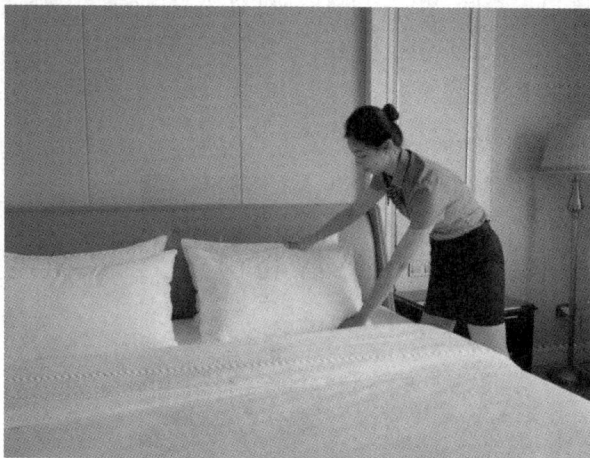

图8-4　客房检查礼仪

三、访客接待礼仪

访客接待工作注意以下几点。

（1）尽量记住住宿客人的姓名、特征等，并注意保守客人的秘密，不将客人的房号、携带物品及活动规律等告诉无关人员，不要给客人引见不认识的人。

（2）访客来访时，应礼貌问好，询问拜访哪位客人，核对被拜访者姓名、房号是否一致。在征得客人同意后，请访客办理登记手续，才能指引访客到客人房间。未经客人允许，不要将访客带入客人房间。

（3）若访客不愿意办理来访登记手续，应礼貌、耐心地解释，并注意说话技巧，打消访客的顾虑，求得对方配合；如果访客执意不登记，应根据访客与被拜访者的身份、来访目的与时间，酌情处理。

（4）若客人表示不愿见访客时，要礼貌委婉地说明客人不方便接待，不要将责任推给客人，同时不能让访客在楼层停留等待，应请访客到大堂问询处，为其提供留言服务。

（5）当客人不在房间，访客带有客房钥匙要进房取物时，服务人员要礼貌了解访客对客人资料的掌握程度及与客人的关系；若有访客带有客人签名的便条但无客房钥匙时，服务人员应将便条拿到总台核对签名。确认无误后办理访客登记手续，然后陪访客到客房取物品。客人回店后，服务人员应向客人说明。

（6）客人外出，交代访客可以在房内等待，服务人员应仔细询问访客的姓名及特征，经过辨别确认后，请访客办理访客登记。如访客要带物品外出，服务人员应及时询问，并作好记录。

（7）客人接待访客时，要按客人的要求，备足茶杯、供应茶水。

（8）服务人员在岗时要保持相应警觉，对可疑访客应上前有礼貌地询问，坚持原则、刚柔相济，杜绝不良人员制造事端。

模拟实训

一、实训情境

情境1：值晚班的小林接到入住 2208 房间的吴女士的电话，说她第二天要参加一个重要会议，需要借用一个挂烫机。

情境2：客人刚刚接待完访客，房间比较乱，需要马上打扫。

情境3：某五星级酒店的行政楼层来了一位访客，说他与住在 3208 房间的张先生有约。

二、实训目标

（1）掌握楼层接待礼仪。

（2）掌握客房整理礼仪。

（3）掌握访客接待礼仪。

三、实训准备

（1）物品准备：接待通知单、茶杯、托盘、房卡、房务车、清扫设备，以及相关工作表格等。

（2）场地准备：客房或客房实训室。

（3）人员准备：分成两组，一组扮演客人，另一组扮演客房服务员。

四、实训组织

每组按照不同情境进行模拟实训，可以互换角色；完成一批操作后，师生及时点评并纠错。

五、实训步骤

实训步骤表如表 8-1 所示。

表 8-1　实训步骤表

序号	步骤	服务礼仪标准
1	仪容仪表自检及互检	以客房服务员的形象标准自检、互检；着装要整齐，站立要挺直，面带微笑
2	敲门	进入酒店任何客房都必须先敲门。正确的敲门方法如下：用食指关节，力度适中，缓慢而有节奏地敲门。每次一般为三下，敲两次。如果按门铃，应在三下之间稍稍停顿，不可按住不放
3	自报家门	用中英文自报家门："您好，服务员""Housekeeping"当听到客人的肯定回答或确认房间里无人时方可进入
4	进房	客人打开房门，服务人员应礼貌问候客人，征得同意后方可进入房间开始整理工作

续表

序号	步骤	服务礼仪标准
5	征询意见	如果敲门无应答,打开门后却发现客人在房间,应退至门口,征询是否可以进入房间及是否需要进行房间整理。客人同意后开始进行整理工作;否则应致歉,征询客人的意见是否设置请勿打扰灯,退出房间,轻轻带上房门
6	离开	离开客房时,若客人在房间,应礼貌说声:"对不起,打扰了,谢谢!"然后后退几步,再转身走出房间,将门轻轻关上
7	确认	如果客人不在房间,应环视客房四周,确定工作没有遗漏,将照明灯开关设置在开的位置,空调温度调节适宜(夏天室内适宜温度为 22~24 ℃,相对湿度为 50%,适宜风速为 0.1~0.15 米/秒;冬天室内适宜温度为 20~22 ℃,相对湿度为 40%,适宜风速不得大于 0.25 米/秒),然后拉上遮光窗帘,断开房间总电源退出房间
8	特殊进房	对挂有或显示"请勿打扰"标牌的房间,在 14:00 以前服务人员暂不提供房间清扫服务,并在工作单上记下房号及时间。若 14:00 以后,该房间仍挂有或显示"请勿打扰"标牌,由客房服务员通知客房部主管或大堂副理,打电话询问客人,征询整理房间时间。若客人未接电话则由客房部主管、大堂副理、保安人员一起开门入房。若有异常情况,则由大堂副理负责协调处理;若为客人离开时忘记取下"请勿打扰"标牌,则客房服务员进行房间整理,并留言告诉客人

六、实训评价

实训步骤表如表 8-2 所示。

表 8-2 实训步骤表

被评估人			评估地点		
评估项目		楼层服务礼仪			
评估标准	评估内容	分值/分	小组评估	自我评估	综合得分
	仪容仪表	10			
	站立姿势	10			
	微笑待客	10			
	自报身份	10			
	礼貌敲门	10			
	语言技巧(语气、语调、语速)	15			
	先后顺序	10			
	面向退出	15			
	致谢道别	10			
	合计	100			

任务二　房务中心服务礼仪

客房服务中心(简称房务中心)是酒店根据每层楼的房间数目分段设置的工作间,工作间不担任客人接待任务。客房服务中心实行 24 小时值班制,客人住宿期间需要客房服务员提供客房服务时,可以直接拨内线电话通知客房服务中心,在接到客人电话后,客房服务中心通过酒店内部的呼叫系统通知客人所在楼层服务员上门为客人服务。

房务中心服务礼仪主要包括对客服务礼仪、处理客人遗留物品礼仪等岗位礼仪,以及电话礼、问候礼、应答礼、聆听礼、致谢礼等基本礼仪,具体要注意以下几点。

(1)按接听电话礼仪标准要求接听电话,认真记录客人的房号和需求。

(2)如果能够满足客人需求,应当立即答复客人,同时告知客人服务完成所需时间。

(3)如果客人的需求不能立即得到满足而需要其他部门协助的,应当立即帮助客人联系解决,不可让客人自己联系解决。

(4)如果无法满足客人的需求,要委婉地拒绝客人,并向客人致歉。同时说明原因,争取客人的谅解,积极提出建议并安慰客人。

(5)跟踪服务结果,直至客人满意。

一、送餐服务礼仪

送餐服务工作应注意以下几点。

(1)送餐装备要求。简单的菜品可用托盘运送。运送时,左手托托盘,右手取餐放在客房适当位置。

(2)送餐车干净整洁、推动自如。如果客人点的菜品比较多,应使用送餐车,并提供保温设备。送餐车和保温箱应当无油渍、无污迹、无异味,达到卫生标准。车轮转动灵活,推动方便、无噪声。

(3)餐盘使用规范,菜品温度适宜。送餐员应当根据食物类别合理搭配并配齐餐具。频繁取送餐具既不专业又不礼貌。冷菜用冷盘,热菜用热盘。

(4)技能娴熟,操作有序。双手持账单夹,将账单递给客人。将准备好的笔按递物礼仪递给客人,请客人在账单上签字,并真诚致谢。

(5)原则上客人用餐两小时后收拾客房餐具,但要事先征得客人的同意。

(6)介绍及时,尊重习惯。送餐员站在离餐桌一定距离处,用规范的手势逐一介绍菜品,告知客人食品已全部上齐并请客人用餐。

处理房内用餐特殊情况服务礼仪如下。

(1)发现问题,沉着应对。送餐时,如果客人着装不整,送餐员应当礼貌、委婉地告知客人自己将在门外等候,等客人穿好衣服后再进门服务。

(2)及时上报,配合解决。遇到醉酒客人,送餐员暂时不能进入房间,而应通知大堂值班经理共同完成送餐服务。遇到生病的客人,送餐员应当按酒店相关工作程序,询问客人是否需要帮助,对客人进行必要的安抚,并立即通知大堂值班经理。送餐时,如果发现客房内有大笔现金、注射器等物品,应当沉着冷静、巧妙回避,并立即通知大堂值班经理。客人如有特殊食品要求,应当尽量满足。

二、夜床服务礼仪

(一)准备工作

(1)将参加班前会时所了解的房态认真记录在表格中。

(2)注意观察房门外是否有"DND"牌,并在工作表上做好记录。

(3)备好开夜床所需的早餐点餐牌、巧克力、鲜花、水果以及推车等物品。

(二)服务步骤

开夜床服务通常在18:00以后开始,也可在客人到餐厅用晚餐时进行,或按服务要求进行。

(1)进客房前要敲门或按门铃,并通报自己的身份和目的——夜床服务。如果客人在房内,应经客人同意后方可进入,并礼貌地向客人道晚安;如果客人不需要开夜床,服务员应在开夜床表上做好登记。

(2)开灯,并将空调调到适宜温度。

(3)轻轻拉上遮光窗帘和二道帘。

(4)开床:

①将床罩从床头拉下,整理好,放在规定的位置;

②将靠近床头一边的毛毯连同衬单(盖单)向外折成45°;

③拍松枕头并将其摆正,如有睡衣应叠好放置于枕头上;

④按酒店规定在床头或枕头上放上鲜花、晚安卡、早餐牌或小礼品等。

(5)清理烟灰缸、桌面并倒垃圾;如有用膳餐具也一并撤除。

(6)按要求加注冰水,放上报纸,将酒店提供的浴衣摊开放在床尾。

(7)如有加床,则应在此时打开并整理好。

(8)整理卫生间。

(9)检查一遍。

(10)除夜灯和走廊灯外,若房间没人应关掉所有的灯并关上房门,如果客人在房内,不用关灯,向客人道别后退出房间,轻轻将房门关上。

(11)在开夜床报表上登记。

(三)要点及注意事项

(1)夜床服务内容和操作程序源于美式酒店规格,因此在具体的夜床服务中,应在了解客人的习惯后加以调整和增减。例如英式夜床服务中没有开夜床,其内容仅为将床罩从床头拉下折好,然后放入规定的地方即可。

(2)是否进行夜床服务,应根据酒店的档次和经营成本而定。

(3)是否需要重新更换毛巾和杯具等用品,也应根据房间的等级和经营成本而定。

知识活页

夜床的服务规范与标准

　　turn-down service 是酒店专业用语,翻译成中文是"开夜床服务",它是和 room service 同等重要的酒店服务,可以归纳为进房、开灯、拉窗帘、清理杂物、检查、开夜床、整理浴室、离房。

　　操作的规范时间:一般可规定为每天 17:00—21:00,具体情况可因人、因事不同。

　　夜床服务报告单上的房态一般可标为"V——空房、O——走客房、I——住客房、X——维修房、R——预抵房、LONG——长住户、H——保留房、DND——请勿打扰、VIP——贵宾、G/I——客人在房间、EXBD——加床"等,不同的房态对应的夜床服务有所不同,例如:

　　"V——空房"可以预开 5～10 间房间的夜床,保证晚上陆续到店的未预订客人也可以享受无打扰的夜床服务;"I——住客房"一般客人常规夜床服务,重点客人专人夜床服务。

三、客衣收取服务礼仪

(一)准备工作

(1)服务人员在整理房间的时候,检查是否配齐了洗衣单和洗衣袋。

(2)客房部和洗衣房应及时沟通,确保洗衣服务正常运行。

(二)服务步骤

(1)客房内均配有可重复使用的洗衣袋及洗衣单。

(2)客人电话通知或将需洗衣物袋放在门边,服务人员发现后及时收取。

(3)楼面服务员每天 9:30 前检查客房,留意房内有无客人要洗的衣物袋,如有应及时收取。

(4)楼面服务员通知洗衣房服务员到楼层收取。

(5)洗衣房服务员在 15:00 后将洗好的衣服送到楼层。

(6)楼层服务员按房号将洗好的衣服送入客房,按酒店规定放在固定的地方。

(三)要点及注意事项

(1)点清衣物数量是否与客人所填写的吻合,如有偏差,当面向客人说清后纠正。

(2)检查衣物有无破损及特殊污点等,以免引起麻烦。

(3)查看衣物质地,是否会褪色、缩水。若客人要求水洗,则应向客人当面说明水洗出现问题后果自负。

(4)洗衣服务分快洗和慢洗,费用相差 50%,要向客人说明,以免结账时出现争执。

(5)五星级酒店还应提供客衣修补服务。

(6)很多客人的待洗衣服价格昂贵,如果衣服损坏或丢失,按洗涤费的10倍进行赔偿远不能补偿客人的损失,酒店可考虑推出保价洗涤收费方式,即按客人对其所送洗衣物保价额的一定比例收取洗涤费。

知识活页

洗衣服务礼仪

三星级以上的酒店须给客人提供洗衣服务。对客人来说,洗衣是他们很重视的一项服务。从客人对客房的投诉来看,对洗衣服务的投诉占有相当大的比例。因此,提供优质的洗衣服务对提高客人的满意度有着重要的意义。在为客人提供洗衣服务的过程中,要注意以下礼仪规范。

(1)服务员仪表整洁,仪容端正,仪态大方,精神饱满。

(2)及时收取,认真检查。客人送洗衣物时,服务员应认真核对件数、质料、送洗项目和时间、检查口袋里有无物件、纽扣有无脱落、衣物有无破损或严重污点等,如有应当面向客人指明,并在洗衣单上注明。如发现问题,应及时告知客人,经客人确认签字后再收取客衣,以免引起纠纷。如果客人没有填写洗衣单(衣服和单子在洗衣袋中),服务员须将衣服拿到台班处和台班一同检查确认,填写洗衣单,给客人派送留言,说明情况。

(3)按时送还,摆放整齐。洗烫完毕的衣物应及时送回客房,整齐地放在床上或挂在衣柜中。若客房有"请勿打扰"的标牌,可将特制的说明纸条从门缝处塞进去,告知客人方便时通知服务员。

(4)如遇投诉,尽快解决。如遇客人投诉,服务员应认真倾听、及时记录,尽快与洗衣房联系,及时帮客人解决问题。

模拟实训

一、实训情境

情境1:商务客人王先生抵店时已经过了酒店餐厅供餐时间,他打电话给总台要点一碗牛肉面。总台服务员小林接听订餐电话。

情境2:商务客人王先生在客房办公了一整天时间,傍晚他准备去酒店旁边的海边走走,他在房间门口挂了"请立即打扫"的牌子。

情境3:商务客人王先生在住店第三天上午打电话给客房服务中心,说要干洗一件白衬衫,准备后天参加会议的时候穿。

二、实训目标

(1)掌握送餐服务礼仪。

(2)掌握夜床服务礼仪。

(3)掌握客衣收取服务礼仪。

三、实训准备

(1)物品准备:电话、笔、本子等文具,客衣收取相关表格,房务车,餐车、客房送餐营业用具及表格等。

（2）场地准备：客房实训室。

（3）人员准备：分成两组，一组扮演客人，另一组扮演客房服务员。

四、实训组织

每组按照不同情境进行模拟实训，可以互换角色；完成一批操作后，师生及时点评并纠错。

五、实训步骤

实训步骤表如表8-3所示。

表8-3 实训步骤表

序号	步骤	服务礼仪标准
1	仪容仪表自检及互检	以客房服务员的形象标准自检、互检：着装要整齐，站立要挺直，面带微笑
2	接听送餐服务的订餐电话	电话铃响三声之内要接听。接听时，首先问好，自报身份再询问"有什么可以帮到您的?"如能知道客人姓氏，尊称客人姓氏
3	推荐	主动推荐食品和饮料
4	仔细记录客人所点菜品	与客人确认用餐人数、房号、有无宗教信仰、有无忌口菜品等
5	复述	重复客人点菜内容，告诉客人送餐的准确时间，向客人表示感谢
6	挂电话	等客人先挂电话方可轻轻挂断电话
7	准备餐点	根据客人所点菜品准备餐具、布件，将客人所点菜肴按要求整齐摆放在餐车上
8	送餐前	送餐前再次核对房号、时间及客人所点的食品和饮料
9	送餐进房	按门铃征得客人同意后进房；如房门挂有"请勿打扰"的标牌，应到工作间给该房间打电话，询问客人现在送餐是否方便
10	进入房间	向客人问好，并摆放餐食。注意尊称客人姓氏，并随时征求客人对摆放餐食位置的意见 按规定要求摆好餐具及其他物品，为客人拉椅，请客人用餐
11	退出房间	问客人还有什么需要，如没有需要，即礼貌向客人致谢，面向客人退出客房

六、实训评价

实训评价表如表8-4所示。

表8-4 实训评价表

被评估人			评估地点		
评估项目		房务中心服务礼仪			
评估标准	评估内容	分值/分	小组评估	自我评估	综合得分
	仪容仪表	10			
	电话接听	10			

Note

续表

评估内容	分值/分	小组评估	自我评估	综合得分
记录准确	10			
餐桌布置	10			
服务迅速	10			
进入客房	10			
餐桌服务	10			
菜肴介绍	10			
致谢道别	10			
面向退出	10			
合计	100			

（评估标准，置于左侧合并单元格）

项目训练

项目训练
参考答案
▼

一、判断题

1. 如客人不慎损坏客房内的易耗物品,应立刻要求客人按价赔偿。（　　）

2. 如有访客探访住店客人而客人不在,服务员应有礼貌地请访客到大堂问询处,为其提供留言服务。（　　）

3. 如果无法满足客人的需求,要委婉地拒绝客人,并向客人致歉。同时说明原因,要争取客人的谅解,积极提出建议并安慰客人。（　　）

4. 客房送餐装备要求:简单的菜品可用托盘运送;运送时,右手托托盘,左手取餐放在客房适当位置。（　　）

5. 客人要送洗衣物时,服务员应认真核对件数、质料、送洗项目和时间、检查口袋里有无物件、纽扣有无脱落、衣物有无破损或严重污点等。（　　）

6. 打扫客房前,如果客人不在,可以不敲门直接进入房间。（　　）

7. 打扫时,为保证清洁到位,可以移动客人的贵重物品。（　　）

二、简答题

1. 客房整理礼仪,需要注意哪些细节?

2. 开夜床的时间一般是什么时候,其服务步骤有哪些?

项目九
餐厅服务礼仪

项目目标

知识目标

了解餐厅服务礼仪的概念、内涵与作用；

了解中西方餐饮礼仪的特点。

能力目标

掌握餐厅餐前、餐中、餐后服务的基本接待礼仪工作；

熟记餐厅服务礼貌用语；

能够根据不同客人数量与特点，灵活设计桌次与位次排列。

思政目标

使学生懂得基本的餐饮礼仪，并能在实践中提高餐饮服务人员的素质。

知识框架

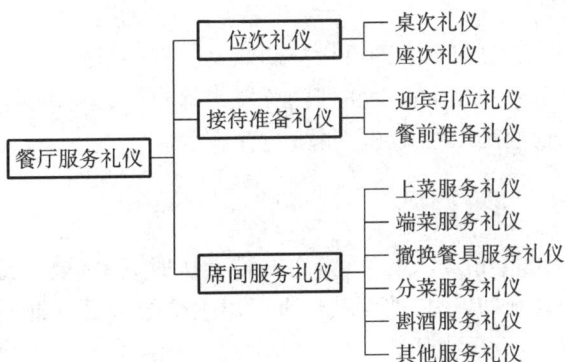

教学重点

位次排列顺序的礼仪规范。

教学
难点

根据不同任务情境,设计桌次,安排座次。

案例
导入

小梅考上了大学,家人想为她办宴会庆祝一下。小梅邀请了高三班主任王老师参加宴会,但入席的时候,小梅却碰到一个难题:家人们邀请王老师坐上座(上座在哪?),但王老师却说应该请小梅的爷爷奶奶坐上座。

案例评析:遵守社会伦理,长幼有序,师生有别,在非正式的宴会场合,尤应注意。

任务一 位次礼仪

餐厅位次礼仪一般包括桌次礼仪和座次礼仪。

一、桌次礼仪

在中餐宴请活动中,往往采用圆桌布置菜肴、酒水。排列圆桌的尊卑次序,有以下两种情况。

(一)小型宴请

小型宴请如有两桌,可以分为两桌横排和两桌竖排的形式。两桌横排时,桌次是以右为尊,以左为卑。右或左是由面对正门的位置来确定的。当两桌竖排时,桌次讲究以远为上,以近为下。远近是以距离正门的远近而言的。

(二)大型宴请

三桌或三桌以上的宴请为大型宴请,在安排桌次时,除了要注意"面门定位""以右为尊""以远为上"等规则外,还应兼顾其他桌距离主桌的远近。通常,距离主桌越近,桌次越高;距离主桌越远,桌次越低。

在安排桌次时,所用餐桌的大小、形状要基本一致。除主桌可以略大外,其他餐桌都不要过大或过小。

为了确保在宴请时赴宴者及时、准确地找到自己所在的桌次,可以在请束上注明赴宴者所在的桌次,在宴会厅入口处悬挂宴会桌次排列示意图,安排引位员引导赴宴者按桌就座,或者在每张餐桌上摆放桌次牌(用阿拉伯数字书写)。

二、座次礼仪

座次礼仪是指在各种宴会的座次安排中需要遵循的一系列礼仪规范,主要包括以右为上(遵循国际惯例)、居中为上(中央高于两侧)、前排为上(适用于所有场合)、以远为上(远离房门为上)、面门为上(良好视野为上)。中餐习惯于按职务和身份高低排列席位。如主宾身份高于主人时,可以请主宾坐在主人位上,主人则坐在主宾位上。

(一)以右为上

通常情况下,主人在请客吃饭时,要按照"右高左低"来安排宾客的座位,一般视右边为上座,左边为下座。主人应该让宾客坐在靠右边的位置,然后主人陪坐在左边,因为中国的餐厅上菜的时候往往是顺时针上菜,宾客可以先一步尝到美味,然后主人再品菜。

(二)居中为上

在餐厅就餐的时候,如果同行的人比较少,大家都不知道怎样入座时,通常是以中间的座位为上座,两侧其他座位为下座。例如:和领导出去吃饭,可以主动请领导坐在中间的位置,然后下属坐在两边比较合适;平常和家里人出去吃饭,要让长辈坐在中间位置,千万不能妄自尊大,抢先一步坐在中间位置,那样只会被旁边的人嘲笑。

(三)前排为上

以婚宴或者生日宴会为例,这样的场合通常都是有举行仪式的礼宾台的,传统意义上以靠近礼宾台的座位为上座,这样可以突出主要宾客的地位,方便更好地观礼,剩下的宾客则是分坐在主宾座位靠后的位置;如果现场没有主宾台的话,可以选择背靠主要背景墙的座位为上座。

(四)远门为上

以宴会为例,宴会一般都是在大型宴会厅举办,有时要摆几十桌甚至是上百桌,这时,座位的安排也尤为重要。通常以距离宴会厅正门较远的座位为上座,而且距离正门越远的地方越高贵。和主人的关系比较亲近的家属,通常是坐在距离正门最远的座位上的,然后两方宾客依次坐在排在后边的座位上,这也是举办大型宴会的基本规格。

(五)面门为上

安排座位的时候,一般以面对着正门的座位为上,被宴请的主要宾客都是坐在面对着正门的位置的,体现出对宾客的尊重。

另外在宴会场合中,由于宾客较多,乱坐一通是不行的,那样会显得宴会办得毫无规格、杂乱无章。通常每桌都会有几个主宾席位,每桌同向,要保证每一桌的主宾席位的方向一致,不能有太大的偏差,这也是餐桌座次礼仪的一种具体体现。通常情况下,懂得就餐座次礼仪的人会让同桌的人坐在靠近内墙的位置,自己坐在靠近过道的位置,这样做的目的是避免过道行人的干扰,以及服务员上菜时带来的不便,同时也会让同桌的人感受到礼貌及关怀。

模拟实训

一、实训情境

情境1：某乐团一行24人来某地演出交流，当地政府在其下榻酒店设宴欢迎。乐团的主要嘉宾有团长、团长夫人、副团长，请针对此次宴请模拟接待场景。

情境2：我国某市与国外城市缔结友好城市20周年，国外城市代表到该地考察并参加庆祝活动，当地政府设8桌晚宴予以接待。

情境3：杨先生是某旅行社新上任的营销经理，他去参加某旅游产品发布会，在宴会现场杨先生认识了几位相关人员：一位是发布会主办方（年长的王先生）、一位是旅游协会代表（年长的吴女士）、一位是发布会的主持人（年轻的何小姐）。请安排他们的位次。

二、实训目标

（1）掌握桌次礼仪。

（2）掌握座次礼仪。

三、实训准备

（1）物品准备：笔、纸等。

（2）场地准备：餐厅实训室。

四、实训组织

每组按照不同情境进行模拟实训；完成一批操作后，师生及时点评并纠错。

五、实训步骤

实训步骤表如表9-1所示。

表9-1　实训步骤表

序号	步骤	服务礼仪标准
1	分组讨论	主动参与，热烈讨论
2	画图	根据不同情境，画出位次安排
3	展示	每组派一位同学上台展示
4	描述	桌次、座次安排合理，准确
5	点评	点评其他小组的位次安排
6	修正	再次讨论，修改位次安排方案

六、实训评价

实训评价表如表9-2所示。

表9-2　实训评价表

被评估人			评估地点	
评估项目	位次礼仪			
评估标准	评估内容	分值/分	小组评估	自我评估
	仪容仪表	5		
	站立姿势	5		

	评估内容	分值/分	小组评估	自我评估
评估标准	尊称姓名	10		
	手位准确	10		
	微笑服务	10		
	引位准确	20		
	尊位准确	10		
	桌次合理	20		
	主动、热情、真诚	10		
	合计	100		

任务二　接待准备礼仪

接待准备礼仪主要由迎宾引位礼仪、餐前准备礼仪等组成。

一、迎宾引位礼仪

(一)迎宾

(1)迎宾服务人员上岗前应做好个人形象工作：着装整洁挺括，仪容端庄，站姿优美。开餐前迎宾服务人员恭候在餐厅大门两侧，做好开门迎宾的准备。迎宾站姿如图9-1所示。

(2)神情专注，反应灵敏。注视过往客人，当客人走近距餐厅约3米时，应面带微笑注视客人；约1.5米时，热情地问候客人，对熟悉的客人宜用姓氏打招呼。如是男女客人一起进来，应先问候女士再问候男士。客人离开餐厅时，应礼貌地道别："小姐(先生)，请慢走，欢迎下次光临！"

(3)迎宾服务人员在接待中要积极主动，答问热情适度、耐心周到，虚心听取客人意见，遇事要冷静、沉着，保持良好的心态，给客人留下良好的第一印象。

(二)引位

(1)客人进门后，引位服务人员应立即迎候并面带微笑，礼貌地问候："您好！"或"晚上好！""请问有预订吗？请问一共几位？"引位礼仪如图9-2所示。

(2)引位时应说："请跟我来""这边请""里边请"等，并用手示意，把客人引领到适当的位置入座或进入包房。不同的客人引领到不同的位置：重要客人可引领到餐厅最好的靠窗的位置，以示恭敬；夫妇或情侣可引领到一角安静的餐桌就座，便于其小声交谈；老年人、小孩、体弱的客人尽可能安排在离入口较近的位置便于出入。

图 9-1　迎宾站姿

图 9-2　引位礼仪

（3）当客人指定位置时，应尽量满足其要求，如其他客人已预订，应致歉并说明："小姐（先生），很抱歉！因今天就餐客人太多，委屈您了，下次光临时一定为您优先安排一个好座位，还请您多多包涵。"

二、餐前准备礼仪

餐前准备主要应注意以下几方面。

（1）当客人走近餐桌时，值台服务人员要微笑问候，按先主宾后主人、先女宾后男宾的顺序拉椅让座。拉椅让座礼仪如图 9-3 所示。

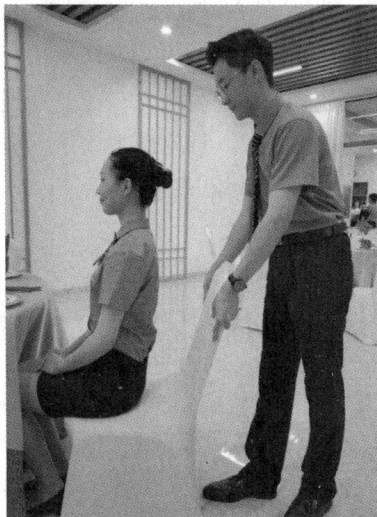

图 9-3　拉椅让座礼仪

（2）主动协助客人脱衣摘帽并按顺序挂好。注意不要将衣服倒提，以防衣袋内的物品掉落。贵重衣服要用衣架挂好，以防衣服有折痕或走样。

（3）递送菜单，端茶送巾。客人坐下后，应不失时机地将菜单递上；在客人看菜单的同时，按顺时针方向递送香巾。递送香巾要用毛巾夹，并招呼客人："请用香巾。"为客人上茶时，须注意茶杯应放在托盘里，然后轻轻放置在餐桌上。放茶杯时，手指不要接触茶杯杯口。续茶时，应右手握壶把，左手按茶壶，将茶水徐徐倒入杯内，倒至约占茶杯的3/4即可，注意不要倒得太满，以免外溢。递送菜单礼仪如图9-4所示。上茶礼仪如图9-5所示。

图9-4　递送菜单礼仪

图9-5　上茶礼仪

（4）当客人点菜时，应面带微笑地站在客人侧面，上身稍向前倾，认真、准确地记录客人所点的每一道菜并伺机向客人介绍、推销菜点。如果客人点的菜已售完，应立即向客人表示歉意，并委婉地向客人推荐其他类似的菜肴。如有些菜肴烹制时间较长，应向客人说明原因。服务人员要做到神情专注，有问必答，百问不烦，主动推销。

（5）当客人点菜单上没有列出来的菜时，应尽量设法满足，不可一口回绝，可以说："对不起，这道菜菜单上没有。请稍等，我马上和厨师商量一下，尽量满足您的要求。"

（6）当客人点完菜后，应主动征询客人需要什么酒水。全部记好后，要将记录下的菜点、酒水复述核对一遍，经客人确认后，将菜单一联送到厨房备餐，一联送收款员结账。

模拟实训

一、实训情境

某酒店接到"七十大寿寿宴"的预订单，预订2022年2月3日18:00晚宴2桌，每桌10人。宴会活动预计2.5小时，每桌预算餐标2888元（酒水自备）。预计本次赴宴客人中有70岁以上老人3位、儿童2位。

二、实训目标

（1）掌握迎宾引位礼仪。

（2）掌握餐前准备礼仪。

三、实训准备

（1）物品准备：菜单、桌椅等。

（2）场地准备：餐厅实训室。

（3）人员准备：人员分为两组，一组扮演客人，另一组扮演引领服务人员。

四、实训组织

每组按照不同情境进行模拟实训，可以互换角色；完成一批操作后，师生及时点评并纠错。

五、实训步骤

实训步骤表如表 9-3 所示。

表 9-3　实训步骤表

序号	步骤	服务礼仪标准
1	合理站位	注意站姿，热情问候每一位光临的客人，微笑服务，体现酒店形象
2	征询订餐情况	是否有预订、就餐人数等，可简单寒暄，最好能知道客人的姓名
3	规范引位	注意引领姿势，走在客人左斜前方约 1.5 米为佳
4	根据客人特点引位	（1）带小孩的客人，应尽量将他们安排在离通道较远的地方，以保护小孩，也利于餐厅员工工作。 （2）着装鲜艳的女宾，可以将其安排在较为显眼的地方，以为餐厅增添亮色。 （3）情侣，可以将他们安排在较为僻静的地方。 （4）身体有残疾的客人，可以将其安排在较为隐蔽的位置
5	按礼仪顺序安排客人入座	依据先主宾后主人、先女士后男士的基本原则
6	拉椅	为客人拉椅让座
7	礼貌告退	祝客人用餐愉快，先退一步再转身离开，不能背对客人离开

六、实训评价

实训评价表如表 9-4 所示。

表 9-4　实训评价表

被评估人				评估地点	
评估项目		接待准备礼仪			
评估标准		评估内容	分值/分	小组评估	自我评估
		仪容仪表	5		
		合理站位	5		
		微笑待客	10		
		敬语服务	10		
		规范引领	10		

续表

评估内容	分值/分	小组评估	自我评估
个性化服务（不同客人的不同引领方式）	20		
业务熟练（依据座次礼仪）	10		
尊称姓名	10		
团队合作	10		
热情道别	10		
合计	100		

评估标准

任务三　席间服务礼仪

席间服务礼仪主要包括上菜服务礼仪、端菜服务礼仪、撤换餐具服务礼仪、分菜服务礼仪、斟酒服务礼仪等。

一、上菜服务礼仪

上菜服务应注意以下几点。

（1）上菜位置在陪同者（或副主人）右边，上菜应灵活，以不打扰客人为宜，严禁在主人和主宾之间上菜。每上一道新菜，须将前一道菜移至副主人一侧，将新菜放在主宾、主人面前，以示尊重。

（2）上菜应按照顺序进行：冷菜→例汤→热菜→汤→面点→水果，要先冷后热、先高档后一般、先咸后甜。宴会在开餐前8分钟上齐冷盘，冷盘要求荤素搭配，盘与盘之间距离相等，颜色搭配巧妙；所有冷菜的点缀花垂直于转盘边缘。客人入座10分钟后开始上热菜，并要控制好出菜和上菜的速度。

（3）上菜时要报菜名，必要时应简要介绍所上菜肴的特色、风味特点等。菜上齐后要告诉客人："菜已上齐，请慢用。"上菜时要核对，注意认真把关。

（4）注意菜肴台面摆放格局。摆菜的基本要求：讲究造型艺术，注意礼貌，尊敬主宾，方便食用。冷菜摆放时要注意荤素、色彩、口味的搭配。

（5）鸡、鸭、鱼等带头和尾的菜，应根据当地的上菜习惯摆放。例如，鸡不献头，鸭不献掌，鱼不献脊。

（6）上配有佐料、小料的热菜时，要一次上齐，切勿遗漏。

（7）上需手剥的菜品时，如虾、蟹类，要先上洗手盅后上菜。

二、端菜服务礼仪

端菜一定要用托盘，不可用手直接端拿，更不允许大拇指按住盘边或插入盘内。端菜的姿态应既稳又美,具体要求如下:用五指和手掌托起,托盘高度既不过耳也不能太低,另外,托盘边太靠近耳及头发是不雅的,菜品较重时可用另一只手扶着托盘。

三、撤换餐具服务礼仪

及时撤下不用的和用过的餐具。撤换餐具时要先征得客人同意。撤换时一定要小心,不可弄倒菜肴。撤换的餐具一般从客人的右侧平端出去。如果菜汤不小心洒在同性客人的身上,可为其擦净;如洒在异性客人身上,则只可递上毛巾,并表示歉意。

四、分菜服务礼仪

分菜服务应注意以下几点。

(1)上菜服务员上前报菜名并展示菜品。

(2)上菜服务员左手垫上餐巾将菜盘托起,右手拿分菜用的筷、匙,身体稍弯,稳站在客人左侧进行分派。

(3)上菜服务员一边分菜一边向客人介绍菜品的特色和风味。注意讲话时头部不要距离客人太近,呼吸要均匀。

(4)分菜时要掌握好分量,做到分配均匀。

(5)分菜时要做到一勺准,不可将一勺菜分给两位客人,更不允许从客人盘中向外拨菜。

五、斟酒服务礼仪

斟酒服务应注意以下几点。

(1)斟倒前,左手拿一条干净的餐巾将瓶口擦干净,右手握住酒瓶下半部,将酒瓶上的商标朝外显示,让客人确认。

(2)开拉酒水饮料瓶盖时,应在客人的侧后方朝外拉开。倒香槟酒或其他冰镇酒时,要用餐巾包好酒瓶再倒,以免酒水喷洒或滴落在客人身上。

(3)站在客人右边按先宾后主、顺时针方向的次序斟倒,不能站在同一位置为左右两位客人斟酒。斟酒时,酒标朝向客人,瓶口与杯口距 2 厘米,不滴酒,不溢出。

(4)斟酒完毕,将瓶口稍稍抬高,顺时针旋转 45°,提瓶,再用左手的餐巾将残留在瓶口的酒液拭去。

斟酒服务礼仪如图 9-6 所示。

六、其他服务礼仪

服务人员在提供其他服务时有如下注意事项。

(1)客人不慎将餐具掉到地上,服务员应迅速上前取走,马上为其更换干净餐具。绝不可抱怨客人不当心,或当众提出赔偿等。

(2)如有客人对某道菜特别喜爱,想再买一份带走,应尽量满足要求,并主动为其菜

图 9-6　斟酒服务礼仪

品打包。客人用餐没有结束,即使营业时间已过,也不可催促客人,或是做出忙于收盘、打扫等逐客的行为。整个餐厅的清扫工作应在所有客人离开后进行。

(3)应为离座客人拉开座椅,提醒他们别忘带自己的物品,且送客人到餐厅门口,礼貌地道别,欢迎其下次再来。

模拟实训

一、实训情境

某酒店举办"天马行空公司 2022 年上半年工作答谢宴会",安排中餐 3 桌,每桌 10 人,宴会活动预计时长 3 小时。本次宴会客人喜欢海鲜,另外赴宴客人中有轮椅客人 3 位、全素食客人 2 位。酒水包含红葡萄酒、白酒和碳酸饮料。

二、实训目标

(1)掌握分菜服务礼仪。

(2)掌握斟酒服务礼仪。

三、实训准备

(1)物品准备:餐具、酒具、托盘、酒水、开瓶器等。

(2)场地准备:餐厅实训室。

(3)人员准备:人员分为两组,一组扮演客人,另一组扮演服务员。

四、实训组织

每组按照不同任务进行模拟实训,可以互换角色;完成一批操作后,师生及时点评并纠错。

五、实训步骤

实训步骤表如表 9-5 所示。

表 9-5　实训步骤表

序号	步骤	服务礼仪标准
1	斟酒姿势与位置	从主宾开始,按顺时针方向从客人右侧斟倒
2	斟酒量	(1)中餐斟倒各种酒水,一律以八分满为宜; (2)西餐斟酒不宜太满,红葡萄酒斟至杯的 1/2,白葡萄酒斟至杯的 2/3; (3)斟香槟酒分两次进行,先斟至杯的 1/3,待泡沫消失后,再斟至 2/3
3	斟酒顺序	宴会开始前将烈性酒和葡萄酒斟好,斟酒时,从主宾位开始,按顺时针方向依次斟倒
4	斟酒注意事项	(1)斟酒时,瓶口不可搭在杯口上,距离 2 厘米为宜。 (2)斟啤酒时,因为泡沫较多,速度要慢。 (3)宴会进行时,在致辞者致辞前将酒水斟齐,以免祝酒时杯中无酒。 (4)主宾致辞时,所有服务员要停止一切操作,站在适当位置,致辞结束时负责主桌的服务员要将致辞者的酒水送上供祝酒之用

六、实训评价

分菜服务礼仪实训评价表如表 9-6 所示。

表 9-6　分菜服务礼仪实训评价表

被评估人			评估地点	
评估项目	分菜服务礼仪			
评估标准	评估内容	分值/分	小组评估	自我评估
	仪容仪表	10		
	微笑服务	10		
	手势正确	10		
	注意卫生	10		
	菜肴介绍	10		
	规范操作(先后顺序正确)	10		
	灵活运用(特殊菜肴的分菜处理)	10		
	敬语服务	10		
	团队合作	10		
	零度干扰(注意分菜时间的选择)	10		
	合计	100		

斟酒服务礼仪实训评价表如表 9-7 所示。

表 9-7　斟酒服务礼仪实训评价表

被评估人			评估地点	
评估项目	斟酒服务礼仪			
评估标准	评估内容	分值/分	小组评估	自我评估
	仪容仪表	5		
	微笑服务	5		
	站位正确	10		
	示酒规范(酒杯朝向正确)	10		
	安全操作	20		
	动作优雅(轻转瓶身、表情自然、距离适度)	20		
	分量合适	10		
	酒水知识	10		
	拉椅送客	10		
	合计	100		

项目训练

一、选择题

1.餐厅服务员在席间服务中,上菜应按照(　　)顺序进行。

A.水果→冷菜→例汤→热菜→汤→面点

B.水果→例汤→冷菜→热菜→汤→面点

C.热菜→冷菜→例汤→面点→汤→水果

D.冷菜→例汤→热菜→汤→面点→水果

2.撤换的餐具一般要从客人的(　　)出去。

A.右侧平端　　　　B.右侧快速撤　　　C.左侧平端　　　　D.左侧快速撤

3.中餐斟酒服务时,一般倒(　　)满。

A.5 分　　　　　B.6 分　　　　　C.8 分　　　　　D.10 分

4.西餐斟酒不宜太满,红葡萄酒斟至杯的(　　),白葡萄酒斟至杯的(　　)。

A.1/3,2/3　　　B.1/2,2/3　　　　C.1/2,1/3　　　　D.1/2,1/2

5.应尽量将带小孩的客人安排在(　　)地方,以保证小孩的安全。

A.离通道较远的　　B.餐厅显眼的　　　C.僻静的　　　　　D.过道

二、简答题

1.座次礼仪主要包括哪些内容?

2.斟酒的顺序及注意事项有哪些?

3.分菜服务的顺序及注意的礼仪有哪些?

项目训练
参考答案
▼

Note

项目十
会议服务礼仪

项目目标

知识目标

了解会议的概念,掌握会议的分类及会议的构成要素;

掌握会议准备阶段的会议布置礼仪、会议位次礼仪;

掌握会议进行阶段的服务礼仪,如引导服务、茶水服务、签约仪式服务等。

能力目标

能够结合国内外会议市场的发展状况,认识到会议市场对酒店的重要性;

能够做好会议前的准备工作;

能够区分不同会议类型的特点,做好会议的服务工作。

思政目标

培养收集信息能力、沟通能力、团结协作能力。

知识框架

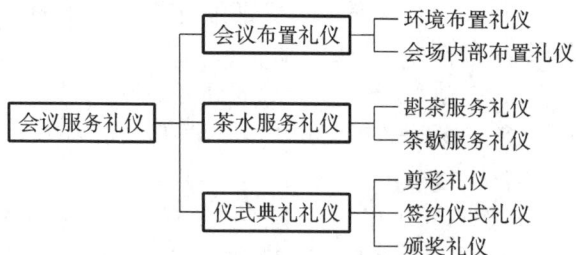

会议服务礼仪
- 会议布置礼仪
  - 环境布置礼仪
  - 会场内部布置礼仪
- 茶水服务礼仪
  - 斟茶服务礼仪
  - 茶歇服务礼仪
- 仪式典礼礼仪
  - 剪彩礼仪
  - 签约仪式礼仪
  - 颁奖礼仪

教学重点

会议布置礼仪;

茶水服务礼仪。

教学
难点

根据会议主题、参加人员及人数设计会议流程,明确会议服务的要求与规范。

案例
导入

一次失败的会议

以下是一位会议组织者的自我批评和反省,从中可以找出一些借鉴的经验。

今天的会议太失败了,会议没有开完就散会了。与会的领导、参加会议的同志、组织会议的同志、服务会议的人员都十分不满,除了接受批评,最主要的是分析原因,吸取教训。

会议失败表现之一:会场突然停电,会议被迫终止。会场突然停电是我们事前没有料到的,也是过去组织大型会议没有出现过的,所有与会人员都感觉突然,进而对组织会议的同志感到不满。对于突然停电这种特殊情况,可通过采用发电机发电等方式解决,保障会议顺利进行。可为什么没有提前预计到呢? 为什么没有与酒店、电力部门及与会议保障有关的部门进行事前沟通,做到万无一失呢?

会议失败表现之二:会议设备工作不正常,影响会议效果。话筒声音忽大忽小,严重影响会议质量,参会的同志听不清领导讲的内容,也影响领导的发挥,会议效果十分差。客观上讲,设备老化是主要原因,但从主观上讲,这是不是可以避免呢? 比如说提前与酒店相关部门联系提前更换设备? 或者请专家调整设备,将设备调适到最佳状态,也不至于出差错,影响工作。另外,就是检查与会议有关的配套设备是否完好。要保证会议成功,除会场外,与之配套的还有卫生间、空调等的良好使用,这些设备要保持完好,否则会议就不可能顺利举行。结果恰恰在我们认为很小的、不重要的细节方面也出了问题,卫生间坏了要维修,空调设备老化不能制冷等,自然造成混乱。这是我们责任心不强的表现,如果能提前想到并做好准备就不会出现这些问题。

会议失败表现之三:会议材料不够完善,影响领导工作。客观理由是时间太仓促,没来得及深入思考,但从主观上讲是不是也有过失呢? 我们想节省时间,没有将材料反复研究,结果就出了问题。

案例评析:根据以上分析的三点,我们要改进以下三个方面。

一是组织会议及其他大型活动都要提前规划,要有预见性,把容易出问题的地方解决好,保证不出问题。

二是材料的准备要充分,要反复研究推敲,让会议的精神充分体现。

三是会议准备检查工作是保持成功的基础,要提高认识,科学准确地掌握领导和与会者的心理,有的放矢地开展工作。

会议活动过程涉及方方面面的因素,有硬件设备方面的,也有材料准备、席位安排和组织服务方面的。任何一个方面的失误都将影响会议的进程和效果。上述案例虽然是从一位会议组织人员的角度出发来思考和反思的,但对于酒店工作人员来说,同样具有较好的借鉴意义。

任务一　会议布置礼仪

良好的会议环境对于参会人员来说非常重要,它直接影响人们在会议期间的身心感受,也影响会议的效率和进程。因此,酒店要高度重视会议场所的环境布置,为会议举办者和参与者提供高品质的会议活动环境。

一、环境布置礼仪

在会议开始之前,主办方要对会场进行布置,会场布置应突出主题,简洁、典雅。负责会务工作的人员应该提前到达会场,根据会议要求,做好以下检查工作:检查会议标语是否准确,贴放或悬挂位置是否得当;话筒、音响、灯光、空调等是否运作正常;会议服务人员是否准备妥当。同时,还应该按照筹备单位要求,布置好周围的环境,务必保证会议的顺利进行。具体说来环境布置需要注意以下几点。

(一)干净整洁,无卫生死角

从上到下,无论是天花板、墙壁、窗户、地面,还是各个角落,客人所能看到的、触摸到的都应该干净整洁,没有灰尘、污迹、裂痕、杂物、垃圾等。许多酒店在布置会议场地时表面的卫生看起来不错,但是掀起桌裙,就会发现桌子底下的卫生状况很差,还有角落、花盆的后面甚至花盆里面,也存在许多卫生问题。因此即使在客人看不见、摸不着的地方,也要保持良好的环境卫生。如果会场环境表里不一,只做表面文章,反倒更容易引发客人对酒店服务质量与管理水平的不满。

(二)空气清新,温度适宜

从节能和环保的角度来说,酒店会场的空调设施通常只在会议进行前的一段时间和会议进行中运行,以达到使人体感觉舒适的程度。但平时应加强通风、定时打开门窗让空气流通,否则容易产生令人不愉悦的气味,影响会场的空气质量。一般来说,会场的温度保持在 19~24 ℃、湿度为 40%~50% 时,人会感到最舒适。此时,人的精神状态好,思维最敏捷,工作效率高。

(三)照明适度,光线柔和

自然采光和人工照明相结合的方式是酒店照明系统的常用手法,两者的和谐统一对于营造良好的照明环境至关重要。会议通常属于商务活动的范围,其照明设计也应满足商务活动的需要,光线的明暗要适宜,过亮、过暗、过多、过杂、过于花哨都不符合商务活动的特征,也容易使人出现眩晕、压抑、精力不集中等状况。

(四)装修适宜,个性鲜明

装修和装饰是营造氛围的重要手段,会议场地的装修和装饰应与酒店的风格一致,应与会议的活动特征相吻合,过于繁复或简单都不适宜。一般来说,室内装修的色调以中性色为主,装饰简单大方,数量不宜过多,给参会人员稳定、简洁之感。绿色植物、鲜花盆景在室内环境的装点中使用得非常广泛,可以结合酒店所在的区域及来宾的喜好有针对性地进行点缀,以烘托氛围。

(五)设备齐全,安静舒适

办公用品、家具的配备能够充分满足会议活动的需要。当会议场地过大而参会人员有限时,可以采用活动屏风等进行隔离,让参会人员不至于感觉到太过空旷而分散开会时的注意力;若会议室比较小,参会人员也比较少时,应简化室内的装饰,尽可能让空间通畅,使人感觉舒适。对于多个会议同时举办的情况,一定要保持会场间互不干扰,由专人负责开门或关门,尽量提供安静的会议环境。

(六)检查到位,运行良好

完成一个会议接待,尤其是人数众多的大型会议接待,对场地、设备具有很高的要求。能否为会议举办者和参加者提供良好的硬件服务,关系到会议活动能否正常进行并取得圆满结果。会议室内的设施设备应由专人负责检查、维护、保养和调试,以保证能够正常使用。应耐心细致地向需要使用设施设备的人员解释和示范如何使用相关设备,在会议进行期间不要远离会议室,当客人有需要时可及时提供相应的服务。

二、会场内部布置礼仪

酒店接到会议订单,要主动适应国家节俭办会的精神要求,以节俭务实为原则,根据不同的会议特点和要求合理进行会场内部布置。

(一)根据需要确定是否准备会标

会标是会议主要议题的文字性标志,通常挂在醒目的位置以突出会议的主题。布质会标使用完毕后很难再次利用,因此现在很多酒店会选择使用投影的方式突出会议主题、非常节约环保。会标的内容要言简意赅、主题突出,以不超过13个字为宜。无论是电子会标还是布质会标都不应出现错别字、字体不一等情况。

(二)根据会议要求合理摆放台型

会议台型多样,有长方形、圆形、"U"形、课桌形、多边形等,在具体摆放过程中,应根据会议主办方的要求,结合场地情况合理布置。总的原则是主题突出、干净整洁、适度装饰、美观实用、方便进出。

1.会谈台型的布置礼仪

会谈指双方或多方就某些重大的政治、经济、文化、军事问题以及其他共同关心的问题交换意见。会谈也可以是洽谈公务或就具体业务谈判。

在摆放双边会谈的台型时,一般采用长条桌和扶手椅,主方与客方相对而坐;如果是多边会谈可采用圆桌或方桌,如果是六方会谈可采用六边形的桌子。台面中门根据需要可以摆放绿色植物、鲜花或其他装饰物,但要与主题或季节相适应。

桌子摆放的朝向,根据房间的结构,可与门相对,也可与门平行,位置要居中。椅子的摆放要对称,主人和主宾的座位应居中摆放,有条件的情况下两侧空间可略大于其他座位。与门相对摆放的会谈桌,以进门方向为参照,右侧为主方座位,左侧为客方座位;与门平等摆放的会谈桌,面门位置为客方座位,背门位置为主方座位,因为这样便于客方能够观察房间动态,以示尊重。翻译人员的座位一般邻近主人和主宾,位其右侧。会议记录员的座位可在会谈桌的后侧另外设置,也可就座于会谈桌前。

2.会见台型的布置礼仪

会见与会谈是两种不同类型的会议形式。会见在国际上一般称为接见或拜会。地位高的人士会见地位低的人士,或是主人会见客人,这种会见一般称为接见或召见。地位低的人士会见地位高的人士,或是客人会见主人,这种会见一般称为拜见。在我国一般统称为会见。就其内容而言,会见是具有礼节性的、政治性和事务性的,或兼而有之,形式比较正规。其台型摆放以"U"形最为多见。

会见的场地在装饰布置方面较一般会议室规格要高,房间可大可小,背景墙突出,主宾分列而座,主人居右方,客人居主人左方,穿插就座较为少见。翻译人员、会议记录员的位置在双方的后面,其他人员根据地位高低依次在主方或客方就座。

(三)座次安排及名牌摆放

会议座次不能随意安排,因此,在开会之前准确地进行座次排列十分重要。一般而言,会议座次的安排分为方桌会议和圆桌会议两大类。

1.方桌会议

如果会议室中是长方形的桌子(含椭圆桌)便是方桌会议,方桌会议比较能够体现主次关系。因此,召开方桌会议时,应该尤其注意座次的安排,否则会影响会议的顺利进行,带来一些麻烦。在方桌会议中,主客双方分两侧就座,一般而言,主人应该坐会议桌的右边,客人坐会议桌的左边。如果座位数是单数,那么正中间那个位置为主位,然后依次分别是正中右边第一个位置、正中左边第一个位置、正中右边第二个位置、正中左边第二个位置……如果座位数是双数,则是正中靠右位置为最尊,靠左次之,依次排列。

2.圆桌会议

相比于方桌会议,圆桌会议就要随意很多,没有明显的主客界线,可以不用拘泥于这么多细节,只要记住靠门里侧的位置为主位就可以了。

知识活页

圆桌会议

所谓圆桌会议,是指一种平等对话的协商会议形式,是一个与会者围圆桌而坐的会议。在国际会议的实践中,主席和各国代表的席位不分上下尊卑,可避免其他排座方式中出现的一些代表席位居前、居中,另一些代表居后、居次的矛盾,更好地体现了各国平等原则和协商精神。据说,这种会议形式源于英国亚瑟王的传说。英国国王亚瑟在与骑士们共同商议国家大事时,大家围坐在一张圆形的桌子周围,骑士和君主之间不排位次,圆桌会议由此得名。至今,在英国的温切斯特还保留着一张这样的圆桌。关于亚瑟王和圆桌骑士的传说虽然有着各种各样的版本,但圆桌会议的精神延续下来。第一次世界大战之后,这种形式被国际会议广泛采用。

直到今天,圆桌会议已成为平等交流、意见开放的代名词,也是国家之间以及国家内部的一种重要的协商和讨论形式。

模拟实训

一、实训情境

白山滑雪运动协会拟在酒店多功能厅召开年会。参加会议的嘉宾有86人,其中有轮椅客人5位。会议预计持续2.5小时。

二、实训目标

(1)掌握环境布置礼仪。

(2)掌握会场内部布置礼仪。

三、实训准备

(1)物品准备:会标、会议用品、会议设备、托盘等。

(2)场地准备:会议实操室。

(3)人员准备:根据不同情境,分组完成会议布置。

四、实训组织

每组按照实训情境进行讨论,完成一个会议接待设计方案,最后进行现场模拟实训。

五、实训步骤

实训步骤表如表10-1所示。

表 10-1　实训步骤表

序号	步骤	服务礼仪标准
1	分组讨论	主动参与,热烈讨论
2	准备工作	(1)会议开始前1小时,服务员应在会场内做准备工作,如叠方巾、泡茶水。 (2)会议开始前30分钟,应再次检查横幅、立牌、绿化布置、空调等情况,以及音控人员、卫生间清洁工是否到位。如有问题,需立即通知服务中心或有关部门人员,保证会议按时开始
3	检查工作	管理人员需注意检查会场的卫生情况和卫生间的卫生情况,确保会场消防通道畅通、消防器材完好,注意防火、防盗等安全事项

续表

序号	步骤	服务礼仪标准
4	客人入场	会议即将开始之前,会场播放轻音乐,任何影响会议的工作(如吸尘等)应立即停止,服务员站在会议室外,面向客人到来的方向,保持微笑。若是召开重要会议,需有领班以上的管理人员在场迎候;主动介绍会议桌上的电脑、话筒、投影等的使用情况,协助客人连接和调试
5	位次礼仪	桌次、座次的安排合理、准确
6	点评	点评其他小组的布置礼仪

六、实训评价

实训评价表如表 10-2 所示。

表 10-2　实训评价表

被评估人			评估地点	
评估项目		会议布置礼仪		
	评估内容	分值/分	小组评估	自我评估
评估标准	仪容仪表	10		
	准备工作	30		
	检查工作	20		
	操作规范	30		
	行为举止	10		
	合计	100		

任务二　茶水服务礼仪

酒店服务讲究带给客人的整体感受。只有各个部门都能将礼貌待客、优雅服务进行到位,酒店的服务工作才能让客人满意。因此,对服务人员进行会议茶水服务礼仪培训是必需的。

一、斟茶服务礼仪

(一)当客人到达且入座后再提供茶水服务

茶叶有袋泡和散装两种,如果是散装茶叶,投放的量要适宜,遵照酒店的统一标准,勿太多或太少,除非客人有特殊要求。茶水的冲泡量以七八分满为宜,过满或过少客人都会认为服务人员不够专业,对自己不够尊重。客人如果不需要茶饮时不必勉强,可询问客人的喜好,在许可范围内尽量满足客人的要求。

（二）上茶时手法要卫生，动作要规范

应使用茶盘或托盘上茶，左手托盘，右手持杯，大拇指不得伸入杯中，将茶杯轻轻地放在杯垫上，位置居中，将手柄调整到方便客人拿取的位置，通常手柄朝右摆放。在此过程中，要配合相应的服务用语和手势，比如"对不起，打扰一下，给您上杯茶"或"您好，请用茶"等。

（三）倒水、续水动作规范，时机适宜

倒水时，服务人员右脚位于两个相邻客人的座椅中间处，身体微微左倾，左手持壶，右手的小拇指和无名指夹起茶杯盖子上的小圆球，其余三指握住杯把，从桌上端起茶杯，转身至客人身后倒水，然后轻轻放于桌上，盖好杯盖。倒水的动作要稳，不能过快、过满以防洒落在地上或者客人身上。

续水是会议服务中非常重要的工作，既不能影响会议的进行，又要提供及时的服务。当重要客人正在发言或会议讨论正处于高潮时段，服务人员的场内走动和服务都会影响会议的整体氛围，这时服务人员应退到会议室的后部、服务台边等位置，不打扰客人的活动。一般来说，会议进行30分钟后可开始第一次续水，客人明确表示不需要续水的，不必勉强；如果事先约定在会议进行中不需要续水服务的，应尊重客人的要求，将水壶、茶叶等准备充分放在会议室内，以备客人需要。

二、茶歇服务礼仪

在会议进行中提供短暂的茶歇服务已成为会议的重要组成部分。酒店根据会议的预算提供相应的茶点，配备相应的服务人员提供现场服务。客人在此期间可以稍作休息，选择自己喜欢的点心、水果或饮料，补充能量，也可以相互之间寒暄、交流，探讨相关问题。茶歇服务质量的好坏影响着客人对酒店整体服务质量的评价，高质量、高水平的茶歇服务会成为客人参加会议的重点期待项目，使其留下非常难忘的印象，反之亦然。

茶歇的设计应与会议的主题相吻合，对会议起到锦上添花的作用。茶歇的场地布置不宜远离会场，最好就在会议门口的走廊、大厅等地方，方便到达，节省时间。茶歇的台型摆放要根据客人的数量合理设计，可以分区，也可以采用一体化摆设。餐具、酒杯、茶点饮料分类摆放，数量应与客人的数量相符合，布局要合理，方便客人拿取。为烘托气氛，可在茶歇台面上进行适当的点缀和装饰。食品卫生、环境卫生与安全也是茶歇设计中需要考虑的因素。如果某一会议持续的时间较长，需要准备多次茶歇活动，酒店应加强与主办方的沟通，尽量提供多样化的食品、饮料，加强台型设计，给客人耳目一新的感觉。

当客人来到茶歇休息区时，服务人员要主动上前问候客人，欢迎客人随意品尝，视客人需要及时提供服务，如添加茶水、食品，撤换客人用过的餐具、用具等，保持整个区域的卫生整洁。客人离开后，及时清理餐台、用具，清扫场地，将客人反馈的有关茶歇的意见或建议及时上报，做好下一次茶歇服务。

模拟实训

一、实训情境

某酒店举办"绿岛酒店常住客人恳谈会",与会客人有 32 人,会议预计 3 小时。期间需要安排茶歇一次。需要说明的是,本次与会客人中有欧美客人 2 位。

二、实训目标

(1)掌握斟茶服务礼仪。

(2)掌握茶歇服务礼仪。

三、实训准备

(1)物品准备:茶杯、茶几、热水壶、托盘、评估表等。

(2)场地准备:会议室或配有镜子的实操室。

(3)人员准备:人员分为两组,一组扮演客人,另一组扮演服务员。

四、实训组织

每组按照情境进行模拟实训,可以互换角色;完成一批操作后,师生及时点评并纠错。

五、实训步骤

实训步骤表如表 10-3 所示。

表 10-3　实训步骤表

序号	步骤	服务礼仪标准
1	接待前准备	卫生准备,设备设施准备,以及会议接待前规格、人数、时间、要求、会场布置等细节的了解及相应准备
2	迎宾	合理站位,微笑迎宾,敬语服务,规范指引
3	休息室服务	按接待规格提供茶水服务、香巾服务。敬茶时应使用托盘,按照礼仪次序依次服务。端放茶杯动作要轻巧。如果茶几较低,服务员应单腿弯曲采用蹲式服务,蹲姿应优雅大方
4	存放衣服	服务员应礼貌问候,按递物礼仪递接存衣牌,并提醒客人妥善保管贵重物品。拿取客人外衣时,不倒拿,不拖擦
5	茶水服务	服务员为客人倒水时,应站位合理,手法熟练,操作卫生,倒水量适宜,端放茶杯动作轻巧,以不干扰客人为佳
6	留意会场	服务员应随时留意会场情况,及时回应客人需求
7	卫生保洁	会场应设专职清洁员,并负责卫生间的保洁工作
8	会议间歇	与会客人到休息区休息时,清洁员应暂停工作,适时回避。遇客问候,随时礼让
9	告别	会议结束,应列队欢送,并与客人致谢道别,送至门口。及时收拾会场,留意是否有客人遗留物品,如有应妥善处理

六、实训评价

实训评价表如表 10-4 所示。

表 10-4　实训评价表

被评估人			评估地点	
评估项目	茶水服务礼仪			
评估标准	评估内容	分值/分	小组评估	自我评估
	仪容仪表	5		
	微笑服务	5		
	迎宾引位	10		
	敬茶服务	20		
	存衣服务	10		
	服务迅速（添加茶水、更换烟灰缸）	10		
	零度干扰	10		
	座次安排	10		
	物品摆放	10		
	致谢道别	10		
	合计	100		

任务三　仪式典礼礼仪

仪式典礼礼仪应重点关注以下方面。

(1)了解剪彩的流程,熟悉剪彩前的准备工作,掌握剪彩礼仪人员的规范操作要求。

(2)熟悉签约仪式前的准备工作,掌握签约仪式礼仪的规范操作要求。

(3)熟悉颁奖仪式的流程,掌握颁奖礼仪的规范操作要求。

一、剪彩礼仪

剪彩仪式,严格来讲,指的是商界有关单位为了庆贺公司的设立、企业的开工、宾馆的落成、商店的开张、银行的开业、大型建筑物的启用、道路或航线的开通、展销会或展览会的开幕等,隆重举行的一项礼仪性程序。因其主要活动内容,是约请专人使用剪刀剪断被称为"彩"的红色缎带,故此被人们称为剪彩。

一般情况下,在各式各样的开业仪式上,剪彩都是一项极其重要的、不可或缺的程序。尽管它往往也可以被单独地分离出来,但是在更多的时候,它是附属于开业仪式的,这是剪彩仪式的重要特征之一。

剪彩仪式有众多的惯例、规则必须遵守,其具体的程序亦有一定的要求,剪彩礼仪就是对此所进行的基本规范。剪彩一直长盛不衰,并且被业内人士所看好,主要是基于如下三个方面的原因。

第一,剪彩活动热热闹闹,轰轰烈烈,既能给主人带来喜悦,又能令人产生吉祥如意之感。

第二,剪彩不仅是对主人既往成绩的肯定和庆贺,而且也可以对其进行鞭策与激励,促使其再接再厉,继续进取。

第三,剪彩可借活动良机,向社会各界通报自己的"问世",以吸引各界人士的关注。

目前所通行的剪彩礼仪主要涉及剪彩准备、剪彩人员的选定、剪彩程序、剪彩做法等方面的内容,下面择其要点进行介绍。

(一)剪彩整体准备

剪彩准备涉及场地布置、环境卫生、灯光与音响准备、媒体邀请、人员培训等,在准备时,必须认真细致、精益求精。

(二)剪彩特殊用具的选择与准备

剪彩特殊用具包括红色缎带、新剪刀、白色薄纱手套、托盘以及红色地毯等,应仔细选择与准备。

1.红色缎带

红色缎带亦即剪彩仪式之中的"彩"。作为主角,它自然是万众瞩目的。按照传统做法,它是将一整匹未曾使用过的红色绸缎,在中间结成数朵花团制作而成。目前,有些单位为了厉行节约,代之以长度为两米左右的细窄红色缎带,或者以红布条、红线绳、红纸条作为其变通,也是可行的。一般来说,红色缎带上所结的花团,不仅要生动、硕大、醒目,而且其具体数目往往还与现场剪彩者的人数直接相关。循例,红色缎带上所结的花团的具体数目有两类模式:其一,花团的数目较现场剪彩者的人数多一个;其二,花团的数目较现场剪彩者的人数少一个。前者可使每位剪彩者总是处于两朵花团之间,尤显正式。后者则不同常规,亦有新意。

2.剪刀

剪刀是专供剪彩者在剪彩仪式上正式剪彩时使用,必须是每位现场剪彩者人手一把,而且必须崭新、锋利而顺手。事先,一定要逐把检查将被用以剪彩的剪刀是否已经开刃、好不好用。务必要确保剪彩者在正式剪彩时,可以"手起刀落",一举成功,而切勿一再补刀。在剪彩仪式结束后,主办方可将每位剪彩者所使用的剪刀包装起来,送给剪彩者以作纪念。

3.白色薄纱手套

白色薄纱手套是专为剪彩者所准备的。在正式的剪彩仪式上,剪彩者剪彩时最好每人戴上一副白色薄纱手套,以示郑重。在准备白色薄纱手套时,除了要确保数量充足之外,还须确保手套大小适度、崭新平整、洁白无瑕。有时,亦可不准备白色薄纱手套。

4.托盘

托盘在剪彩仪式上托于礼仪小姐手中,用以盛放红色缎带、剪刀、白色薄纱手套。剪彩仪式上所使用的托盘,最好是崭新的、洁净的,通常首选银色的不锈钢制品,为了显示正规,可在使用时铺上红色绒布或绸布。就数量而论,在剪彩时,可以使用一只托盘依次向各位剪彩者提供剪刀与手套,并同时盛放红色缎带;也可以为每一位剪彩者配置一只专为其服务的托盘,同时使红色缎带由专门的托盘盛放。后一种方法显得更加正式一些。

5. 红色地毯

红色地毯主要铺设在剪彩者正式剪彩时的站立之处。其长度可视剪彩人数而定，其宽度则不应在一米以下。在剪彩现场铺设红色地毯，主要是为了提升其档次，并营造一种喜庆的气氛。有时，亦可不予铺设。

(三)剪彩人员的选定

在剪彩仪式上，重要的当然是人而不是物。因此，剪彩人员必须认真选择，并于事先进行必要的培训。

除主持人之外，剪彩人员主要是由剪彩者与助剪者两类人员构成。下面简要介绍他们的主要礼仪要求。

在剪彩仪式上担任剪彩者是一种很高的荣誉。剪彩仪式档次的高低往往也与剪彩者的身份密切相关。因此，在选定剪彩人员时，最重要的是要把剪彩者选好。

剪彩者，即在剪彩仪式上持剪刀剪彩之人。根据惯例，剪彩者可以是一个人，也可以是几个人，但是一般不应多于五人。通常，剪彩者多由领导、合作伙伴、社会名流、员工代表或客户代表等担任。

确定剪彩人员名单，必须在剪彩仪式正式举行之前。名单一经确定，应尽早告知相关人员，使其有所准备。在一般情况下，确定一位剪彩者时，必须尊重其个人意愿，切勿勉强。需要由数人同时担任剪彩者时，应分别告知每位剪彩者届时他将与何人同担此任，这是对剪彩者的一种尊重。千万不要"临阵磨枪"，在剪彩开始前强拉硬拽，临时找人凑数。

必要之时，可在剪彩仪式举行前，将剪彩人员集合在一起，告知他们有关的注意事项，并稍加排练。按照常规，剪彩人员应着套装、套裙或制服，将头发梳理整齐。不允许戴帽子或者戴墨镜，也不允许穿着便装。

若剪彩者仅为一人，其剪彩时居中而立即可。若剪彩者不止一人时，则同时上场剪彩的剪彩者的位次尊卑就必须予以重视。一般的规矩是：中间高于两侧，右侧高于左侧，距离中间站立者越远位次越低，即主剪者应居于中央的位置。需要说明的是，之所以规定剪彩者的位次"右侧高于左侧"，主要是因为这是一项国际惯例，剪彩仪式理当遵守。其实，剪彩仪式无外宾参加时，执行我国"左侧高于右侧"的传统做法，亦无不可。

助剪者，指的是剪彩者在剪彩的一系列过程中从旁为其提供帮助的人员。一般助剪者多由女性担任，现在，人们对她们的常规称呼是礼仪小姐。

具体而言，在剪彩仪式上服务的助剪者，又可以分为迎宾员、引导员(导位)、服务员、拉彩员、捧花员、托盘员。迎宾员的任务，是在活动现场负责迎来送往；引导员的任务，是在剪彩时负责带领剪彩者登台或退场；服务员的任务，是为来宾尤其是剪彩者提供饮料，安排休息之处；拉彩员的任务，是在剪彩时展开、拉直红色缎带；捧花员的任务，是在剪彩时手托花团；托盘员的任务，是为剪彩者提供剪刀、手套等剪彩用品。

一般情况下，迎宾员与服务员应不止一人。引导员既可以是一个人，也可以为每位剪彩者各配一人。拉彩员通常应为两人。捧花员的人数则需要视花团的具体数目而定，一般应为一花一人。托盘员可以为一人，亦可以为每位剪彩者各配一人。有时，礼仪小姐亦可身兼数职。

礼仪小姐的基本条件是面容姣好、身材颀长、年轻健康、气质高雅、音色甜美、反应敏捷、机智灵活、善于交际。礼仪小姐的最佳装束应为化淡妆、盘起头发,穿款式、面料、色彩统一的单色旗袍,配肉色连裤丝袜、黑色高跟皮鞋。除戒指、耳环或耳钉外,不佩戴其他任何首饰。有时,礼仪小姐身穿深色或单色的套裙亦可。但是,她们的穿着打扮必须尽可能地整齐划一。必要时,可向外单位临时聘请礼仪小姐。

(四)剪彩程序

在正常情况下,剪彩仪式应在行将启用的建筑、工程或者展销会、博览会的现场举行。正门外的广场、正门内的大厅,都是可以优先考虑的。活动现场可略加装饰。剪彩之处悬挂写有剪彩仪式具体名称的大型横幅,更是必不可少的。

一般来说,剪彩仪式宜紧凑,忌拖沓。短则一刻钟,长则不宜超过一个小时。

按照惯例,剪彩既可以是开业仪式中的一项具体程序,也可以独立出来,由其自身的一系列程序所组成。独立进行的剪彩仪式通常包含以下六项基本程序。

1.请来宾就位

在剪彩仪式上,通常只为剪彩者、来宾和东道主单位的负责人安排座席。在剪彩仪式开始时,应敬请大家在已排好顺序的座位上就座。在一般情况下,剪彩者应就座于前排,若剪彩者不止一人时,则应按照剪彩时的具体顺序就座。

2.宣布仪式正式开始

主持人宣布仪式开始后,乐队演奏音乐,现场可燃放鞭炮,全体人员应热烈鼓掌。此后,主持人向全体人员介绍到场的重要来宾。

3.奏国歌

此刻须全场起立。必要时,亦可随之演奏本单位标志性歌曲。

4.发言

发言者依次应为东道主单位的代表、上级主管部门的代表、地方政府的代表、合作单位的代表等。发言内容应言简意赅,每人不超过三分钟,发言重点应为介绍、道谢与致贺。

5.剪彩

此刻,全体人员应热烈鼓掌,必要时还可奏乐或燃放鞭炮。在剪彩前,须向全体人员介绍剪彩者。

6.进行参观

剪彩之后,东道主应陪同来宾参观被剪彩之物。仪式至此宣告结束。随后东道主单位可向来宾赠送纪念礼品,并以自助餐款待全体来宾。

最后,剪彩的做法必须标准无误。正式剪彩时,剪彩者与助剪者的具体做法必须合乎规范,否则就会使其效果大受影响。

二、签约仪式礼仪

(一)签约仪式的准备工作

1.布置好签约厅

签约厅应布置得庄重、整洁、清静。室内应铺地毯,正规的签约桌应为长桌,其上最好铺设深绿色的台呢布。签约桌应横放于室内,其后可摆放适量的座椅。签署双边合同时,可放置两张座椅,供签约人就座。签署多边合同时,可以仅放一张座椅,供各方签约人签约时轮流就座。也可以给每位签约人提供座椅。签约人就座时,一般应面对正门。

2.文件、文具准备

在签约桌上,循例应事先摆放好待签的合同文本以及签约笔、吸墨器等签约时所用文具。

3.涉外签约国旗准备

与外商签署涉外商务合同时,还需在签约桌上插放有关各方的国旗。插放国旗时,在其位置与顺序上,必须按照礼宾序列,有关各方的国旗须插放在该方签约人座椅的正前方。

(二)签约仪式的座次安排

1.签署双边合同

签署双边合同时,应请客方签约人在签约桌右侧就座,主方签约人则应同时就座于签约桌左侧。双方各自的助签人,应分别站立于己方签约人的外侧,以便随时为签约人提供帮助。双方其他随员,可以按照一定顺序在己方签约人的正对面就座。也可依照职位的高低,依次自左至右(客方)或是自右至左(主方)列成一行,站立于己方签约人的身后。当一行站不下时,可按照以上顺序并遵照"前高后低"的惯例,排成两行、三行或四行。原则上,双方随员人数应大体相当。

2.签署多边合同

签署多边合同时,一般仅设一个签约椅。各方签约时,须依照各方事先同意的先后顺序依次上前。助签人应随签约人一同行动。在助签时,依"右高左低"的规矩,助签人应站立于签约人的左侧。各方的随员应按照一定的序列,面对签约桌就座或站立。

(三)待签合同文本的要求

(1)依照商界的习惯,在正式签署合同之前,应由举行签约仪式的主方负责准备待签合同的正式文本。主方应会同各方一道指定专人,共同负责合同的定稿、校对、印刷与装订。按常规,主方应为在合同上正式签约的各方均提供一份待签的合同文本。必要时,还可再向各方提供一份副本。

(2)按照国际惯例,签署涉外商务合同时,待签的合同文本应同时使用各方的官方语言。

(3)待签的合同文本应由精美的白纸印制而成,按大八开的规格装订成册,并用高档材料(如真皮、金属、软木等)制作封面。

(四)签约仪式程序

签约仪式的正式程序一共分为四项,分别如下。
(1)签约仪式正式开始时各方主要人员进入签约厅,在既定的位次上就位。

（2）签约人正式签署合同文本通常的做法是首先签署己方保存的合同文本，接着再签署他方保存的合同文本。商务活动规定每个签约人在己方保存的合同文本上签约时，按惯例应当名列首位。因此，每个签约人均应首先签署己方保存的合同文本，然后再交由他方签约人签约，这一做法称为轮换制。它的含义是在位次排列上，轮流使各方均有机会居于首位一次，以显示机会均等、各方平等。

（3）签约人正式交换经各方正式签署的合同文本。此时，各方签约人应热烈握手，互致祝贺，并相互交换各自一方刚才使用过的签约笔，以示纪念。全场人员应鼓掌表示祝贺。

（4）共饮香槟酒互相道贺。交换已签的合同文本后，有关人员，尤其是签约人当场共饮香槟酒互相道贺，是国际上通行的用以增添喜庆色彩的做法。

三、颁奖礼仪

（一）颁奖仪式程序

颁奖仪式包括以下程序。

（1）引导员把受奖人领上台。引导上台礼仪如图 10-1 所示。

（2）礼仪小姐用托盘托住奖品上台。注意，礼仪小姐手臂与同侧腰大约是一拳的距离，端托盘时，大拇指是露在托盘外面的。托住奖品上台礼仪如图 10-2 所示。

图 10-1　引导上台礼仪

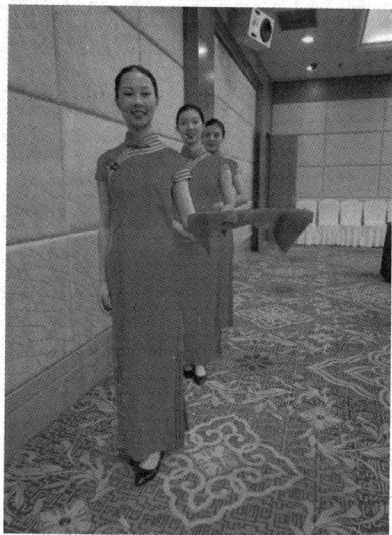

图 10-2　托住奖品上台礼仪

（3）引导员把颁奖人引导上台。

（4）礼仪小姐双手递呈且微躬让颁奖人接过奖杯或证书。注意，礼仪小组向前微躬15°把奖杯或证书递给颁奖人。递呈奖品礼仪如图 10-3 所示。

（5）礼仪小姐下台。

（6）颁奖人和受奖人拍照留念后，引导员分别把颁奖人和受奖人引导回位。

图 10-3 递呈奖品礼仪

(二)特殊情况处理

(1)颁奖人在台上。

①礼仪小姐直接把奖品用托盘托上台,把奖杯或证书直接递交给颁奖人。

②引导员把受奖人引导上台。

③颁奖人和受奖人拍照留念后,引导员将受奖人引导回位。

(2)受奖人在台上(受奖人人数少)。

①引导员直接把颁奖人引导上台。礼仪小姐随颁奖人身后上台,颁奖人与礼仪小姐各站一边,颁完奖后礼仪小姐马上离开。

②颁奖人和受奖人合照完后,引导员分别将颁奖人和受奖人引导回位。

(3)颁奖场地不大(只有一位颁奖人)。

①先由引导员把受奖人引导上台。

②再由另一位引导员把颁奖人引导上台。

③礼仪小姐随颁奖人身后上台。

④把奖品递给颁奖人后,礼仪小姐马上离开(从受奖人身后离开)。

⑤颁奖人和受奖人合照完后,引导员分别将颁奖人和受奖人引导回位。

模拟实训 剪彩礼仪

一、实训情境

某市文化艺术馆落成典礼上,文化艺术馆领导和政府领导嘉宾共 5 人剪彩。地点设在艺术馆东门前面的广场。

二、实训目标

掌握剪彩礼仪。

三、实训准备

（1）物品准备：红色缎带、新剪刀、白色薄纱手套、托盘、红地毯、礼仪服务旗袍等。

（2）场地准备：会议实训室。

（3）人员准备：人员分为两组，一组扮演嘉宾，另一组扮演礼仪服务人员。

四、实训组织

活动流程：来宾就位；宣布仪式正式开始；奏国歌；发言；剪彩；进行参观。

每组按照不同情境进行模拟实训，可以互换角色；完成一批操作后，师生及时点评并纠错。

五、实训步骤

实训步骤表如表 10-5 所示。

表 10-5　实训步骤表

序号	步骤	服务礼仪标准
1	登场	主持人宣告剪彩开始，礼仪小姐应率先登场。上场时，礼仪小姐应排成一行行进，从两侧同时登台或是从右侧登台均可。登台之后，拉彩员与捧花员应当站成一行，拉彩员处于两端拉直红色缎带，捧花员各自双手捧花团。托盘员须站立在拉彩员与捧花员身后1米左右的位置，并且自成一行
2	登场后	剪彩者登台时，引导员应在其左前方进行引导，使其就位。剪彩者登台时，宜从右侧出场。当剪彩者均已到达既定位置之后，托盘员应前行一步，到达前者的右后侧，以便为其递上剪刀、手套
3	介绍	剪彩者若不止一人，则其登台时亦应列成一行，主剪者行进在前。在主持人向全体人员介绍剪彩者时，剪彩者应面带微笑向大家欠身或点头致意。剪彩者行至既定位置之后，应向拉彩员、捧花员含笑致意。当托盘员递上剪刀、手套时，剪彩者亦应微笑着向对方道谢
4	正式剪彩前	剪彩者应首先向拉彩员、捧花员示意
5	正式剪彩	剪彩者集中精力，右手持剪刀，表情庄重地将红色缎带一刀剪断。若多名剪彩者同时剪彩时，其他剪彩者应注意主剪者动作，与其协调一致，力争大家一起同时将红色缎带剪断。按照惯例，剪彩以后，红色花团应准确无误地落入托盘员手中的托盘里，切勿坠地。为此，需要捧花员与托盘员良好的合作
6	正式剪彩后	剪彩者在剪彩成功后，可以右手举起剪刀，面向全体人员致意。然后把剪刀、手套放于托盘之内，举手鼓掌。接下来，可依次与主人握手道喜，并列队在引导员的引导下退场
7	退场	退场时，一般宜从右侧下台。待剪彩者退场后，其他礼仪小姐方可列队由右侧退场
8	仪态	不管是剪彩者还是助剪者在上下场时，都要井然有序、步履稳健、神态自然。在剪彩过程中，要表现得不卑不亢、落落大方

六、实训评价

实训评价表如表 10-6 所示。

表 10-6 实训评价表

被评估人			评估地点	
评估项目	剪彩礼仪			
评估标准	评估内容	分值/分	小组评估	自我评估
	仪容仪表	10		
	准备工作	20		
	剪彩流程	30		
	操作规范	30		
	仪态	10		
	合计	100		

模拟实训 签约礼仪

一、实训情境

情境1：4月8日下午，××汽车股份有限公司大冶分公司校企合作签约仪式在酒店会议室举行。市相关部门领导、某市职业技术学院院长和相关负责人参加仪式。

情境2：由××市人民政府主办，××市商务局、××市外办共同承办的××市与"一带一路"国家贸易投资对接会暨重大项目签约仪式在某酒店成功举办。请模拟制造业A企业与哈萨克斯坦B企业签约场景。

二、实训目标

掌握签约礼仪。

三、实训准备

(1)物品准备：签约仪式场地、签约桌椅、国旗、花卉、文本、笔、香槟酒等。

(2)场地准备：会议实训室。

(3)人员准备：人员分为两组，一组扮演嘉宾，另一组扮演礼仪服务人员。

四、实训组织

(1)布置好签约厅；安排好签约时的座位；预备好签约的合同文本；规范好签约礼仪人员的服饰；程序化签约仪式服务礼仪。

(2)每组按照不同情境进行模拟实训，可以互换角色；完成一批操作后，师生及时点评并纠错。

五、实训步骤

实训步骤表如表 10-7 所示。

表 10-7　实训步骤表

序号	步骤	服务礼仪标准
1	环境准备	布置好签约厅。签约厅布置得庄重、整洁、清静。室内应铺地毯,正规的签约桌应为长桌,其上最好铺设深绿色的台呢布。签约桌应横放于室内,其后可摆放适量的座椅。签署双边合同时,可放置两张座椅,供签约人就座。签署多边合同时,可以仅放一张座椅,供各方签约人签约时轮流就座。也可以人每位签约人提供座椅。签约人就座时,一般应面对正门
2	物品准备	在签约桌上,循例应事先摆放好待签的合同文本以及签约笔、吸墨器等签约时所用文具
3	涉外签约国旗准备	与外商签署涉外商务合同时,还需在签约桌上插放有关各方的国旗。插放国旗时,在其位置与顺序上,必须按照礼宾序列,有关各方的国旗须插放在该方签约人座椅的正前方
4	座次安排	签署双边合同时,应请客方签约人在签约桌右侧就座,主方签约人则应同时就座于签约桌左侧。双方各自的助签人,应分别站立于己方签约人的外侧,以便随时对签约人提供帮助,双方其他随员,可以按照一定顺序在己方签约人的正对面就座。也可依照职位的高低,依次自左至右(客方)或是自右至左(主方)列成一行,站立于己方签约人的身后。当一行站不下时,可按照以上顺序并遵照"前高后低"的惯例,排成两行、三行或四行。原则上,双方随员人数,应大体上相当
5	服务礼仪	(1)引领各方入席。 (2)交换已签订的合同文本后,礼仪小姐用托盘端上香槟酒,有关人员,尤其是签约人会当场共饮香槟酒互相道贺。 (3)有次序退场。引导员引领双方领导先退场,然后东道主再退场。整个签约仪式以半小时为宜

六、实训评价

实训评价表如表 10-8 所示。

表 10-8　实训评价表

被评估人			评估地点	
评估项目	签约礼仪			
评估标准	评估内容	分值/分	小组评估	自我评估
	仪容仪表	10		
	环境准备	10		
	物品准备	10		
	涉外礼仪	20		

续表

评估标准	评估内容	分值/分	小组评估	自我评估
	座次安排	20		
	服务礼仪	20		
	仪态	10		
	合计	100		

模拟实训　颁奖礼仪

一、实训情境

2022年2月6日20:00,在北京颁奖广场举行了北京冬奥会短道速滑混合团体接力项目颁奖仪式,中国队获颁首金,现场进行了升国旗和奏国歌仪式。

二、实训目标

掌握颁奖礼仪并会处理突发问题。

三、实训准备

(1)物品准备:颁奖场地、奖品、奖杯、颁奖礼服等。

(2)场地准备:会议实训室。

(3)人员准备:人员分为两组,一组扮演嘉宾,另一组扮演礼仪服务人员。

四、实训组织

(1)活动流程:一般情况颁奖操作流程;特殊情况颁奖操作流程。

(2)每组按照不同情境进行模拟实训,可以互换角色;完成一批操作后,师生及时点评并纠错。

五、实训步骤

实训步骤表如表10-9所示。

表10-9　实训步骤表

序号	步骤	服务礼仪标准
1	引领	引导员把受奖人引领上台
2	托盘	礼仪小姐用托盘托住奖品上台。注意,礼仪小组手臂与同侧腰大约是一拳的距离,端托盘时,大拇指是露在托盘外面的
3	引领	引导员再把颁奖人引领上台
4	递交	礼仪小姐双手递呈且鞠躬让颁奖人接过奖杯或证书。注意,礼仪小组向前微躬15°把奖杯或证书递给颁奖人
5	下台	礼仪小姐先下台
6	引领	等颁奖人和受奖人拍照留念后,引导员分别把颁奖人和受奖人引导回位

续表

序号	步骤	服务礼仪标准
7	特殊情况	(1)颁奖人在台上。 ①礼仪小姐直接把奖品用托盘托上台,把奖杯或证书直接递交给颁奖人。 ②引导员把受奖人引导上台。 ③颁奖人和受奖人拍照留念后,引导员将受奖人引导回位。 (2)如果受奖人在台上(受奖人人数少)。 ①引导员直接把颁奖人引导上台。礼仪小姐随颁奖人身后上台,颁奖人与礼仪小姐各站一边,颁完奖后礼仪小姐马上离开。 ②颁奖人和受奖人合照完后,引导员分别将颁奖人和受奖人引导回位。 (3)颁奖场地不大(只有一位颁奖人)。 ①先由引导员把受奖人引导上台。 ②再由另一位引导员把颁奖人引导上台。 ③礼仪小姐随颁奖人身后上台。 ④把奖品递给颁奖人后,礼仪小姐马上离开(从受奖人身后离开)。 ⑤颁奖人和受奖人合照完后,引导员分别将颁奖人和受奖人引导回位

六、实训评价

实训评价表如表 10-10 所示。

表 10-10　实训评价表

被评估人			评估地点	
评估项目		颁奖礼仪		
评估标准	评估内容	分值/分	小组评估	自我评估
	仪容仪表	10		
	准备工作	20		
	引领	20		
	托盘	10		
	递交	10		
	特殊情况	20		
	仪态	10		
	合计	100		

项目训练
参考答案
▼

项目训练

一、判断题

1.会标是会议主要议题的文字性标志,通常挂在醒目的位置以突出会议的主题。
(　　)

2.翻译人员的座位一般邻近主人和主宾,位其左侧。(　　)

3.所谓圆桌会议,是指一种平等对话的协商会议形式,是一个与会者围圆桌而坐的会议。(　　)

4.剪彩仪式上虽然有众多的惯例、规则,但也可以灵活调整。(　　)

5.茶歇的场地布置不宜远离会场,最好就在会议门口的走廊、大厅等地方,方便到达,节省时间。(　　)

二、简答题

1.独立进行的剪彩仪式通常应包含哪六项基本程序?

2.签署双边合同时应该注意哪些礼仪?

3.颁奖仪式包括哪些程序?

项目十一
景区服务礼仪

项目目标

知识目标
了解景区各个岗位正确的仪容、仪表、仪态要求；
掌握景区各个岗位在工作中的基本行为礼仪规范。

能力目标
能够使用正确的礼貌用语问候并接待游客；
能够使用规范的礼仪动作引导和讲解；
能够在各个岗位中运用礼貌沟通技巧进行有效沟通。

思政目标
热爱本职工作，忠于职守；
增强服务意识，打造工匠精神；
培养良好的语言习惯和行为习惯。

知识框架

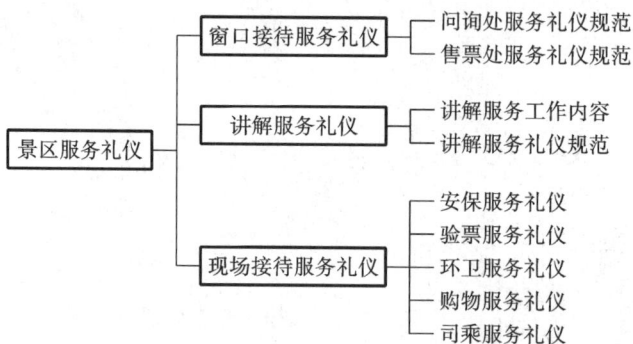

景区服务礼仪
- 窗口接待服务礼仪
  - 问询处服务礼仪规范
  - 售票处服务礼仪规范
- 讲解服务礼仪
  - 讲解服务工作内容
  - 讲解服务礼仪规范
- 现场接待服务礼仪
  - 安保服务礼仪
  - 验票服务礼仪
  - 环卫服务礼仪
  - 购物服务礼仪
  - 司乘服务礼仪

教学重点

景区各岗位的服务礼仪规范。

教学难点

使用语言沟通艺术处理特殊情况。

案例导入

假期马上要到了,忙碌了几个月的小张,想找个景区游玩放松下。网友给他提供了几个景区的咨询电话。他首先拨打了网友推荐的一个集休闲、度假、娱乐为一体的A景区。电话铃响过五六声以后,传来了服务人员急促而又低沉的声音:"您好,这里是A景区。"

"您好,我是上海的一名游客,想在黄金周假期到你们景区游玩,可否咨询一下你们黄金周有没有优惠活动?"

"对不起,我们黄金周没有优惠活动。"

"那有没有一些特色旅游活动?"

"请问您是一日游还是度假游?"

"什么意思?"小张有些疑惑。

"如果是度假游,晚上我们景区会有大型篝火晚会,但是我们这里接待中心客房非常紧张,如果是一日游,没有特色旅游活动。"

"那就是说我去的话也不一定有地方住,是吗?"

"是的,我不敢保证。"

"噢,谢谢。"

"再见。"服务人员急不可待地挂了电话。

小张对A景区的满腔希望破灭了,于是他拨打了另一个景区的服务电话,优美的音乐过后,传来了服务人员甜美的声音,"您好,这里是B景区,很高兴为您服务。"

小张听后心里有些温暖,马上把刚才的问题重新问了一遍。服务人员回答:"对不起,我们这里黄金周没有优惠活动。但黄金周我们景区增添了很多新的活动项目会对游客开放,晚上有歌舞联谊会,门票价格不会上涨。"

"是吗,那住宿紧不紧张?"

"有些紧张,请问您打算几号来?"

"这有什么不同吗?"

"如果您3号来,我们的接待中心还有一个标间,如果是2号或之前来就没有房间了。"

"是这样啊。我3号来,没关系的。"

"那我帮您把3号的房间预订下来吧!"

"好的,谢谢!"

"请您把您的联系方式告诉我,如果您改变了主意,也请提前打电话告诉我,好吗?"

Note

"好的,没问题。"小张愉快地把联系方式告诉了对方。

放下电话,小张看看剩下的几个景区,心想没有必要再打电话了,因为经过两个景区电话服务的比较,他相信B景区的服务一定是很好的。

案例思考:案例中B景区接线员为什么能够把咨询的客人留住? A景区的接线员犯了哪些错误?

任务一　窗口接待服务礼仪

窗口接待服务一般发生于游客接待中心或景区入口,具有票务、游憩、购物、集散、解说、咨询投诉等旅游功能,同时还具备失物招领、物品寄存、医疗服务、邮政服务、残疾人设施提供等其他附属功能,主要包括问询处、售票处等岗位。

通过窗口接待服务,游客可以了解整个区域内的旅游环境并安排好游览计划。受首因效应的影响,窗口接待服务的质量,对游客后续在景区的游览体验有很大影响,因此窗口接待工作的礼仪规范就显得格外重要。

一、问询处服务礼仪规范

(1)问询处工作人员首先应该掌握大量的旅游综合知识,对游客关于景区和本地及周边区域情况的询问,要提供耐心、详细的答复和游览指导。

(2)在接受游客咨询时,应面带微笑,平视对方,全神贯注,集中精力,专心倾听,以示尊重和诚意。

(3)答复游客询问时,应做到有问必答,用词得体,简洁明了,不敷衍了事,言语不可偏激,避免夸张论调。

(4)接听投诉电话时,应首先报上景区名称和姓名,回答电话咨询时要热情、亲切、耐心、礼貌,通话完毕,确认对方先挂断电话后再挂断电话。

(5)如果遇到无法马上解决的问题,应向游客说明,并表示歉意。然后寻求其他部门一起帮游客解决问题,并及时反馈给游客。

二、售票处服务礼仪规范

(1)着装整洁,精神饱满,姿态端庄大方。

(2)笑脸相迎,主动招呼,热情问候,游客冲动或失礼时,应保持克制态度,不能恶语相向。

(3)耐心回答游客对票务等问题的询问,音量清晰适中,避免不耐烦的口气和神情,杜绝与游客发生口角。

(4)主动向游客解释优惠票价的享受条件,售票时做到热情礼貌、唱收唱付,拿好票据和余款,双手递送到游客手中,并说:"请拿好。"票据当面点清,售票完毕祝游客游览愉快。对不符合免票规定和折扣规定的游客,应礼貌、耐心地解释,如遇到难以解决的情况,应及时汇报景区领导。

(5)提醒临近闭园时间购票的游客景区的闭园时间,并向有关景点告知加班情况。

知识活页

首 因 效 应

首因效应是由美国心理学家洛钦斯首先提出的,也称为首次效应、优先效应或第一印象效应,是指最初接触到的信息所形成的印象对人们以后的行为活动和评价的影响,也即是"先入为主"带来的效果。虽然这些第一印象并非总是正确的,但却是最鲜明、最牢固的,并且决定着以后双方交往的进程。窗口接待服务中应充分利用好首因效应,给游客留下美好的第一印象,使游客的游览过程有一个良好的开端,为之后的景区服务做好铺垫。

模拟实训

一、实训情境

情境1:多个游客同时问询。

情境2:游客排队太久,有不满情绪。

情境3:接到游客投诉电话。

情境4:游客要求票价打折。

情境5:家庭团体(含老人、儿童)前来购票。

二、实训目标

(1)学会使用礼貌语言问候游客。

(2)能够使用沟通技巧礼貌处理特殊情况。

三、实训准备

(1)物品准备:售票系统、笔、纸、评分表等。

(2)场地准备:柜台式实操台。

(3)人员准备:学生分组(每组5~7人)进行情境模拟演示,一共5组。

四、实训组织

小组抽签获得情境主题后,合作完成一次情境演示。组内先进行角色分工,再一起讨论情境处理细节,最后模拟演示。完成演示后,其他小组和教师一起点评纠错,并在评分表内打分。

五、实训步骤

(1)学生在教师的组织下,分组抽签,并决定出场顺序(10分钟)。

(2)小组根据主题情境,进行模拟练习(20分钟)。

(3)按顺序进行情境模拟,每组结束后,其他小组和教师进行点评(50分钟)。

六、实训评价

实训评价表如表11-1所示。

表 11-1　实训评价表

被评估组			评估小组		
评估项目	窗口接待服务礼仪				
评估标准	评估内容	分值/分	小组评估	教师评估	综合得分
	仪容仪表	5			
	站姿、坐姿	5			
	问候礼仪	10			
	物品呈递、手势运用	10			
	语言运用(语气、语速、语调)	10			
	服务迅速	10			
	征求意见(主动、热情、真诚)	10			
	致谢道别(感谢游客、期待光临)	10			
	特情处置(应变、效果)	30			
	合计	100			

任务二　讲解服务礼仪

讲解服务工作是实现景区经济价值和社会价值的主要途径。讲解员是景区的形象大使,其讲解服务质量直接决定着游客的游览体验。

一、讲解服务工作内容

讲解服务工作内容主要包括以下环节。

(一)接待开始

刚接待游客时,应该做好以下讲解服务。

(1)代表本景区对游客表示欢迎。

(2)介绍本人姓名及所属单位。

(3)表达景区为游客提供良好服务的诚挚意愿。

(4)了解游客的旅游需求,表达希望游客对讲解工作给予支持配合的意愿。

(5)预祝游客游玩愉快。

(二)游览前

游览前的讲解服务要求包括以下几方面。

(1)向游客介绍本景区的简要情况,尤其是景点的背景、价值和特色。

(2)向游客适度介绍本景区的所在旅游地的自然、人文景观和风土人情等相关内容。

（3）提醒团队游客注意自己团队原定的游览计划安排，包括在景区停留的时间、主要游览路线，以及参观游览结束后集合的时间和地点。

（4）向游客说明游览过程中的注意事项，并提醒游客保管好自己的贵重物品。

（5）游程中如需讲解人员陪同游客乘车或乘船游览，讲解人员宜协助游客联系有关车辆或船只。

（三）游览中

严格按照讲解服务单位确定的游览线路和游览内容进行讲解服务，不得擅自减少服务项目或中止讲解服务。讲解内容的选取原则如下。

（1）有关景区内容的讲解，应有景区一致的总体要求。

（2）内容的取舍应以科学性和真实性为原则。

（3）民间传说的故事来源应为历史传承，任何景区和个人均不得为了景区经营目的而随意编造。

（4）有关景区内容的讲解应力避同音异义词语以免造成歧义。

（5）使用文言文时需注意游客的理解水平，需要使用时，宜以大众化语言予以补充解释。

（6）对历史人物或事件，应充分尊重历史的原貌。

（7）如遇尚存争议的科学原理或人物、事件，则宜选用中性词语予以表述。

（8）讲解内容如系引据他人此前研究成果，应在解说中予以适度说明，以利于游客今后的使用和知识产权的保护。

（四）游览结束时

讲解活动结束时，讲解员应做到以下几点。

（1）诚恳征求游客对本次讲解工作的意见和建议。

（2）热情地向游客道别。

（3）一般情况下，在游客离开之后方可离开。

游客离开景区后，或当天工作结束前，讲解员应做到以下几点。

（1）按照景区的规定，及时认真地填写工作日志或本单位规定的有关工作记录。

（2）如有特殊情况，及时向景区有关部门如实反映。

二、讲解服务礼仪规范

讲解服务礼仪规范主要包含以下要点。

（1）主动热情地迎接游客，问好并作自我介绍，介绍时要面带笑容，语气亲切，态度热情。

（2）尊重游客，礼貌待客，微笑服务，耐心倾听游客的意见，在合理且可行的情况下，尽量满足游客的要求。

（3）进行景区讲解时，表情要自然大方，语气语调自然亲切，话筒音量大小适中，距离要适当。

（4）导览时可适当做些手势，但宜少不多，动作幅度不要过大，指引手势要标准优雅。

（5）导览过程中要平均分配自己的注意力，尽量照顾全体成员，不可冷落任何一位游客，要关注并配合全体成员行走步伐的快慢。

（6）讲解时自始至终使用文明语言，回答问题时要耐心、和气、诚恳，不冷落、顶撞或轰赶游客，不与游客发生争执或矛盾。

模拟实训

一、实训情境

情境1：致欢迎辞。

情境2：游览出发前讲解服务——学校概况、游览线路、注意事项。

情境3：游览途中讲解服务——学校景观1。

情境4：游览途中讲解服务——学校景观2。

情境5：游览途中讲解服务——学校景观3。

情境6：游览途中讲解服务——学校景观4。

情境7：游览途中讲解服务——学校景观5。

情境8：游览途中讲解服务——学校景观6。

情境9：游览结束时讲解服务。

二、实训目标

（1）能够进行热情周到完整的欢迎致辞。

（2）能够对其他同学的导游讲解进行点评并学习到他人的长处。

（3）能够在讲解的不同阶段提供相应讲解服务。

三、实训准备

（1）物品准备：学校讲解词一份、户外小蜜蜂扩音器3个、评分表。

（2）场地准备：校园范围内（户外）。

（3）人员准备：教师根据学校实际情况，进行校园景观节点选取和讲解任务分配。学生自己设计校园讲解词一份。

四、实训组织

全体学生由教师带领在校园内进行实地讲解演练，根据学生数量和情境进行分组，每个情境由2~3人进行讲解，由学生代表和教师共同打分选出"校园金牌讲解员"。

五、实训步骤

（1）校园大门口集合，确认各讲解点的分工（5分钟）。

（2）完成从情境1到情境9的各阶段讲解考核（70分钟）。

（3）教师进行细节点评（15分钟）。

六、实训评价

实训评价表如表11-2所示。

表 11-2　实训评价表

讲解员				评估人	
评估项目		讲解服务礼仪			
评估标准	评估内容	评分标准	分值/分	得分	
	仪容、仪表、仪态	精神饱满、职业淡妆、着装得体、自信大方、手势优雅	20		
	讲解内容	内容准确、信息完整、重点突出,详略得当、逻辑性强	20		
	讲解技巧	通俗易懂、生动有趣、富有感染力	30		
	语言表达	普通话标准、语速自然流畅、语调适中	30		
	总计		100		

任务三　现场接待服务礼仪

现场接待服务礼仪主要包括安保服务礼仪、验票服务礼仪、环卫服务礼仪、购物服务礼仪、司乘服务礼仪。

一、安保服务礼仪

安保服务礼仪主要包括以下几点。

(1)着工装,帽子、腰带、手套、对讲机等附属品佩戴整齐。

(2)注重礼节礼貌,游客提问时应耐心、细致地解答。

(3)遇到游客求助,应及时提供有效的帮助。

(4)重视游客投诉意见,耐心倾听,及时反馈,不推脱应付了事。

(5)遇到游客有违反景区管理规定的行为,应运用语言艺术,及时有效地制止。

(6)交通引导要使用交通指挥常用标准手势,如停止信号、直行信号、减速慢行、示意靠边停车等。

(7)职权范围内难以解决的事,应耐心安抚游客,并及时与上级或相关部门联系。

二、验票服务礼仪

验票服务礼仪主要包括以下几点。

(1)着装整洁,精神饱满,面带微笑,采用标准站姿迎客。

(2)当游客靠近时,应用亲切目光欢迎,同时道出欢迎语:"您好/早上好/上午好/下午好/晚上好,欢迎来到×××。"

(3)开始验票前应用曲臂式引导手势示意:"请这边验票。"

(4)熟悉门票价格及优惠办法,逐个清点游客人数及门票张数,做到人票相符,对漏票、持无效证件、不符合免票规定的游客,要礼貌解释,说明原因,说服游客购票。如遇到难以解决的问题,应及时上报景区领导。

(5)验票口疏导游客,应目光注视游客,点头致意,并礼貌劝说游客往前走,不推拉或催促游客。

(6)老弱病残孕等特殊游客进入景区时,应主动予以协助。

(7)游客离去时,应礼貌道别,并预祝游玩愉快,欢迎再次光临。

三、环卫服务礼仪

环卫服务礼仪主要包括以下几点。

(1)着装整洁,保洁工具干净。

(2)工作过程中,如遇游客迎面走来应主动简单问候:"您好/早上好/上午好/下午好/晚上好。"

(3)对游客的协助和配合应主动表示感谢。

(4)工作过程中给游客造成不便时,要及时说"对不起,请稍等""请让一下"等。

(5)在过道遇游客时,必要时应侧身礼让游客。

(6)工作时,做到说话轻、走路轻、操作轻。

四、购物服务礼仪

购物服务礼仪主要包括以下几点。

(1)不仅自身仪容仪表要得体,还要保持购物场所干净整洁,商品摆放井然有序。

(2)主动问候进店游客,并热情接待每一位游客,不论游客是否购物,应一视同仁。

(3)主动为游客介绍当地特产和旅游商品,明码标价,无价格欺诈行为。

(4)善于使用语言沟通艺术,为游客介绍合适的商品。

(5)收银时要做到当面唱收唱付,以免发生误会或差错。

(6)游客购买旅游商品以后,予以妥善包装,便于提携。

(7)游客离开时,要及时提醒游客不要遗忘物品,并道:"谢谢光临,请慢走。"

五、司乘服务礼仪

司乘服务礼仪主要包括以下几点。

(1)注意仪表仪容,精神饱满,服饰整洁,不吃有异味的食品,保持良好的个人卫生。

(2)保持汽车的清洁,车内地板无脏物和脚印,座套干净,车窗玻璃无尘土;提前给车辆通风换气,保持车内空气清新,给人以舒适感。

(3)见到游客时,要点头致意,必要时问候:"您好/早上好/上午好/下午好/晚上好。"

(4)上车后,要提请游客系好安全带,并提醒晕车游客坐在前排,请同伴照顾。

(5)文明驾驶,遵守交通规则,不疲劳驾驶,不开斗气车。

(6)如遇复杂路面应提醒游客扶好、坐好,如途中出现紧急情况或意外事故时,要及时礼貌地向游客说明情况,并表示歉意,积极提供应对措施。

(7)游客下车前,要提醒游客带好随身物品,并道:"预祝玩得开心,请慢走。"

模拟实训

一、实训情境

情境 1：景区入口游客随意停车。

情境 2：验票口遇到不符合免票条件的游客。

情境 3：环卫工人在洗手间拖地，遇到一群游客进来如厕，排队时等得不耐烦。

情境 4：坐观光车时，小孩好奇心重，要坐前排副驾驶位置。

情境 5：在购物商店，遇到喜欢问问题的客人。

二、实训目标

(1)掌握安保服务礼仪。

(2)掌握验票服务礼仪。

(3)掌握环卫服务礼仪。

(4)掌握购物服务礼仪。

(5)掌握司乘服务礼仪。

三、实训准备

(1)物品准备：椅子、柜台、环卫用具、评分表。

(2)场地准备：对实训室进行区域划分，按照游客游览路线设计停车场、验票处、观光车上车点、厕所和购物商店。

(3)人员准备：学生分组(每组 5~7 人)进行情境模拟演示，一共 5 组。

四、实训组织

一组学生(被评估组)扮演综合接待岗位工作人员，包括安保人员、验票员、环卫工人、售货员、观光车司机，另一组学生扮演游客，对以下几种情境进行即兴演示。由教师和其他学生代表评价各个岗位的服务礼仪，选出最佳服务团队。

五、实训步骤

(1)学生在教师的组织下，进行分组并选出小组代表(5 分钟)。

(2)各小组内部分配岗位，并讨论各种情境下的应对方案(20 分钟)。

(3)各小组轮流模拟综合服务岗位团队，由指定学生扮演游客，对提供的情境即兴发挥，考核服务岗位工作人员的应变能力(40 分钟)。

(4)按顺序进行情境模拟结束后，教师和小组代表进行点评(20 分钟)。

六、实训评价

实训评价表如表 11-3 所示。

表 11-3　实训评价表

服务团队			评估人	
评估项目	现场接待服务礼仪			
评估标准	评估内容	评分标准	分值/分	得分
	安保人员服务礼仪	(1)基本服务礼仪(10 分) (2)特情处置(10 分)	20	

续表

	评估内容	评分标准	分值/分	得分
评估标准	验票员服务礼仪	(1)基本服务礼仪(10分) (2)特情处置(10分)	20	
	司乘人员服务礼仪	(1)基本服务礼仪(10分) (2)特情处置(10分)	20	
	环卫工人服务礼仪	(1)基本服务礼仪(10分) (2)特情处置(10分)	20	
	购物商店售货员服务礼仪	(1)基本服务礼仪(10分) (2)特情处置(10分)	20	
	总计		100	

项目训练

项目训练
参考答案
▼

简答题

1.景区窗口问询处需要遵守哪些服务礼仪?

2.景区窗口售票处需要遵守哪些服务礼仪?

3.景区讲解员需要遵守哪些服务礼仪?

4.景区安保人员需要遵守哪些服务礼仪?

5.景区验票员需要遵守哪些服务礼仪?

6.景区环卫工人需要遵守哪些服务礼仪?

7.景区购物商店售货员需要遵守哪些服务礼仪?

8.景区司乘人员需要遵守哪些服务礼仪?

Note

项目十二
导游服务礼仪

项目
目标

知识目标

理解导游具备良好服务礼仪的重要意义；

熟悉导游服务礼仪具体内容；

掌握导游应特别注意的服务礼仪问题。

能力目标

能够在导游接待过程中使用柔性语言；

能够将站姿、表情、眼神交流、手势等礼仪规范使用在导游讲解过程中；

能够在导游接待过程中提供规范的礼仪服务。

思政目标

培养主人翁心态，注意维护国家和民族形象；

学习、掌握并遵守国家和地方法律法规；

遵守社会公德，爱护公共设施；

尊重民族传统，尊重游客的风俗习惯和宗教信仰。

知识
框架

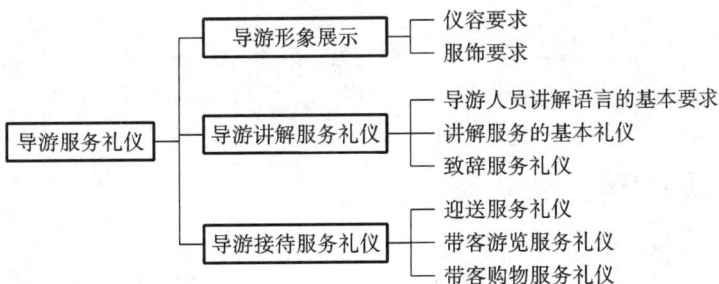

导游形象展示 —— 仪容要求 / 服饰要求

导游服务礼仪 —— 导游讲解服务礼仪 —— 导游人员讲解语言的基本要求 / 讲解服务的基本礼仪 / 致辞服务礼仪

导游接待服务礼仪 —— 迎送服务礼仪 / 带客游览服务礼仪 / 带客购物服务礼仪

教学
重点

导游在迎接游客、带团游览、讲解服务等过程中的基本礼仪规范。

导游有礼、有理、有据地处理带团工作中出现的特殊情况。

　　导游小梅下团后心情非常不好,游客对她的穿戴打扮提了意见。接团前小梅精心打扮了一番,做了个大波浪发型,戴了一条金项链和一对钻石耳环,还戴了一条镶嵌宝石的手链,服装和手提包也都是名牌。到了机场,小梅就觉得团队的游客对她"视而不见",因为出口处就只有她一个导游,可是游客还一个劲儿地寻找,直到小梅打着旗子走过去问他们,他们才意识到小梅就是导游。上车以后,小梅发现大多数游客低眼看着她窃窃私语。小梅开始讲解,可无论是自我介绍,还是沿途景观介绍,游客都没有反应,大家的眼睛都看往车窗外。吃饭的时候,领队对小梅说:"小姑娘,你打扮得太过了,有点喧宾夺主、不注重场合了。明天最好换一换。"小梅心里不服气。她想:我怎么打扮是自己的事情,还要你们来管吗?

　　第二天小梅换了一套更名贵的服装,又换了一条更奢华的项链,上面有一颗大钻石。可是,不管小梅讲什么,游客还是不理不睬,只有领队重复集合时间的时候,游客才应了几声。在送别游客的检票口,团长把小费递给小梅的时候说:"你的讲解很不错,这几站就数你第一。不过,你的首饰也数第一,太抢眼了!大家是出来旅游的,不是来看你的首饰展示的。"小梅感到很沮丧,难道打扮漂亮也有错?

　　案例评析:导游的工作是为游客提供服务的,因此在着装礼仪上,不能让游客产生被炫耀、被比较的感觉。小梅的穿戴打扮不符合导游的职业角色,给客人留下了不良的"第一印象",因此在后续的导游服务过程中,无论小梅的讲解如何优秀,都很难获得游客的认可。

任务一　导游形象展示

一、仪容要求

导游仪容要求具体如下。

(1)保持头发清洁和整齐。女性导游发型的基本要求是干净利落、端庄大方、朝气蓬勃。不留披肩发,不留过低的刘海。发式一般以盘发、短发或齐耳直发为宜,特别注意避免使用色泽过于艳丽的发饰。男性导游发型的基本要求是体现刚毅、有力。发型不宜偏女性化,且与脸型、衣着相协调,不烫发,脑后头发不触及衣领。

(2)保持牙齿洁净。

（3）女士可化淡妆，但不能浓妆艳抹，不当众化妆或补妆。

（4）男士应修短鼻毛，不蓄须。

（5）注意手部清洁。

（6）证件佩戴要正确。

知识活页

　　由于导游室外工作时间比较多，因此防晒是护肤的重中之重。不重视防晒的后果是皮肤容易晒伤、老化较快、容易长斑等。因此户外活动前，要穿好防晒衣，戴帽子和墨镜等，同时尽量使用防晒面霜。

　　男性相对于女性而言，皮肤一般较粗糙，毛孔大，汗液和油脂分泌量大，外界灰尘、污垢容易积聚在皮肤上，造成毛孔堵塞。因此，男士的洁面护理更为重要。

二、服饰要求

导游在社交场合和外事活动中除适度修饰仪容仪表外，还应注重穿着。在相对正式的场合，最好穿礼服，男士着西服、中山装等，女士可穿旗袍、套装、连衣裙、民族服装等。

在日常交往和工作中可穿方便导游服务工作的各式便装、休闲装等。但必须注意着装的一些基本原则和各种配饰的佩戴礼仪：男士不能穿短裤，女士不能穿超短裙；面向游客讲解时不能戴太阳镜；进入室内、场内应摘取帽子、太阳镜等；与人握手要摘掉手套等。

模拟实训

一、实训情境

评选形象和着装最符合特定情境的导游。

二、实训目标

掌握导游仪容仪表要求。

三、实训准备

（1）物品准备：化妆设备、评分表等。

（2）场地准备：职业形象设计实训室。

（3）人员准备：每位学生为自己设计一套特定情境下的导游服装。

四、实训组织

学生在职业形象设计实训室，自行设计导游职业形象，进行导游风采展示，并做简要说明。由学生和教师一起评出"最美导游"。

五、实训步骤

（1）课前发出任务书，请每位学生设计一套特定情境下的导游服装，并将服装和道具带到职业形象设计实训室。

（2）课堂上，学生在职业形象设计实训室对职业形象进行最后修饰。

（3）每位学生 2 分钟，进行导游风采展示，并做简要介绍说明。

（4）由教师组织投票，选出"最美导游"。

六、实训评价

实训评价表如表 12-1 所示。

表 12-1　实训评价表

导游员				评估人	
评估项目		导游职业形象			
评估标准	评估内容	评分标准		分值/分	得分
	仪容	头发、面容、指甲		20	
	仪表	服装、配饰		20	
	职业性	是否符合导游职业		30	
	工作场景	是否符合自述的导游工作场景		30	
		合计		100	

任务二　导游讲解服务礼仪

一、导游讲解语言的基本要求

（一）正确

导游语言使用应当正确，即导游语言的规范性，这是导游语言科学性的具体体现。语言正确是导游在讲解时必须遵守的基本要求。导游语言的正确性主要表现在下述四个方面。

（1）语音、语调、语法正确。

（2）内容正确。

（3）观点正确。

（4）正确使用成语、名人名言。

（二）清楚

导游人员在讲解和交谈时，应注意以下几点。

（1）口齿清楚，简洁明了，确切达意，措辞恰当，组合相宜，层次分明，逻辑性强。

（2）语音、语调要适度、优美。在讲解过程中，导游的声音要适度，不高不低，以使在场的游客听清为宜。

（3）要正确掌握语言节奏。导游语言的节奏涉及说话的快慢、语句的停顿及声调的高低,节奏运用得当,不仅使游客听得清楚明了,而且可以使他们心领神会,情随意转,从而收到良好的信息传递效果。

(三)生动

游客在旅途中追求的是轻松愉快,在游览中期望的是导游活泼风趣的讲解。生动形象是导游语言美之所在,是导游语言的艺术性和趣味性的具体体现,这要求导游在讲解时力争做到以下几点。

(1)使用形象化的语言。

(2)语言生动流畅。

(3)注意趣味性。

(4)恰当比喻。

(5)幽默风趣。

(6)表情、动作的有机配合。

(7)互动式讲解。

导游在讲解中合理运用修辞手法和格言典故,如运用比喻、拟人、夸张、排比等修辞手法,并恰当地使用游客所熟悉的谚语、俗语、歇后语、格言、典故。

(四)灵活

导游根据不同的对象和时空条件进行讲解,注意因人而异,因时制宜,因地制宜,善于察言观色,注意把握时机。导游在与游客交谈时,要能听话听音,随机应变,就地取材,引出新的话题。

二、讲解服务的基本礼仪

(一)站姿

导游讲解时,站姿要规范,挺胸立腰,端正庄严。如在车内讲解站立时,应面对游客,肩膀可适当倚靠车厢内壁或腰部靠在车内讲解护栏上,也可以一只手扶着椅背或栏杆。

实地讲解时,一般不要边走边讲,应停止行走,面对游客,身体重心放在脚上,上身要稳,不可来回摇摆,表现出安定的姿势。

(二)表情

讲解时,导游要带有丰富的感情色彩,面带微笑,特别是精彩之处或游客兴致高的时候,导游在表情上都应有所体现。

(三)眼神交流

导游讲解是一种互动,双方可以进行眼神交流。游客往往可以通过调动视觉器官——眼睛,从导游的一个微笑、一个眼神、一个手势中加强对讲解内容的理解。

(四)手势

手势有助于讲解内容的生动表达,讲解时适当的手势不仅能够强调讲解的内容,而且能够生动地表达一些语言无法传递的信息,使整个讲解更加生动形象。一般而言,导游讲解的手势有情意手势(用来表达情感,使之具象化)、指示手势(指向具体对象)、象形手势(模拟物体)。

三、致辞服务礼仪

(一)欢迎辞

导游在接团时,有准备地致欢迎辞,很容易在第一时间和游客建立感情。欢迎辞就像是一场戏的序幕、一篇乐章的序曲、一部作品的序言,是给客人留下良好第一印象的极佳机会。欢迎辞力求简短、热情、精彩,用词要恰当,不可过于拘谨,不可夸夸其谈,以免给人以不可信任感。专业的欢迎辞应该包含以下几部分。

(1)问候团队游客,并代表旅行社表示热烈欢迎。

(2)自我介绍,包括自己的姓名和职务,司机的姓名和所驾车的车牌号以及其他参加接待人员的姓名和职务。

(3)简要介绍当地风土人情和游览目的地的基本情况,以及游览日程的大致安排。

(4)表明自己的工作态度,即愿竭尽全力为游客做好导游服务。

(5)祝愿游客旅行愉快,并希望得到游客的合作与支持。

欢迎辞的常用模式有风趣式、闲谈式、感慨式、朗诵式、猜谜式、讲故事式等,形式不限,但求在第一时间抓住游客的心。

(二)欢送辞

欢送辞是旅行结束后,导游为表示惜别、感谢合作、征求意见、期待重逢所作的口头演说。好的欢送辞犹如一篇好文章的精彩结尾,会给游客留下长久的怀念与美好的记忆。欢送辞主要包括如下几个方面的内容。

(1)表达惜别之情。不少游客在短短数天的游览中,已成了导游的朋友,分别时依依不舍。

(2)对游客的配合与支持表示感谢。一次成功的旅游活动是游客与导游双方共同合作、共同努力的结果。

(3)欢迎批评。在旅游接待过程中,难免在服务上有欠缺和言行不当的地方,通过欢送辞可向游客表示歉意,以求得他们的谅解。同时,也应表示出欢迎批评的意思,征求意见、欢迎批评往往会给游客留下非常好的印象。

(4)期待下一次重逢。可引用些名言、谚语及有文采的语句,表达愿意再见的情感。

模拟实训

一、实训情境

学生作为导游,带领同学们从学校出发,到当地某一特色景点(如孔庙)进行讲解,再返回学校。

二、实训目标

掌握导游讲解服务礼仪要点及致辞服务礼仪。

三、实训准备

(1)物品准备:扩音器、导游旗、评分表等。

(2)场地准备:当地某一特色景点,如孔庙(可乘公共交通直达)。

(3)人员准备:每个学生为当地某一特色景点设计导游词,包括车载导游、景区概况、景区各景点介绍,返程导游词等内容。

四、实训组织

教师带学生到当地特色景点(如孔庙)进行实践演练,一共分6个部分讲解,学生抽签决定当天讲解内容。

五、实训步骤

(1)车载导游。

(2)孔庙门前介绍。

(3)孔子雕塑介绍。

(4)孔庙建筑介绍。

(5)孔子学堂介绍。

(6)返程途中致欢送辞。

六、实训评价

实训评价表如表12-2所示。

表 12-2 实训评价表

导游员				评估人	
评估项目	车载导游/孔庙门前介绍/孔子雕塑介绍/孔庙建筑介绍/孔子学堂介绍/返程途中致欢送辞				
	评估内容	评分标准		分值/分	得分
评估标准	仪容仪表	衣着端庄整齐,表情自然大方,手势标准,仪态优雅		20	
	讲解内容	内容完整、条理清晰、详略得当,主题突出,有一定创新性		20	
	讲解技巧	语音清晰,语速适中,节奏合理		30	
	表达能力	语言准确、规范;表达流畅,有生动性和趣味性;富有感染力		30	
	合计			100	

任务三　导游接待服务礼仪

一、迎送服务礼仪

（一）迎客礼仪

1.接团准备

（1）了解基本情况。基本情况包括旅游团名称、领队情况、旅游团人数，团员姓名、性别、年龄、职业、国籍、民族、饮食习惯、宗教信仰及受教育程度等。

（2）了解接待标准。接待标准包括该团的费用标准和住房情况。

（3）掌握团队的游览日程和行程计划。游览日程和行程计划包括抵达、离开旅游线路各站的时间以及交通工具类型和航班车次、接站地点等。

（4）熟悉景点介绍。熟悉旅游团途经的各城市和旅游点的情况，包括历史、地理、人口、风俗、民情等。了解游客所在国家或地区的历史、地理、文化、政治、经济及近期重要新闻等。

（5）领取和备齐身份证、工作证、导游证、导游图、导游胸卡、个人名片、记事本、喇叭、导游旗、接站牌和旅途备用金。若去边境口岸、特区等地，还需事先办理有关通行证。

（6）地陪要适时核对接待车辆、就餐安排、交通购票等落实情况，要确定与接待车辆司机的接头时间和地点。

2.接站服务

（1）导游应按规定着装，佩戴导游胸卡、打社旗、持接站牌，至少提前30分钟到达机场、车站或码头。

（2）游客抵达后，导游要主动持接站牌上前迎接，先自我介绍，再确认对方身份，寒暄问候，核对团号、实际抵达人数、名单及特殊要求等。

（3）引导游客乘车、要尊重老人和女性，爱护儿童。

（4）导游协助游客上车就座后，应礼貌地清点人数，注意不要用手指点数，待一切无误后请司机开车。

（5）在途中应代表组团社或地接社及个人致欢迎辞，致辞应包括热情的欢迎、诚恳的介绍（导游和司机）、提供服务的真诚愿望以及预祝旅途愉快等内容。

（6）在前往酒店的路上，导游要注意观察游客的精神状况，如游客精神状况较好，可就沿途景观进行介绍，并向游客介绍日程安排、活动项目及停留时间等。

（7）抵达酒店途中，导游要向游客介绍所住酒店的基本情况，包括酒店的历史、等级、建筑面积、客房数量、地理位置、各项设施及服务项目等。

3.入住服务

（1）导游妥善协助团队办理入住手续，协助领队分配住房，分发房号后，导游要了解游客住房位置、安全通道等，记住领队房号，同时将自己的房号、电话号码告知领队及游客。

（2）核对游客的行李件数，同时督促行李员把客人的行李送至客人房间。

（3）了解游客的健康状况，以便给予适当的照顾和安排。

（4）游客进房前应先告知游客就餐形式、地点、时间及有关规定（如酒水费用是否自付等），并简单介绍游程安排，宣布第二天日程细节。

（5）游客用第一餐时，导游要亲自带领游客进入餐厅，介绍用餐的有关事项。

（6）游客进入客房后，导游应对游客行李是否准确送到、房间是否清洁卫生、门锁有无故障、热水供应情况、空调运转是否正常等问题再次核实。

（7）如有需要，安排好叫早服务。

4.进入游客房间礼仪

（1）有事到游客房间，要预先约定，并准时到达。进门前要先敲门，经允许后方可进入。

（2）尊重游客的作息习惯，尽量避免在休息时间或深夜打扰游客。因急事需要见面而又未经约定前去时，应先表示歉意，说明打扰的原因，并及早离开。

（3）除特殊情况外，一般不要站在房间门口与游客谈论日程或谈论其他问题。事先没有约定的谈话，时间一定要短。

（4）不要随意去游客的房间，特别是尽量不要单独去异性游客的房间。如果确实需要，进房后门要半掩着或敞开。

（5）在室内，未经游客同意，即使是较熟悉的朋友，也不要随意触动、翻看游客的物品。

（6）有事到游客的房间，在游客没有示意请坐时，一般不要自己先坐下，更不要坐在游客的床上。尽量不要使用游客房间的卫生间。

（7）离开房间时，应先面向游客后退两三步再转身离开，并轻轻地把门关上。

（二）送客礼仪

送别游客是导游为游客提供的最后一项服务。送客时要热情、周到、礼貌，给游客留下好的印象。导游的送客礼仪主要包括送别准备工作礼仪、离店礼仪、致欢送辞礼仪及送团礼仪等几个环节。

（1）旅游团离开本地之前，导游应根据游客离去的时间，提前预订好下一站或返回的机（车、船）票；游客乘坐车、船的座位应尽量集中，以利于团队活动的统一协调。

（2）送客前安排好结算、赠送礼品、摄影留念、欢送宴会等事宜，赠送的礼品应方便携带，突出地方特色，具有保存价值。

（3）协助办好行李交接。离开酒店前，导游应提醒游客整理好自己的物品，打包好托运的行李。

（4）出发前，要提醒游客不要遗忘自己的物品，不要带走房卡。上车后，仔细清点游客人数，要将游客的各种证件、护照等，亲手交给游客或领队。

（5）致欢送辞，应使游客感受到自己的热情、诚恳和礼貌，并祝大家旅途愉快。

（6）按导游工作程序规定的时间要求到达机场（车站、码头）；送国内航班，应提前

90 分钟到达机场；送国际航班，应提前 2 小时抵达机场；送火车或轮船，应提前 60 分钟到达车站或码头。

(7)游客过安检后，应向游客挥手致意，祝游客旅途愉快，然后再离开。若游客乘坐的车、船、飞机晚点，应主动关心游客，必要时须留下与领队共同处理有关事宜。

(8)待汽车(火车、轮船)开动或飞机起飞后，导游方可离开。

二、带客游览服务礼仪

(一)出发前服务

(1)导游应提前到达集合地点，并督促司机做好出发前的各项准备工作。

(2)核对、商定活动安排。在带客游览之前，导游应与领队商定本地活动安排并及时通知游客。

(3)出发前，导游应在游客就餐时向游客表示问候，报告当天天气情况，并了解游客身体状况，重申出发时间、乘车或集合地点，提醒游客加带衣服、换鞋，带好必备用品(如手提包、水杯、雨伞、手机及贵重物品等)。

(4)游客上车后，导游应及时清点人数。若发现有人未到，应向领队或其他团队成员问清原因，并将不参加活动的游客人数、姓名、原因及房号通知旅行社；有因病不能参加活动的游客，需交代清楚是否需要医生治疗等；若出发时间已过，又不知未到者在何处，则应征求领队意见决定是否继续等候，若决定不等，导游必须将情况通知旅行社内勤处理。

(二)乘车服务

(1)出发乘车时，导游应站在车门口照顾好游客上车，要主动帮助游客提拿物品，并轻轻放在车上，特殊游客(老弱病残孕)要特别细心地予以照顾，上下车时，应主动照顾或搀扶。游客中有男有女时，应照顾女士先上车。

(2)引导游客乘车，如果是对公接待，要注意乘车位次礼仪(详见本书前面乘车礼仪部分)。

(三)途中服务

(1)在去旅游景点的路上，导游切忌沉默不语，要向游客介绍本地的风土人情、自然景观，特别是沿途的景象，回答游客提出的问题

(2)抵达景点前，应向游客简要介绍景点的概况，尤其是景点的历史、价值和特色。还可根据游客的特点、兴趣和要求穿插一些历史典故、社会风貌等的介绍，以增加游客的兴致。

(3)到达景点时，应告诉游客该景点停留的时间、集合的时间和地点以及有关注意事项，如卫生间位置、旅游车车牌号以及注意保管好钱物等。

(四)游览服务

(1)带客游览过程中，导游要认真组织好游客活动，根据行程计划让游客充分地游

览、观赏,做到讲解与引导游览相结合、适当集中与分散相结合,劳逸适度,并特别照顾特殊游客。导游过程中要照顾全体游客,不可只对一两个人热情而冷落了其他人。

(2)游览过程中,导游的讲解要力求准确,讲解内容应包括景点的历史背景、特色、地位、价值等,做到条理清楚、繁简适度。语言要生动形象,富于表现力。

(3)导游讲解时,表情要自然大方,声音大小要适中,使用话筒时音量、距离要适当,讲解时可适当做些手势,但动作幅度不宜过大,不得手舞足蹈、指手画脚。

(4)游览途中,导游要特别注意游客的安全,要自始至终与游客在一起并随时清点人数,以防游客走失。要提醒游客看管好所带财物,防止丢失、被盗,对于陡峭的地方,要陪伴照顾好年老体弱者,以防发生意外。游客需要帮助时,应提供帮助并尽可能使游客满意。

(5)与游客交谈时,一般不要涉及疾病、死亡及不愉快的话题;不谈荒诞离奇、耸人听闻、黄色淫秽的事情;对方不愿回答的问题,不要追问;遇到游客反感或回避的话题,应表示歉意,立即转移话题;与外国游客交谈时,一般不议论对方国家的内政;不批评、议论团内任何人;不随便议论宗教问题;与女性游客交谈时要谨慎,不要开不合时宜的玩笑;不要询问游客的收入、婚姻状况、年龄、家庭、个人履历等私人问题。

(五)返回途中服务

(1)全天活动结束返回途中时,导游要向游客宣布第二天的活动日程、早餐的时间与地点以及出发时间与地点等。

(2)抵达酒店后,导游要主动向领队征求意见,了解游客对当天活动安排的反应,出现问题要与领队和游客协商解决。

(3)与游客告别时,要表达良好的祝愿。

(4)与酒店前台确认叫早服务时间。

三、带客购物服务礼仪

世界各国旅游目的地都十分重视具有当地特色的旅游商品的开发、生产和销售,购物作为旅游基本六要素之一,是旅游活动的重要环节。合理的购物活动,能增加当地旅游收入,提高当地旅游的宣传和吸引力,还能增加游客游览体验质量。导游根据旅游团游客的要求和日程计划单内规定的购物场所,合理地将购物活动安排在游览活动中。通常带客购物时应遵守以下服务要求。

(1)思想重视,态度积极。导游必须认识到,满足游客的购物需求是导游服务工作的重要内容。带领游客购买称心如意、货真价实的当地特色或代表性商品是导游的义务和责任。

(2)根据旅游团游客的要求,合理安排游客购物,事先要向游客交代清楚,如游客无此需求,不得强加于人。

(3)在去购物的途中,要向游客介绍本地商品的特色,教游客鉴别商品的知识,当好游客的购物顾问。下车前,要交代清楚停留时间及有关购物的注意事项。

(4)导游应严格遵守导购职业道德,应将游客带到商品质量好、价格公道的商店,而不能违背职业道德,与不法经营者相互勾结,从而损害游客的利益。

（5）如遇小贩强拉强卖，导游有责任提醒游客不要上当受骗，导游本人不得向游客直接销售商品，不能自作主张为游客选购商品。

知识活页

游客晚间想出去购物，导游该怎么办？

游客晚间想出去购物，其原因也是多方面的，比如，有的游客晚间没事做想去逛逛，有的是兴趣爱好，有的是购物"任务"没完成，还有的是想去"凑热闹"。游客晚间想出去购物，作为导游一般要给予满足和协助，必要时可陪同游客一起前往，并且当好游客的"参谋"，热情介绍和指导游客购物。若导游有事一时走不开，也要做好以下几项工作。

（1）提醒游客妥善保管好自己的钱包。

（2）提醒游客带好酒店名片，以防迷路。

（3）建议游客去定点商店或大型商场，并为其写好商店名称与地址。

（4）为游客安排好出租车。

（5）提醒游客尽早回酒店。

（6）告知游客返回酒店后要和导游联系。

模拟实训

一、实训情境

情境1：儿童研学团的迎送服务。

情境2：老年团的迎送服务。

情境3：专家教授团的迎送服务。

二、实训目标

（1）掌握迎送服务礼仪。

（2）掌握带客游览服务礼仪。

三、实训准备

（1）物品准备：评分表等。

（2）场地准备：导游模拟实训室。

（3）人员准备：学生分为两批，一批学生设计欢迎辞，另一批学生设计欢送辞。

四、实训组织

学生在导游模拟实训室上台演示自己设计的欢迎辞和欢送辞，师生共同评选出最打动人心的欢迎辞和欢送辞。

五、实施步骤

（1）学生课前线上分组抽签，决定讲解内容和出场顺序。

（2）学生根据主题情境，进行迎送辞设计（20分钟）。

（3）学生轮流出场，每人2分钟发言时间（70分钟）。

（4）线上投票，选出最打动人的欢迎辞和欢送辞。

六、实训评价

实训评价表如表 12-3 所示。

表 12-3　实训评价表

导游员				评估人	
评估项目		欢迎辞/欢送辞			
评估标准	评估内容	评分标准		分值/分	得分/分
	仪容仪表	衣着端庄整齐,表情自然大方,手势标准,仪态优雅		20	
	致辞内容	内容完整、条理清晰、详略得当,主题突出,有一定创新性		20	
	讲解技巧	语音清晰,语速适中,节奏合理		30	
	表达能力	语言准确、规范,表达流畅,有生动性和趣味性,富有感染力		30	
	合计			100	

学生在导游活动结束后,进行以下自检(表 12-4)。

表 12-4　导游服务礼仪自检表

项　　目	自测情况	
1.到岗前照镜子了吗?	是	否
2.到岗前化淡妆了吗?	是	否
3.注意修剪指甲了吗?	是	否
4.头发梳理整齐吗?	是	否
5.制服有破损的地方吗?	是	否
6.制服清洁挺括吗?	是	否
7.衬衫领子和袖口干净吗?	是	否
8.扣子齐全吗?	是	否
9.按规定系领带、领结、领花了吗?	是	否
10.按规定佩戴工牌了吗?	是	否
11.鞋子、袜子干净吗?	是	否
12.袜子脱丝了吗?	是	否
13.遇到游客会微笑吗?	是	否
14.经常说"请""您好""谢谢"等文明用语吗?	是	否
15.经常说"请问我能为您做些什么吗?"	是	否
16.当游客的提问你不知道时会说"不知道"吗?	是	否
17.当班期间走姿正确且轻快吗?	是	否
18.繁忙的时候,会对游客不耐烦吗?	是	否

续表

项　　目	自测情况	
19.遇到暴躁的游客,会争执或不予理睬吗?	是	否
20.在游客面前有打呵欠、伸懒腰的情况吗?	是	否

项目
训练

项目训练
参考答案

简答题

1.导游讲解时应遵守哪些基本礼仪?

2.专业得体的欢迎辞应包括哪些内容?

3.专业得体的欢送辞应包括哪些内容?

案例篇

项目十三
案例及分析

案例 1:"难不倒"的服务

香港丽晶酒店(以下简称丽晶)的礼宾服务在中国香港五星级豪华酒店中是数一数二的。丽晶礼宾部主管考夫特先生说:"如何关心客人,如何使客人满意和高兴是酒店服务最重要的事情。"考夫特先生在丽晶开业时就从事礼宾工作。多年来,每个到过丽晶,每个接受过考夫特先生亲自服务的客人无不为他提供的"难不倒"的服务所折服。

一次,客人在午夜提出要做头发,考夫特先生和值班的几位酒店员工迅速分头帮忙联系美发师,准备汽车,15 分钟内就把美发师接到酒店,引入客人房内,客人感动地说这是奇迹。

又有一次,一对美国夫妻想去中国内地旅游,但要办签证,可他们在动身的前一天才提出来。考夫特先生立即派一名工作人员直奔深圳,顺利地办完手续。他说:"时间这么紧,只有这个办法,因此,再累再苦也得去。"

有人问考夫特先生,如果有人要上等特殊年份的香槟酒,而酒店中没有怎么办? 考夫特先生说:"毫无疑问,我要找遍全香港。实在满足不了客人,我会记下香槟酒的名称及年份,发传真去法国订购,并向客人保证,他下次再来丽晶时,一定能喝上这种香槟酒。"

案例 2:匆忙的生日聚会

王小杰忽然接到同学张忻的电话,问他什么时候来参加自己的生日聚会,这时王小杰才想起自己答应了今晚参加他的生日聚会,于是匆匆忙忙赶到聚会地点。来的人很多,有一些相识的同学,但也有很多不认识的人。王小杰由于时间仓促,衣服穿得很随便,加之连日来工作忙,脸上也满是疲惫之色。当王小杰拖着有些疲惫的步伐走进聚会厅时,看到别人都衣着光鲜、神采飞扬,不觉心里有点不快,后悔自己过来参加聚会太过随意,所以脸色更是难看,没有一点笑容。张忻过来招呼王小杰,王小杰勉强表达了祝福,便坐在一旁喝了几杯啤酒,也不想与人寒暄,坐了一会便借故离开了。

案例 3:名牌服装

某公司秘书小陈一向喜欢名牌服装。有一次,领导让他陪同去见一位重要的新客户。那天,他专门穿上精心挑选的名牌西服。结果见面时,被新客户误认为他是领导,与其寒暄了几句,这使得一旁的领导十分尴尬与恼火。

分析
▼

案例 4：靠窗的座位

玛格丽特是亚特兰大某酒店咖啡厅的引位员。咖啡厅最近比较繁忙，这天午饭期间，玛格丽特刚带几位客人入座回来，就见一位先生走了进来。"中午好，先生，请问您贵姓？"玛格丽特微笑着问道。"你好，小姐，你不必知道我的名字，我就住在你们酒店。"这位先生漫不经心地回答。"欢迎您光顾这里，不知您希望坐在吸烟区还是非吸烟区？"玛格丽特礼貌地问道。"我不吸烟。不知你们这里的头盘和主菜有些什么？"这位先生问道。"我们的头盘有一些沙律、肉碟、熏鱼等，主菜有猪排、牛扒、鸡、鸭、海鲜等。您要感兴趣可以坐下看看菜单。您现在是否准备入座了？如果准备好了，请跟我去找一个餐位。"玛格丽特说道。这位先生看着玛格丽特的倩影和整洁、漂亮的衣饰，欣然同意，跟随她走向餐桌。"不，不，我不想坐在这里。我想坐在靠窗的座位，这样可以欣赏街景。"这位先生指着窗口的座位对玛格丽特说。"请您先在这里坐一下，等窗口有空位了我再请您过去，好吗？"玛格丽特在征求他的意见，在征得这位先生的同意后，玛格丽特又问他要不要开胃品，这位先生点头表示肯定。玛格丽特对一位服务员交代了几句，便离开了这里。当玛格丽特再次出现在这位先生面前告诉他窗口有空位时，这位先生正与同桌的一位年轻女士聊得热火朝天，并示意不换座位，要赶紧点菜。玛格丽特微笑着走开了。

案例 5：别开生面的开业典礼

2021 年 5 月 8 日，是北方某市云海大酒店隆重开业的日子。

这一天，酒店上空彩球高悬，四周彩旗飘扬，身着鲜艳旗袍的礼仪小姐站立在店门两侧，她们的身后摆放着整齐的花篮，所有员工服饰整洁、精神焕发，整个酒店沉浸在喜庆的气氛中。

分析
▼

开业典礼在店前广场举行。上午 11 时许，应邀前来参加庆典的有关领导、各界友人、新闻记者陆续到齐。正在举行剪彩仪式之际，天空突然下起了倾盆大雨，典礼只好移至厅内，一时间，大厅内聚满了参加庆典的人员和避雨的行人。典礼仪式在音乐和雨声中隆重举行，整个厅内灯光齐亮，使得庆典别具特色。典礼完毕，雨仍在下着，厅内避雨的行人在短时间内根本无法离去，许多人焦急地盯着厅外。此时，酒店经理当众宣布："今天能聚集到我们酒店的都是我们的嘉宾，这是天意，希望大家能同敝店共享今天的喜庆，我代表酒店真诚邀请诸位到餐厅共进午餐，当然一切全部免费。"霎时间，大厅内响起雷鸣般的掌声。虽然，酒店开业额外多花了一笔午餐费，但酒店的名字在新闻媒体及众多顾客的称赞声中迅速传播开来，接下来酒店的生意格外红火。

案例 6：礼仪礼貌周

2021 年 3 月 1 日，在东港大酒店员工餐厅的通道上，一位二十来岁的姑娘，肩上斜挂着一块宽宽的绸带，上面绣着"礼仪礼貌规范服务示范员"。每当一位员工经过，示范员小姐便展露微笑，问候致意。餐厅里，喇叭正在播放一位员工朗诵的一篇描写酒店员工文明待客的散文诗。不一会儿，另一位员工在广播中畅谈自己对礼仪礼貌的认识和体会。原来东港大酒店正在举办"礼仪礼貌周"活动，今天是第一天。

分析
▼

东港大酒店自被评为四星级酒店以来,一直处于营业的高峰期,个别员工由于过于劳累,原先的服务操作程序开始有些走样,出现了一些客人关于服务质量的投诉,酒店领导觉察到这一细微变化后,抓住苗头进行整改,在员工中间开展"礼仪礼貌周"活动。"礼仪礼貌周"定于每月的第一周,届时在员工通道上有一位礼仪礼貌规范服务示范员迎送过往的员工,每天换一位示范员,连经理们都轮流充当示范员,在员工中引起很大反响。为配合"礼仪礼貌周",员工餐厅在这一周利用广播媒介,宣传以礼仪礼貌为中心的优质服务,有发言、有表演、有报道和介绍,内容生动活泼,形式丰富多样,安排相当紧凑,员工从中获得很大启迪和教育。酒店同时在员工进出较频繁的地方张挂照片,宣传文明服务的意义,示范礼仪礼貌的举止行为,表扬礼仪礼貌方面表现突出的员工。

一月一度的"礼仪礼貌周"活动在东港大酒店已成为一项雷打不动的制度,整个酒店的礼仪礼貌水平大大提高。

案例 7:维护好个人形象

郑伟是一家大型国有企业的总经理。有一次,他获悉一家著名的德国企业的董事长正在本市访问,并有寻求合作伙伴的意向。他于是想尽办法,请有关部门牵线搭桥。让郑总经理欣喜的是,对方也有兴趣同他的企业进行合作,而且希望尽快与他见面。到了双方会面的那一天,郑总经理刻意地对自我形象进行一番修饰,他根据自己对时尚的理解,上穿夹克衫,下穿牛仔裤,头戴棒球帽,足蹬旅游鞋。无疑,他希望自己能给对方留下精明强干、时尚新潮的印象。

然而事与愿违,郑总经理自我感觉良好的这一身时髦的"行头",却偏偏坏了他的大事。

案例 8:老板开车,请坐副驾

小黄、小何是重点大学应届毕业生,深受领导重视。今日,老板开车带小黄、小何拜访客户。两人一上车都坐在后排座,并在车上嘀嘀咕咕一路。拜访客户回来,老板责怪小黄、小何的部门经理没有给两位新员工做好培训,连最起码尊重领导的意识都没有。

案例 9:职场称呼尊卑有别

某知名茶饮公司股东是四兄弟,他们的名字分别是王大勇、王大泽、王大斌、王大谋。该公司上下级关系轻松、和谐,所以公司内部员工称呼他们为"勇哥""泽哥""斌哥""谋哥"。但随着公司业务的不断扩展,对外接待拜访事宜增加,股东们都觉得这样称呼有些欠妥。后来公司内部开展了一场礼仪培训,员工们通过学习,改称为"王董""泽总""斌总""谋总"。

案例 10:职业服装的选择

小王是刚毕业的大学生,在星级酒店工作。由于酒店制服不合身,小王把职业裙改成短裙,裙长在膝盖以上 20 厘米。有一次拜访老客户,老客户对她的穿着极为不满,并指出问题,小王满脸通红。

分析 ▼

分析 ▼

分析 ▼

分析 ▼

案例11:以尊重为本的公务礼仪

1965年11月,美国友人安娜·路易斯·斯特朗女士在中国庆祝她的80大寿,周恩来总理特意在上海展览馆大厅举行了盛大的祝寿宴会。

周总理的开场白是:今天,我们为我们的好朋友、美国女作家安娜·路易斯·斯特朗女士庆贺"40公岁"诞辰。参加宴会的祝寿者为"40公岁"这个新名词感到纳闷不解。在中国,"公"字是紧跟它的量词的两倍。40公斤等于80斤,"40公岁"就等于80岁。

周总理巧妙的解释在几百位祝寿者中激起了一阵欢笑,斯特朗女士也高兴得流下了眼泪。

案例12:保持沟通开放性

前台服务员征询客人许小姐的入住体验,许小姐反馈在洗手池附近找不到垃圾桶,使用不方便。服务员回答:"许小姐,我们有一个垃圾桶放在客厅,就在书桌底下,您可能没有认真发现。"许小姐回答:"不好意思,没注意看到。"服务员又问:"还有其他反馈意见吗?"许小姐回答:"手机信号不好,通话经常中断。"服务员回答:"由于您住的是负一层,信号确实有些不好,这是建筑结构的问题,向您深表歉意。"许小姐听完,无奈地离开酒店。

案例13:温情,链接你我

2019年7月,杨小姐和王小姐入住某星级酒店,两人在西餐厅点了热饮,服务员小李很贴心地问:"两位小姐姐,今天身体不舒适吗? 需要我在热饮里加点枸杞或者红枣吗?"客人听了非常惊喜。过了一会,小李送上热饮,看到客人在自拍,便互动起来:"两位小姐姐穿着奥黛丽·赫本的同款,想必是来观看奥黛丽·赫本展。这里是我们的"网红"打卡地,如果不介意,我给两位美女拍几张合照。"杨小姐和王小姐不禁惊叹该服务员的用心观察及贴心服务。

案例14:个性服务始终在线

2021年4月初,某酒店迎来一位常住客熊女士,她对房间的打扫工作有些特殊要求,入住当天写下留言条,"不拉房间窗帘,不补房间洗漱用品,多放浴盐。"

打扫房间的客房服务员吴佩看到客人留言,严格按客人要求做房间整理,同时注意到客人将洗好的衣物晾晒在房间护栏上,就主动给该房间加送一个移动衣架,并将晾晒在护栏上的衣物挪置在移动衣架上。同时也写下留言条,"尊敬的宾客您好,欢迎您入住×××酒店,您的要求我们已收到;我看到您晾晒在护栏上的衣物比较多,就给您添置了这个移动衣架,如果您觉得不妥请您随时和我们联系,我们将及时为您服务,服务员吴佩留言。"

第二天,当楼层服务员吴佩再次打扫此房间时,又发现了客人的留言条,"谢谢你,今天多放几块小香皂。"

就这样每天客人都会写下留言条,而服务员也每天回复客人的留言。吴佩休息时,她会把此房间的要求和喜好信息交接给下一班次同事。针对此房间的一些个性服务没有因服务员轮班而间断。

熊女士离店时,对酒店提供的个性化服务高度认可,并高兴地赞扬了酒店。

案例 15:一举之美,贵于千金

5 月 7 日晚,×××酒店中餐厅接待了一场百日宴。经酒店服务人员和厨房员工通力合作,中餐厅顺利完成了百日宴的接待工作。

晚上 8 点左右,客人结束用餐。因第二天酒店还有大型会议接待,中餐厅服务人员立即开始收餐和翻台工作。大家齐心协力,晚上 9 点左右,翻台工作接近尾声,中餐厅主管小孙进行了最后检查。当她检查到签到台处时,忽然发现台布下有一个红包,鼓鼓的。她想,一定是客人不慎丢下的,如果里面有钱,失主一定很着急。她立即找来同事,一同打开红包进行查看,果然,里面有一千元现金。她赶紧联系销售订餐人。没过多久订餐人打来电话,说客人因现场亲友太多,都不知道有红包丢失。好在酒店找到失主。

第二天中午,客人来到酒店,赞扬酒店员工拾金不昧的精神,当面道谢,并赠送了一面锦旗和一盒喜糖给酒店,称赞酒店员工的素质高及服务品质是值得信赖的,以后有宴请还会来×××酒店。

案例 16:送去冬天温暖,感动顾客心田

有一次小王在北方巡店,离店时刚好遇到下大雪,站在门口等车的他不断地搓手取暖。这时酒店礼宾员送来一个"暖宝宝",小王深表惊喜,并不断向礼宾员说谢谢。

案例 17:保护隐私,扩大交流范围

导游小李在接待旅行团的过程中,发现旅客王先生裤链没有拉,当场有 29 名旅客,小李思来想去还是要提醒王先生,于是他给王先生发了条微信:"王先生,早上好,给您个小小的建议:您早上出门可能比较着急,建议您到卫生间整理着装。"

案例 18:长途车上遇冷场,司机帮助化尴尬

我是一名新导游,在去土楼的路上遇到了一个"意外":车上就只有我、司机和一位阿姨,来往土楼的时间将近 6 个小时。我在跟阿姨介绍了 1 个多小时的福建习俗和人文风情以后,开始词穷,不知道说什么。阿姨就开始跟我讨论哲学问题。当时的我对哲学一点研究都没有。我就问司机知道吗,幸运的是司机是一个年过半百的叔叔,正好对哲学也有研究,于是跟阿姨轻松交流起来。

案例 19:不卑不亢,友善化解友人误解

作为一名英语导游,接待的客人来自不同国家、不同民族,文化差异在所难免。某年夏天,我接待了一个菲律宾小团队,一个妈妈带着三个孩子第一次来中国游玩,而恰巧那段时间中菲政治局势较为紧张,这位妈妈似乎对中国有很多的误解。在屡次感受到对方提出的不友善看法时,我的内心其实是躁动且气愤的,但我不断地提醒自己:我是一名导游,要做的不是争执,而是用实际行动去尽可能地改变她片面的看法。在后面的相处中,我不卑不亢地服务,用身边见闻让他们感受中国真实的一面,最后他们离开

分析

分析

分析

分析

分析

的时候,这位菲律宾妈妈和我拥抱,感谢我给她呈现了一个不一样的真正的中国,并为之前的不礼貌感到抱歉。

案例20:游客身体不适,尽心帮忙照顾

有一次带团去韩国,半夜2点多,有一位老人发烧但坚持不去医院。我只好拨通了韩国地接电话,大家帮忙轮流照顾老人。为了帮老人降温,我向酒店要来冰块,用毛巾给他物理降温,期间老人吐了我一身,觉得很过意不去。我告诉他:"没关系的,在外面这几天我做您的家人!"

还有一次带团去中国台湾地区,有位客人第一晚逛夜市吃坏了肚子,上吐下泻。连续两天我带着她去医院挂点滴。每天除了处理团队事情,还不断地往返于酒店和医院帮客人处理事情、配送晚餐,尽心尽力地照顾客人。客人非常感动,回到厦门后,他们对我说:"以后要去旅游,还要找你。"

案例21:了解文化,尊重差异

导游张婷首次独立完成接待入境的泰国游客的任务,内心非常激动,她想把自己的热情展现给她服务的游客们。

团队里有两位泰国小游客,大大的眼睛,可爱至极。出于想为游客提供贴心的服务和表达善意,她拿出两个小礼品,用手摸了摸小朋友的头说:"两位小朋友,你们真可爱,这是姐姐给你们准备的小礼物,希望你们能喜欢。"

没想到,张婷的这一举动并没有引来小朋友家长的赞许,他们甚至用不太高兴的语气拒绝了张婷的好意,并且流露出不善的目光。那一瞬间,张婷感到有些委屈。

案例22:无奈买到站票,提早安排解决座位问题

在一次海南"夕阳红"双卧团中,有7位客人来自周边地区。当天出发时,有位老人晕车呕吐导致出发时间推迟,导游在向车站票务了解到余票所剩不多后,马上向公司反映可能出现站票或无票等情况,与领导商量解决预案。还好最后买到了站票。导游引导老人进站乘车,同时不慌不忙地跟大家解释:"虽然是站票,但公司特意在餐车给大家预留了位置,可以方便大家面对面畅聊。"

案例23:服务有度,不做死板的机器人

某酒店服务员小骆,第一天上班时被分配在酒店A楼5层做值台员。她刚经过3个月的岗前培训,对做好这项工作充满信心,自我感觉非常好。一个上午的接待工作也颇为顺手。午后,电梯门打开,走出两位香港客人,小骆立刻迎上前去,微笑着说:"先生,欢迎入住本酒店,请跟我来。"然后领他们走进房间,给他们沏了两杯茶放在茶几上,并说道:"先生,请用茶。"接着她又一一介绍客房设施、设备:"这是床头控制柜,这是空调开关……"这时,其中一位客人用粤语打断她的话,说:"知道了。"但小骆仍然继续说:"这是电冰箱,桌上文件夹内有住店须知和电话指南……"未等她说完,另一位客人便掏出钱包,从中抽出一张面值10元的港币不耐烦地递给她。这时,小骆愣住了,一片好意被拒绝甚至误解,使她感到既沮丧又委屈,她红着脸对客人说:"对不起,先生,我们不收

小费,谢谢您! 如果没有别的事,我就先告退了。"说完便退出房间,回到服务台。此刻,小骆心里乱极了,她实在想不通,自己按服务规范为客人耐心介绍,为什么会不受客人欢迎? 小骆请教了富有经验的老员工后明白了,服务要有度,同时还要学会察言观色,不可一味硬搬规范。

案例 24:委婉的询问

电话铃响了,前台服务员小王接听。原来 915 房当天的预订客人即将到达,而 915 房入住的客人尚未退房,其他同类房也已满员,如何通知在房间的客人迅速退房而又不让客人觉得是不礼貌的催促,进而感到不快呢? 小王犹豫着。

思考片刻,小王开始拨打 915 房间的电话。"陈先生您好,我是总台的服务员,您方便跟我说说您打算什么时候退房吗? 方便我们及时为您安排行李员和出租车。"陈先生哈哈一笑:"我懂你的意思啦,我马上就退房,请帮我叫一辆去机场的出租车。"

案例 25:特别的服务

小李去迪士尼乐园里玩"飞跃地平线"的项目,这是一个需要乘坐飞行器的动态项目。在她上飞行器之前,迪士尼的工作人员上来,询问小李:"您想感受一下一边看着风景一边有风从脚下穿过的感觉吗?"小李是个年轻的女孩,一听还有这么浪漫的玩法,瞬间来了兴致,立即答应,工作人员说,那请把鞋交给我保管吧。放心,它们会像辛迪瑞拉的水晶鞋一样得到精心的照顾。小李开心地脱下了鞋子,坐上了飞行器,开始了愉快的飞行之旅。下了飞行器后,小李穿上工作人员递来的鞋子后发现只有她脱了鞋子。难道是别人不想感受这样的浪漫服务吗? 细心的她很快发现,原来爱漂亮的她为了拍照好看,出门时选择了一双漂亮的浅口鱼嘴鞋,而同时上飞行器的其他游客穿的是运动鞋。工作人员担心她的鞋子在游戏过程中掉了,才通过这样的方式专门为她提供了这么一个特别的服务。

案例 26:巧嘴一杯茶,顾全客人一张脸

一天晚上,某酒店中餐厅来了一位姓吕的客人,他是一家公司的总经理,今天他是主人,所以很早就到了房间,服务员小李很热情地问他需要什么茶水。"那来杯苦丁吧,多放点茶叶。"客人说。小李泡了茶水,吕总边喝边说:"我最喜欢喝这个茶了,可以清热祛火,还不影响睡眠。"小李微笑着点头示意,表示赞同。然后吕总接着说:"等会儿我的客人来了,就泡一壶算了,每人一杯太浪费了。"

接着吕总就拿来菜单开始点菜,点菜过程中他一直说菜太贵,只要了一些特色菜,并要求小李在上菜时要把菜介绍得好一点,说这些菜是这里比较有特色的,以免自己在客人面前丢脸。客人入席后,一杯不带茶叶的茶水放在每一位客人面前。主宾看了看吕总,然后巡视了一周,对服务员说:"是不是我不经常来,连茶叶都不给我放,你看吕总的,你知道他今天买单,给他放那么多茶叶,快! 拿下去,重新泡一杯吧,怎么回事? 怎么不泡一样的呢?"小李说:"今天吕总来得比较早,先点了一杯茶,可是在喝的过程中,总是喝到茶叶,吕总觉得这样很不方便,所以就特别交代我们,准备充足的上等茶叶,提前放在茶壶里,这样避免了茶叶倒在杯中,喝起来也比较浓郁可口。您如果不喜欢,我

马上给您多放些茶叶,您看呢?"说着就拿起托盘要为客人重新泡茶,这时客人决定不换茶叶了,说这是吕总的一片心意,并连声向吕总道谢!

案例 27：规定是你能想到最烂的借口

小妮在一个景区的科技探索场馆工作。最近她很苦恼,因为很多游乐设施对孩子有身高和年龄的限制,到了旺季,很多家长在人多的情况下并没有很好地阅读场馆提示,排了很长时间的队,最后因为孩子的身高和年龄限制不能乘坐游乐设施而引起了很多的投诉。小妮认为自己很委屈,她是按照场馆的设施设备要求来完成工作的,可客人还是要投诉她。

案例 28：他是酒店的员工吗？

"十一"黄金周期间某酒店服务中心接到 722 房王先生的投诉:洗澡时突然热水没有了。服务员得知后马上通知工程部派人速来维修,一维修工接到任务后立即赶到722 房,但修了很长时间仍未修好,情急之下,他便致电给另一位维修工前来协助。此时王先生已露出不快之意。一会儿门铃响了,王先生打开门,见一着便服穿拖鞋的男子说要进来维修。王先生纳闷了:"怎么回事？这人到底是谁?"他气冲冲地向大堂副理再次投诉。大堂副理闻讯后即刻上楼,先向客人赔礼道歉,然后了解情况,得知该着便服的男子确是酒店的工程维修人员,因正值下班时间,接到维修任务电话后,为抓紧时间没来得及更换工服就赶来了。大堂副理向客人耐心解释后再次致歉,并立即给予了换房处理,还为客人赠送了水果。最后,王先生表示理解并接受了酒店的道歉。

案例 29：寄存客衣

一天早上,某商务酒店 1812 房的顾客手拎着一包要洗的衣服,叫住了正在楼层走廊上专心抹尘的服务员小张,一脸期盼地问道:"小姐,我马上要退房,过几天还要入住你们酒店。但现在我有衣服要洗,衣服洗完后能不能先寄存在你们这儿,过几天入住时我再来拿?""好的,您把要洗的衣服交给我吧,等洗好后我们会替您保管的。"服务员小张微笑着接过客人的衣服,并告诉顾客下次入住时客房服务员会将衣服送去他的房间,顾客满意地拎着行李去办理退房手续了。

下午,1812 房的衣服洗好后,洗衣房的员工直接将衣服送到管家部办公室,由客房中心文员将衣服归类放入专门为顾客准备的衣柜里,并在顾客的档案中做好了记录。

很多常住客都知道酒店设立了这一服务,经常将洗好的衣服也放在管家部寄存,客房中心会在顾客下次入住酒店时,通知服务员将衣服送至房间,从而减轻了常住客在旅途往返中的行李负担。几位常住客对酒店设立的这项特殊服务赞不绝口,甚至有顾客直言就是因为这项服务才每次都选择入住该酒店。

案例 30：善意的谎言

一天中午,某五星级酒店天堂鸟包厢常客周先生在进行私人宴请。服务员小王做餐前准备时,已经按周先生的习惯和喜好配好了菜,其中当然少不了他爱吃的椒盐花生和水果色拉。客人到后,周先生很快确认了菜单,并点好了酒和饮料。这时,小王听到有客人提议说宴会的主宾刘先生今年刚好 49 岁,所以今天喝酒一定要喝到 49 瓶才能尽兴!小王暗暗吃惊,虽然客人有 10 位,但 49 瓶酒,这可怎么喝啊!

席间,客人们你敬我、我敬你的,好不热闹,很快就喝到 34 瓶,这时,客人们喝酒的速度明显慢了下来,而且小王看到有几位客人已经满面通红,醉态明显了!小王看在眼里,急在心里,她的内心非常矛盾:一边关系到酒店的利益,一边关系到客人的身体健康。小王犹豫了一下,不过很快她的心里有了一个主意。

于是,在喝到第 35 瓶的时候,小王走到周先生身边,她拿着酒瓶满面笑容地说:"这就是第 49 瓶酒,现在我为各位分一下,让我们一起举杯为刘总祝福吧!"客人们听后很高兴,纷纷向刘总表示了祝贺,大家同时举杯一饮而尽,便结束了宴会。在陪周先生去收银处结账的时候,周先生看到账单上打的酒的消费是 35 瓶,他狐疑地看了看小王。小王红着脸解释说:"周先生,我看你们今晚都喝得很尽兴,但为了你们的身体着想,我刚才就撒了个小谎,说你们已经喝了 49 瓶,请您原谅!"周先生听后非常感动,一再表示感谢,他连声说今后所有私人宴请一定都会选择该酒店。

案例 31:服务只需要快捷吗?

分析 ▼

一天中午,一位客人拿着一摞文件匆忙来到某酒店商务中心,要求赶紧复印,一小时之后这些资料要发到会议人员手中。见到客人的紧张模样,文员小贺接过文件就以最快的速度开始复印、分类、装订,提前完成了操作。客人长舒了一口气,但当他接过文件仔细翻看时,却发现每张复印件周边有较明显的黑边。

只见客人沉下脸,气冲冲地训斥:"你们酒店是什么复印机,这些文件怎么给会议代表看?"小贺是商务中心的领班,对复印机的使用非常熟悉,知道没有特殊原因是不会发生黑边现象的。她请客人先别着急,仔细观察原件,发现这份原件已经过一次复印且有不明显的黑边,经过再一次复印后黑边加重是很正常的。随即小贺向客人解释了原因,但客人认为应事先告知他可能会有这样的复印效果,并征询其意见,让他有选择的余地。虽然小贺诚恳地向客人解释并表达了歉意,但最终客人不能接受并要求复印费用打折。

案例 32:微笑也要有分寸

分析 ▼

某日华灯初上,一家酒店的餐厅里客人满座,服务员来回穿梭于餐桌和厨房之间,一派忙碌气氛。这时一位服务员跑去向餐厅经理汇报,说客人投诉有盘蛤蜊不新鲜,吃起来有异味。

这位餐厅经理自觉颇有处理问题的本领和经验,于是不慌不忙地向投诉的客人走去。一看,那不是熟主顾张经理吗!他不禁心中有了底,于是迎上前去一阵寒暄:"张经理,今天是什么风把您给吹来了,听服务员说您觉得蛤蜊不大对胃口……"

这时张经理打断他说:"并非对不对胃口,而是我请来的香港客人尝了蛤蜊后马上讲这道菜千万不能吃,有异味,变了质的海鲜,吃了非出毛病不可!我可是东道主,自然要向你们提意见。"餐厅经理接着面带微笑,向张经理进行解释,蛤蜊不是鲜货,虽然味道有些不纯正,但吃了不会要紧的,希望他和其余客人谅解包涵。

不料此时,在座的那位香港客人突然站起来,用手指指着餐厅经理的鼻子大声说:

"你还笑得出来,我们拉肚子怎么办?你应该负责任,不光是为我们配药、支付治疗费而已!"这突如其来的兴师问罪,使餐厅经理一下子怔住了!他从微笑变成了哭笑不得。到了这步田地,他揣摩着如何下台阶,他在想,总不能让客人误会刚才我面带微笑的用意吧,又何况微笑服务是饭店员工首先应该做到的。于是他仍旧微笑着准备再进行一番解释,不料,这次的微笑更加惹怒了那位香港客人,甚至流露出想动手的架势,幸亏张经理及时拉了拉餐厅经理的衣角,示意他赶快离开现场,否则难以收场。

分析
▼

案例33:吉利的数字

一位英国商人应邀前来我国某地区洽谈合资项目,该地区某酒店负责接待任务。酒店对此次接待任务格外重视,做了周密的准备。为了图吉利,他们还特地借用了一辆车牌号码有"666"(意为六六大顺)的轿车前往机场迎接。没有料到的是,这位英国商人下了飞机,一看轿车后,直皱眉头,一脸阴沉,扭头选择了其他酒店。

后来得知这位英国商人信仰基督教,而在《圣经》中,"666"表示"魔鬼",因此他对这个酒店也失去了好感。

分析
▼

案例34:游客投诉某景区要求残疾人展示残疾部位

"我在网上买了票,出示了身份证、残疾证,在检票处进行了人证对比,却仍要求我的家人下车走两步。"近日,某网"民生热线"栏目接到市民王先生的投诉,他与家人到某景区游玩时,遭遇了景区不尊重的对待,在出示了残疾证的情况下,检票处工作人员要求他的家人下车展示残疾部位。王先生愤怒地说:"他们态度强硬,很没有礼貌!"

8月23日,王先生和家人到景区游览,因为王先生的一位家人有肢体残疾,所以就先去售票处问了买票具体流程,工作人员表示直接在网上买票就可以了。王先生买完票后,开车行驶至检票口,检票人员表示要进行人脸比对。"我拿着家人的身份证、残疾证配合工作人员进行核验,但被要求必须要我的家人下车,指出哪里残疾,展示残疾部位,还要让他走两步。"王先生表示无法接受。王先生指出与其交流的两名景区工作人员并未穿工服,也并未携带任何工作证件。王先生希望他们出示相关证件时却遭到拒绝。"他说没必要向我一个游客出示工作证,让我们按照他说的做就可以了。"随后,王先生向景区投诉。但经过一个多月时间的正常维权,景区始终没能给出一个让他满意的说法。9月29日,记者联系到了景区票务相关工作人员。该工作人员表示,王先生的投诉他们正在处理中。"我们景区昨天晚上专门成立了专项调查组,一是和游客进行深度沟通,二是与当天值班人员深度沟通,把当天的事情经过还原一下,以尊重事实为准则解决事情。"至于何时给出处理结果,工作人员并未透露。

分析
▼

案例35:如何处理购票游客积压?

游客王先生一行到某景区参观游览,购买门票时同行的一位老人出示老年证,但景区工作人员称老年证上日期不满60岁(实际情况差一个月),不能予以优惠。遂工作人员对游客作出解释,占用较长时间,从而造成大量购票游客在售票窗口积压,导致游客投诉。

案例36：景区即将关闭，游客坚持入园

游客王女士一行在景区关闭前半小时来到景区，准备购票入园。景区工作人员拒绝向其售票，并解释观光车已经停发，所以门票停止销售。这时王女士看到景区内仍有观光车发往景区内部，于是向工作人员反映，于是工作人员才向其售票。王女士一行乘观光车进入景区后，观光车司机按照以往班车计划，前往夜间游览路线，王女士一行游览了夜间开放区域便被送出景区。王女士认为收取的门票是大景区门票费用（价格高于夜间游览费用），但是游览的线路却只有夜间景区区域，遂出来后投诉景区。

案例37：保安制止游客跨过警戒线拍照被投诉

某旅游旺季，游客李女士在山顶拍照时，为了呈现更好的画面效果，翻越警戒线摆出危险动作拍照。现场安保人员发现此行为后，站在远处大声喝止，并使用方言命令李女士返回安全区域。李女士觉得工作人员态度不好，影响其游览心情，遂投诉景区。

案例38：为什么没有告诉我们有娱乐表演活动？

在旅游旺季，某景区为了吸引游客开展很多娱乐表演活动。一天，游客服务中心接到了一位游客打来的投诉电话。

游客（激动并愤怒地）：你们景区的服务太差了，有活动都不事先告诉我们！我回到家里才听朋友说有表演活动，这次去你们景区好亏！退钱！

景区员工：我们在入口处设有一块广告牌，上面有活动项目和时间，您没有看到吗？

游客（嗓门儿更大了）：我怎么知道？你们又没跟我们说，我们大老远赶过来，花那么多钱买门票进去，结果只看到别人后脑勺，其他啥也没看到！

景区员工：那您当初怎么不问问呢？我们一天要接待几万名游客，总不可能一个个说吧！

游客（更加愤怒地）：你们就这个服务态度，我一定要去投诉你们！

案例39：你们是景区的服务人员，怎么对"加塞"视而不见？

旅游旺季期间，某景区游客接待量急剧增加，景区秩序相对稳定。但是因为极少数游客的不文明行为，景区工作人员需要花费很大的精力才能保持景区秩序井然。排队进入景区的游客非常多，入口用栏杆把排队的游客隔离开，现场只有一名安保人员在维持排队秩序。天气炎热，游客们都等得不耐烦。这时一对中年夫妇从后面走上来，挤进了队伍的正前方，排队的游客非常不满。后来又有家长带着孩子挤进队伍前面，游客开始骚动，他们抱怨为什么没有工作人员来制止"加塞"行为。一位女士向现场工作人员反映情况后，工作人员却说："景区这种事情经常发生的，游客会自己解决的，那么多人排队，我哪里管得过来呀！"这位女士又气又热，顿时失去了游玩的兴致。

案例40：如何提示票外收费项目？

某景区实行一票通游玩制，游客只需要购买150元门票，即可在景区各个游乐点尽情游玩。漂流项目是最受游客喜爱的游乐项目，这是一个水上项目，游客在尽情玩乐之

后,全身湿漉漉的会影响下一场游玩。因此,景区为游客有偿提供雨衣。但是这个额外的付费项目会给景区工作人员的工作带来一定难度。以下是工作人员两种截然不同的服务场景。

情景一:

当游客离工作人员 1 米远时,工作人员甲面无表情地说:"你好! 欢迎光临,雨衣 10 元一件,请问需要几件?"

"雨衣也要收费? 不是送的吗?"游客反问道。

"可以不买,自愿!"工作人员甲冷冷地说。

"你这人怎么这种服务态度?"游客终于按捺不住和甲吵了起来。

情景二:

同样的场景下,工作人员乙则是这样服务的:"您好,先生! 您玩的这个项目是免费的,因为是水上项目,会溅湿您的衣服,为了方便大家,咱们游乐园特别准备了雨衣和鞋套,不过这里会收取雨衣的成本费。买不买都是自愿的,你们可以自由选择,祝您玩得开心!"

工作人员乙看游客有些犹豫,微笑地说:"大家出来玩,就要玩得尽兴对吧! 衣服溅湿了容易影响下面几个项目的游玩兴致。"游客听了认为挺有道理,便掏钱买了雨衣。

案例 41:这里是"酒窝大道",请您系好安全带

某旅游景区的游客中心,最近总接到游客的投诉,说是在通往景区的入口附近有一段颠簸的路,由于导游事先没有提醒,出现了部分游客撞伤、摔倒的现象。投诉中心负责人在查阅游客投诉记录时,发现只有导游小吴未因道路问题被投诉过,他到底是怎么做的呢?

原来小吴每次带团经过这里时,他是这样和游客介绍的:"各位游客,下面要经过的是我们景区内一条元老级别的'酒窝大道',为什么是元老级呢? 因为它是我们景区 50 年前开发时修建的道路,对我们景区的发展做出了卓越的贡献。当我们行驶在这条道路上的时候,可以体验到平时行驶在柏油大道上所不能体会的另一种感觉,就像是坐在八抬大轿里。但是还请各位游客在慢慢'享受'的过程中,系好安全带,抓好扶手。好啦! 马上就要到啦! 路程只有 5 分钟的车程,还请咱们的司机师傅开慢一些,能给大家多一些时间来'享受'。"

案例 42:转错电话,夫妻不和你们赔吗?

凌晨一点,有一位女士来电要求转 3115 房间。话务员立即将电话直接转入了 3115 房间。第二天早晨,大堂经理接到 3115 房间孙小姐的投诉,说凌晨的来电打错了不是找她的,她的正常休息因此受到了干扰,希望酒店对此作出解释。大堂副理经调查,了解到该电话要找的是前一位住 3115 房的客人,他已于前一晚 9 点退房离店了。孙小姐是快 12 点时才入住的,她刚洗完澡睡下不久,就被电话吵醒了,能不生气吗?

谁知一波未平一波又起。原住 3115 房的刘先生紧接着也打来了投诉电话,说昨晚他太太打电话来找他,由于话务员不分青红皂白就将电话接了进去,接电话的又是一位小姐,引起了太太的误会,导致太太跟他翻脸。刘先生说此事破坏了他们的夫妻感情,

如果不给他一个圆满的答复,他一定不会放过那个话务员,而且今后他的朋友都不再入住此酒店。

案例43:常住客的喜好

分析 ▼

常年入住某国际酒店的李先生,2015年12月首次选择入住××红树林度假酒店别墅,并在2016年1月再次入住该酒店。因了解到客人对贴身管家服务的要求,酒店特意安排了经验丰富的酒店服务经理(GSM)专门为客人提供贴身管家服务。在客人到店前,GSM到别墅再次熟悉相关设施设备的使用和性能,通过各方面了解客人的喜好和要求,并提前做好准备工作。

客人到店时,酒店专门安排穿着少数民族特色服饰的礼仪队在门口迎接,同时准备了独具特色的当地特饮作为欢迎饮料,以及具有海岛风情的椰壳项链作为欢迎礼物。酒店各级领导列队在大门口迎接客人,并由贴身管家陪同客人乘坐电瓶车前往别墅,到达别墅时,酒店安排专门负责打扫卫生的助理在门口迎接客人,这一切特别准备的接待,让客人感受到了酒店重视,给客人留下了非常深刻的印象。

通过两次的接待,了解到客人喜欢通宵打牌,针对客人的特殊作息习惯,酒店做了特殊的工作安排和调整,安排专门的GSM一对一接待客人:客人娱乐,我们工作;客人休息,我们休息。由于别墅区域晚上的光线较暗,就提前通知酒店客房部(HSKP)准备好落地灯;了解到客人特别喜欢酒店泰式餐厅的冬阴功汤,而冬阴功汤又不能做好了长时间存放,所以安排泰式餐厅厨师加班专门为客人制作夜宵,让客人特别感动。

李先生在退房时提出酒店的两个亮点让他印象非常深刻和惊喜,表示下次一定还会选择这里。一是酒店特意准备的礼仪接待和欢送让他非常感动。二是酒店安排的贴身管家非常认真细致,能够积极主动地发现客人的喜好,最关键的是沟通协调能力非常强,对于客人提出的任何问题都能够及时协调,快速解决。

参考文献

References

[1] 王旭.酒店服务礼仪教程[M].北京:中国传媒大学出版社,2010.

[2] 杨红颖.王雪梅.旅游服务礼仪[M].重庆:重庆大学出版社,2016.

[3] 王瑜.旅游服务礼仪[M].北京:高等教育出版社,2015.

[4] 周丽.酒店服务礼仪[M].2版.桂林:广西师范大学出版社,2018.

[5] 蔡跃.职业教育活页式教材开发指导手册[M].上海:华东师范大学出版社,2020.

[6] 高小茹,胡晓立.OBE理念下旅游管理专业课程教学改革研究[J].淮南职业技术学院学报,2021,21(1):77-79.

[7] 朱司甲,贺剑武.OBE理念下智慧旅游管理课程体系改革[J].福建电脑,2020,36(10):72-74.

[8] 贝勇斌.高职酒店管理专业置换课程体系设计探索——基于OBE模式视角[J].产业与科技论坛,2020,19(20):265-266.

[9] 李晓川,许霞.基于OBE理念的高职课程一体化实践教学体系设计[J].广西教育,2013(43):37-38.

[10] 吴玲.旅游社交礼仪[M].北京:高等教育出版社,2014.

[11] 陈璐,戚薇.职业礼仪实训教程[M].北京:高等教育出版社,2018.

[12] 孙素,陈萍.旅游服务礼仪.[M].北京:北京理工大学出版社,2010.

[13] 周朝霞.国际商务礼仪实训教程[M].南京:南京大学出版社,2017.

[14] 张立君.现代社交礼仪[M].北京:人民邮电出版社,2015.

教学支持说明

为了改善教学效果，提高教材的使用效率，满足高校授课教师的教学需求，本套教材备有与纸质教材配套的教学课件（PPT 电子教案）和拓展资源（案例库、习题库、视频等）。

为保证本教学课件及相关教学资料仅为教材使用者所得，我们将向使用本套教材的高校授课教师赠送教学课件或相关教学资料，烦请授课教师通过电话、邮件或加入旅游专家俱乐部 QQ 群等方式与我们联系，获取"教学课件资源申请表"文档，准确填写后反馈给我们，我们的联系方式如下：

地址：湖北省武汉市东湖新技术开发区华工科技园华工园六路

邮编：430223

电话：027-81321911

传真：027-81321917

E-mail：lyzjjlb@163.com

旅游专家俱乐部 QQ 群号：758712998

旅游专家俱乐部 QQ 群二维码：

群名称：旅游专家俱乐部5群
群　号：758712998

电子资源申请表

填表时间:_____年___月___日

1.以下内容请教师按实际情况填写,★为必填项。
2.相关内容可以酌情调整提交。

★姓名		★性别	□男 □女	出生年月		★职务	
						★职称	□教授 □副教授 □讲师 □助教
★学校				★院/系			
★教研室				★专业			
★办公电话		家庭电话			★移动电话		
★E-mail					★QQ号/微信号		
★联系地址					★邮编		

★现在主授课程情况		学生人数	教材所属出版社	教材满意度		
课程一				□满意 □一般 □不满意		
课程二				□满意 □一般 □不满意		
课程三				□满意 □一般 □不满意		
其 他				□满意 □一般 □不满意		

教 材 出 版 信 息						
方向一		□准备写 □写作中 □已成稿 □已出版待修订 □有讲义				
方向二		□准备写 □写作中 □已成稿 □已出版待修订 □有讲义				
方向三		□准备写 □写作中 □已成稿 □已出版待修订 □有讲义				

请教师认真填写下列表格内容,提供申请教材配套课件的相关信息,我社将根据每位教师填表信息的完整性、授课情况与申请课件的相关性,以及教材使用的情况赠送教材的配套课件及相关教学资源。

ISBN(书号)	书名	作者	申请课件简要说明	学生人数(如选作教材)
			□教学 □参考	
			□教学 □参考	

★您对与课件配套的纸质教材的意见和建议有哪些,希望我们提供哪些配套教学资源: